PIERRE DENIS

Le Mémorial de Saint-Brelade

PARIS
PAUL OLLENDORFF, ÉDITEUR,
28 *bis*, RUE DE RICHELIEU, 28 *bis*

1894
Tous droits réservés.

Le
Mémorial de Saint-Brelade

Tous droits de reproduction et de traduction réservés pour tous les pays y compris la Suède et la Norvège.

S'adresser, pour traiter, à M. PAUL OLLENDORFF, Éditeur, rue de Richelieu, 28 *bis*, Paris.

PIERRE DENIS

Le Mémorial de Saint-Brelade

PARIS
PAUL OLLENDORFF, ÉDITEUR,
28 *bis*, RUE DE RICHELIEU, 28 *bis*

1894
Tous droits réservés.

PRÉFACE

Je n'ai pas l'intention d'écrire l'histoire du boulangisme, c'est-à-dire du mouvement d'opinion qui a pris le nom du général Boulanger, et qui s'est déroulé au milieu d'aventures et d'intrigues si étranges, d'incidents si divers, bien faits pour dérouter l'imagination, et auxquels, sans doute, l'histoire ne pourra rien comprendre.

Pourtant il lui faudra bien parler de ce mouvement qui souleva le pays tout entier et qui pouvait être une révolution, — l'une des plus considérables, si d'autres hommes l'avaient dirigé. Il lui en faudra parler puisque les parlementaires y ont vu un tel péril qu'ils n'ont pas reculé devant une proscription décrétée par le Sénat transformé en tribunal révolutionnaire et puisque quatre ans après, lorsque le proscrit est depuis longtemps dans la tombe ils en évoquent encore le souvenir avec effroi en disant qu'ils « ont senti le vent de la défaite. »

Il lui faudra parler de cet homme dont le nom pendant plusieurs années se trouve presque chaque jour répété par la presse, dont la destinée fut si extraordinaire, objet des ovations et des acclamations les plus enthousiastes et des invectives les plus outrageantes, préoccupant presque uniquement la France, même l'Europe, pendant plus de deux ans et jouissant d'une popularité inouïe pour mourir dans une proscription qui n'avait pas atteint les hommes du Seize-Mai, sans que son nom soit même inscrit sur sa tombe.

Mais ayant été l'ami, le confident de cet homme, je crois bon d'expliquer cette énigme inexplicable, en racontant nos relations, fixant mes souvenirs restés vivants, alors que j'ai encore dans la mémoire son image vivante, ses attitudes, ses paroles et jusqu'au son de sa voix.

J'apporte un témoignage véridique à l'histoire,

si elle veut en tenir compte et surtout à l'opinion publique, trop disposée à juger les hommes sur des apparences ou des appréciations de rivaux, d'agents soldés, de courtiers ou d'importuns évincés. Aussi ne voulais-je dire que ce que je sais d'une façon personnelle, ce qui m'a été dit à moi-même, ce que j'ai appris d'une manière certaine, en ayant des preuves sous les yeux. C'est pourquoi j'ai refusé toujours les propositions ou offres qui m'ont été faites, d'écrire une sorte d'histoire du boulangisme, en recueillant pour les ajouter aux miens des récits ou des renseignements dont je ne pourrais vérifier l'exactitude, puisque le seul homme qui pourrait les certifier, nier ou expliquer, n'est plus.

Pour que le lecteur puisse plus impartialement juger celui dont je veux retracer le portrait, je m'abstiendrai de toute expression de mes sympathies personnelles, que j'ai si souvent manifestées ailleurs, comme de toute appréciation politique pouvant enlever à ces souvenirs leur caractère d'absolue sincérité, et faire croire à d'autres sentiments que ceux de regret, de pitié et de justice qui m'inspirent, mais qui n'excluent pourtant pas le mépris pour la séquelle de politiqueurs et d'intrigants, tentateurs interlopes, qui ont fait le malheur de cet homme, perdu cette destinée en la voulant exploiter, et privé la France du soldat que l'instinct populaire avait appelé le général Revanche.

Mais, tout en me proposant de faire connaître un homme resté, en réalité, mal connu, malgré le bruit qu'il a fait dans le monde, en retraçant son caractère, ses idées et ses opinions, je serai forcé, pour la compréhension du récit, de dire quel rôle j'ai joué près de lui, quelles observations je lui ai faites, quels conseils je lui ai donnés qui ont provoqué ses réponses. Le lecteur pourra ainsi juger quelle était la valeur des uns et des autres, et les sentiments ou mobiles qui les ont dictés.

J'ai voulu dire la vérité, rien que la vérité, et toute la vérité, faisant connaître des intentions ou des sentiments destinés au secret des confidences et dont la sincérité pour cette raison ne peut être mise en doute. Si je n'ai pas apporté plus de documents à titre de preuves, c'est que je n'ai pas voulu grossir considérablement cet ouvrage, en me réservant de produire ceux qui seront nécessaires lorsque mon témoignage sera contesté. Quant à l'opinion du général Boulanger sur beaucoup d'hommes, il ne l'eût sans doute pas exprimée avec tant de franchise militaire, s'il avait cru que la publicité leur serait donnée, mais on excusera et on comprendra sa sévérité en songeant à ce qu'il en avait éprouvé.

L'amitié très vive, et à laquelle je reste fidèle, que j'ai eue pour le général Boulanger, ne m'a pas aveuglé. Si j'ai pu connaître et apprécier ses belles qualités, j'ai pu aussi connaître ses faiblesses. Comme il le disait lui-même, l'homme n'est pas parfait. Et je noterai sincèrement ces faiblesses, pour son excuse ou sa justification même, parce qu'elles expliquent ses fautes qui, ayant fait de lui le jouet et la victime d'une bande d'intrigants et de faiseurs, ont amené l'avortement de l'un des mouvements d'opinion les plus extraordinaires qu'on ait vus, et ruiné une des destinées les plus brillantes qui se puisse rêver. Il en ressortira une leçon qui peut-être pourra servir à quelqu'un, en supposant que l'expérience serve aux partis et aux hommes.

Comme je n'apporte ici aucune passion, peut-être beaucoup de lecteurs ayant appartenu aux camps opposés, retrouveront-ils dans l'évocation de ces souvenirs si proches et pourtant déjà si lointains, un écho ou un reflet de leurs propres sentiments ou de leurs opinions. Et peut-être aurai-je fait œuvre d'apaisement en faisant œuvre de justice et de vérité.

LE MÉMORIAL DE SAINT-BRELADE

PREMIÈRE PARTIE
LE TRIOMPHE ET LA POPULARITÉ

LA PREMIÈRE RENCONTRE

Le mardi de la terrible semaine de mai 1871 qui désormais s'appelle pour l'histoire « la semaine sanglante », j'allais en éclaireur de l'insurrection vers la gare Montparnasse pour remonter vers Vaugirard et Grenelle où l'on savait que les troupes de Versailles opéraient. Depuis la place Saint-Sulpice j'avais parcouru de rues désertes. Une ébauche de barricade vite abandonnée barrait à peine la rue du Luxembourg. C'était un beau jour de printemps tiède et clair rendu sinistre par la solitude et le morne silence des rues ensoleillées, aux portes et aux fenêtres closes et qui ressemblaient à des allées de cimetière.

A peine avais-je tourné l'angle de la rue Vavin pour m'engager sur le boulevard Montparnasse, regardant loin devant moi, que j'aperçus l'avant-garde d'un régiment de ligne marchant en tirailleurs, rasant les maisons, la baïonnette croisée, les officiers tout près de leurs hommes. J'allai prudemment quelques pas encore, m'effaçant de mon mieux, et j'entrevis plus loin le gros de la troupe plus serré, mais dans le même ordre, ayant en tête son colonel, un gaillard solide, blond, presque seul au milieu de la chaussée vide.

Je battis en retraite pour avertir trois ou quatre fédérés entrevus chez un marchand de vin dans le bas de la rue Vavin. A travers les grilles fermées du jardin du Luxembourg, un homme en costume de marin me héla pour me demander des renseignements. Je l'informai qu'avant deux heures les troupes versaillaises seraient au carrefour de l'Observatoire pour pénétrer dans le Luxembourg et s'y concentrer.

— Et la poudrière ! s'écria l'homme. Il n'y a plus personne pour la défendre. Mais ils ne l'auront pas !

Et aussitôt il partit au pas de course vers l'endroit où avait été autrefois la Pépinière. Plus tard une terrible explosion ébranlait le carrefour où s'élève la statue du maréchal Ney, brisant toutes les vitres du voisinage sur une grande étendue.

Témoin de ce sombre drame historique, mêlé à presque toutes ses péripéties, le retrouvant avec son intense et poignante réalité dans mes souvenirs il m'a paru bien inutile de lire les histoires faites par ceux qui n'y étaient pas, qui se fiaient à des renseignements ou à des documents si souvent menteurs ou trompeurs et ne pouvant rien m'apprendre sur ce que j'avais vu et je puis dire vécu.

C'est donc bien plus tard que j'appris par les polémiques que le régiment rencontré sur le boulevard Montparnasse était le 65e de ligne et que son colonel, devenu depuis général, s'appelait Georges Boulanger.

LA CARTE DE VISITE

Dix-sept ans s'étaient passés depuis la lutte tragique suivie d'épouvantables massacres; l'amnistie était faite, et après bien des aventures que je n'ai pas à raconter ici, j'étais devenu secrétaire de rédaction du journal la *Ligue* fondé et dirigé par M. Andrieux, un ami de la vingtième année, que je n'avais pas revu depuis longtemps, tout en conservant pour lui l'amitié de la jeunesse.

On en était en ce moment aux combinaisons ministérielles, la Chambre cherchant une orientation après la fin de la dictature parlementaire de M. J. Ferry. L'une d'elles qui parut un instant avoir des chances, avait pour personnage principal M. Constans, et le ministre de la guerre désigné était un général commandant en Tunisie qui venait de faire parler de lui par un incident survenu peu de temps avant à Tunis à propos de soldats français insultés par des Italiens.

Ayant à faire la note d'informations biographiques d'usage sur les futurs ministres je priai le rédacteur militaire, jeune officier de cavalerie, élève de l'école de guerre, très intelligent, très ouvert aux idées modernes et démocratiques, de me fournir la note relative au général désigné pour le ministère de la guerre. Cette note était non pas élogieuse, mais des plus favorables au futur ministre dont elle rappelait les brillants états de service et indiquait les qualités militaires.

La combinaison avorta; mais quelques jours après

je reçus de Tunis une carte de visite sur laquelle étaient écrits trois mots de remerciements et portant ce nom:

Général Boulanger.

J'avais à peu près oublié cette carte et le nom de celui qui l'avait envoyée, lorsqu'en 1886 je trouvai ce dernier parmi les noms des ministres du cabinet radical formé par M. de Freycinet et dans lequel ce général entrait naturellement comme ministre de la guerre, ayant pour collègues l'amiral Aube et MM. Goblet, Lockroy et Granet.

Le ministère de la guerre avait été occupé jusque-là, à l'exception des généraux Campenon et Thibaudin, par des militaires réactionnaires, ayant gagné leurs grades sous les précédents régimes, s'efforçant d'en conserver les traditions dans l'organisation démocratique qu'il avait fallu donner à l'armée à la suite de nos désastres.

En outre, à ce moment, dont nos concitoyens oublieux n'ont pas gardé le souvenir, un double malaise pesait sur le pays, causé par le mauvais état des affaires atteignant toutes les classes, et par l'attitude provocante de l'Allemagne qui semblait chercher un conflit dans lequel la majorité des Français voyait une solution fatale de la crise. Le rôle du ministre de la guerre avait donc dans ces circonstances une importance considérable.

Aussi tout le monde fut-il vivement intéressé par l'activité dévorante du nouveau ministre qui montrait un esprit si réformateur dans le ministère et dans le domaine où jusque-là on avait été le plus routinier. Il semblait n'être, lui aussi, qu'un militaire, mais un militaire singulièrement intelligent, novateur, patriote, comme on l'était dans la grande époque révolutionnaire, préoccupé avant tout du sort du soldat et par cela même démocrate sans le savoir — ou en le sachant.

AU MINISTÈRE DE LA GUERRE

A peine s'était-il installé rue Saint-Dominique que la caricature, qui en France popularise les hommes et leur donne une célébrité particulière, s'était emparée de lui pour en faire pendant plus de deux ans l'objet presque unique de ses expressions les plus laudatives ou de ses outrages les plus abjects. Les premiers essais des caricaturistes le représentèrent époussetant les toiles d'araignée de ses bureaux. En effet sa première préoccupation avait été d'épurer le personnel du ministère des éléments réactionnaires qui y dominaient. Puis étaient venues des mesures telles que l'abolition de la « retraite », cette poésie des villes de province, la suppression du sac pour les sentinelles, celle de la gamelle collective, à laquelle était substituée, dans les casernes, l'assiette individuelle, témoignant toutes d'une extrême sollicitude pour le soldat et l'intention de lui épargner des peines inutiles ou d'en améliorer la condition. Ces diverses mesures dont, plus tard, dans des conversations que je noterai à leur place, le général Boulanger m'a expliqué le but et la portée, étaient le résultat de ses observations et de résolutions prises depuis longtemps. En effet, des officiers m'ont raconté qu'étant simple capitaine, celui qui devait soulever tant d'enthousiasmes et de haine, annonçait qu'il ferait ce qu'il a fait quand il serait ministre de la guerre.

Ses camarades ne doutaient pas qu'il dût l'être un jour. L'un d'eux, un général commandant dans le

Rhône et qui étant de la même promotion que le général Boulanger l'avait suivi de près, disait à un journaliste, qui l'interrogeait sur le nouveau ministre de la guerre : — « Vous allez voir le plus grand metteur en scène qu'on ait jamais vu. C'est un homme qui ne peut rien faire, si simple que ce soit, sans qu'on le remarque et sans paraître extraordinaire. Il a toujours été ainsi ; nous l'avons toujours connu tel depuis le jour où il est entré sous-lieutenant dans l'armée. Il a une manière à lui de commander, même de se faire blesser, qui appelle l'attention. Qu'on réunisse cent généraux, et au milieu de tous, c'est lui presque seul qu'on verra. »

Cette opinion d'un vieux compagnon d'armes n'était que trop vraie, comme les événements l'ont prouvé. Tel était en effet le général Boulanger, tel il avait été toujours par un don de nature qui lui a été si fatal, sans qu'il fît rien pour provoquer l'impression qu'il donnait. L'ayant connu depuis si intimement, j'ai pu constater quelle était en toute chose sa simplicité d'une correction impeccable et qui n'était pas d'ailleurs ce qu'il y avait de moins extraordinaire en lui.

L'une des singularités de ce ministre était que, malgré l'activité de ses occupations révélée par des mesures et des actes, il recevait à peu près tout le monde avec une égale urbanité, officiers, même simples soldats aussi bien que des députés, inventeurs, mères, femmes ou sœurs de militaires qu'il s'efforçait de satisfaire comme s'il eût trouvé son plaisir à contenter les gens. La nouvelle s'en était vite propagée et avait valu rapidement au nouveau ministre d'innombrables sympathies. Aussi combien depuis ai-je vu de personnes qui, en venant me trouver commençaient par me déclarer qu'elles connaissaient le général Boulanger. En effet, elles l'avaient vu et lui avaient parlé, presque toujours pour le solliciter.

On s'est beaucoup moqué, quand fut venue la période de la proscription et des viles insultes, d'une phrase qui lui était familière : « Si c'est impossible, ça se fera ; si c'est possible c'est fait. » C'est que ce diable d'homme ne croyait pas que rien fût impossible à qui voulait fermement. Et c'est aussi sincèrement que fermement qu'il voulait satisfaire ceux qui s'adressaient à lui, ce qui est, paraît-il, le signe certain auquel on peut reconnaître celui qui aspire à la dictature, — le véritable républicain, suivant la formule parlementaire, étant l'homme qui ne pense qu'à ses intérêts, tout au moins électoraux et ne songe à contenter personne.

Parmi tous les traits qui m'ont été racontés par ceux mêmes qui en furent les témoins intéressés, je n'en citerai qu'un qui peint bien l'homme.

La veuve d'un officier avait son fils à Saint-Cyr. Celui-ci tomba si gravement malade, qu'on craignit de ne pouvoir le sauver. La mère qui l'allait voir chaque jour demanda à le veiller. Les règlements s'y opposaient formellement.

Tout ce que put obtenir la pauvre mère de la bienveillance d'une sœur infirmière fut qu'une lumière placée près de la fenêtre et que la veuve pouvait appercevoir de son logis lui indiquerait que son fils était toujours vivant.

Après deux nuits passées dans la contemplation inquiète de cette faible lumière, elle retrouva le malade plus affaibli encore. Elle demanda de nouveau la faveur de veiller le moribond. L'inflexible règlement n'avait pas changé.

Affolée, la veuve vint à Paris, courut au ministère de la guerre quoiqu'il fût tard et demanda à voir le ministre. Il était absent et dînait en ville. Elle fit tant qu'on lui donna l'adresse de la maison où dînait le général Boulanger. Elle y arriva éplorée et fut si éloquente dans sa douleur que la maîtresse de maison, qui, ayant été appelée, avait été recevoir la visiteuse, revint dire au ministre, son convive, ce qui se passait.

Le général jeta aussitôt sa serviette sur la table et se leva en disant : « Les règlements c'est une bêtise. On ne peut pas empêcher une mère de veiller son fils. » Puis allant à l'antichambre où la visiteuse attendait avec anxiété, il lui offrit son bras, la conduisit au ministère pour donner télégraphiquement l'ordre de la laisser entrer, et lui ayant remis le double de cet ordre signé de lui, il la salua, en lui disant :

— « Maintenant, Madame, allez veiller votre enfant. »

PREMIÈRES ATTAQUES

Après l'épouvantable boucherie de la semaine sanglante et la sauvage répression de l'insurrection parisienne, l'armée quoiqu'elle fût devenue plus démocratique par son organisation nouvelle, n'inspirait que peu de sympathie à la partie de la population ouvrière toujours plus nombreuse, favorable aux idées socialistes. Cette sorte de rancune plaisait aux réactionnaires qui, comptant sur les opinions ou sentiments rétrogrades de la majorité du corps des officiers supérieurs se plaisaient à considérer l'armée comme un instrument de leur politique contre les revendications populaires.

C'était donc pour eux une amère déception de voir un général relativement jeune encore, occupant le ministère de la guerre, y attester des sentiments républicains, rompre avec les anciennes traditions, et s'efforcer de réconcilier l'armée et la démocratie. La déception s'était accrue du sentiment qu'ils éprouvaient pour le ministre qui avait exécuté le décret excluant de l'armée les princes de la famille d'Orléans.

Les monarchistes dont les attaques avaient décidé la presse radicale à prendre la défense du nouveau ministre de la guerre, lui fournirent l'occasion de son premier succès oratoire à la tribune où il fit une vive sensation sur les assistants par son attitude autant que par sa parole. Il s'agissait du déplacement d'un régiment de cavalerie caserné à Tours. Le langage simple et ferme du ministre ne ressemblait en rien à l'ordinaire éloquence parlementaire; il rappelait en phrases brèves les sentences de la grande époque révolutionnaire et semblait révéler un homme.

Battus sur le terrain parlementaire, les monarchistes eurent recours à ce qu'on appelle « les petits papiers, » en employant une fourberie bien digne d'eux.

Un ancien préfet de l'ordre moral, M. Limbourg et le fils du ministre de la monarchie, dont le nom est illustré par un procès tristement célèbre, M. Teste, firent publier dans le *Journal de Bruxelles* une lettre apocryphe, falsifiée, qui aurait été adressée par le colonel Boulanger au duc d'Aumale alors qu'il était placé sous ses ordres. Quand cette lettre fut publiée, le général donna, en pleine Chambre, à l'allusion qui y était faite un formel démenti qui amena une rencontre au pistolet, inoffensive d'ailleurs, avec M. de Larenty. La lettre véritable fournie par le duc d'Aumale fut publiée par le *Gaulois*, organe des princes d'Orléans. Le général Boulanger fut, pour le public qui connaissait mal les faits, convaincu d'avoir nié une lettre qu'il avait écrite, alors que le démenti s'adressait à une lettre en réalité fausse, fabriquée par les agents monarchistes.

Je n'ai pas à insister sur cet incident. Mais dans

des souvenirs où la perfidie, la duplicité, les intrigues, des royalistes auront tant de place, il était bon de signaler l'indignité du procédé qui autorise à dire, en variant une sentence célèbre, que si la déloyauté était bannie du reste de la terre, on la retrouverait dans le cœur des orléanistes.

La publication resta d'ailleurs à peu près sans effet. Le ministre de la guerre fut alors d'autant plus excusé qu'il servait les espérances radicales. Il y eut bien pourtant quelques citoyens aimant la sincérité loyale auxquels déplut la dénégation du ministre de la guerre, en pensant qu'il lui aurait été facile de reconnaître l'exactitude du fait et de lui donner son explication naturelle. On vient de voir que le document invoqué était apocryphe et que le général Boulanger n'en pouvait reconnaître l'exactitude.

Cette dénégation a fait croire depuis à des habitudes de mensonge dont j'ai entendu accuser le général Boulanger par diverses personnes pour des raisons à peu près semblables, c'est-à-dire pour des dénégations de faits parfois certains. J'ai pu éprouver sa sincérité et sa loyauté dont je donnerai des preuves. Je ne les ai jamais trouvées en défaut. Seulement il aimait le secret et pratiquait la dissimulation qui est aussi nécessaire à un chef militaire qu'à un diplomate. Il ne considérait pas la négation comme un mensonge ; il n'y voyait que la nécessité du secret. Mais jamais je ne l'ai entendu faire un récit inexact quand il avait à donner un renseignement, ou à faire un aveu.

Pendant longtemps il a affirmé ne pas me connaître alors que nos relations étaient étroites, parce que cela avait été convenu entre nous, et il m'a désigné des personnes auxquelles il l'avait déclaré. Il pouvait ne pas avouer la vérité, mais il ne disait pas autre chose que la vérité. A ce propos il m'expliqua un jour d'une façon amusante les trois façons, anglaise, bretonne et galloise, de ne pas dire la vérité sans mentir, qui sont le silence ou la négation, parler d'autre chose ou interroger au lieu de répondre.

Aussi écoutait-il plus qu'il ne parlait, disant rarement son avis et moins encore les raisons de ses déterminations, non qu'il n'en eût pas mais parce qu'il lui plaisait de ne pas les dire.

LA GRÈVE DE DECAZEVILLE

Une grève avait éclaté à Decazeville, débutant par le meurtre d'un directeur des travaux, M. Wattrin tué par une foule en fureur. Des troupes furent requises par les autorités locales. Leur présence amena une interpellation dans laquelle le ministre de la guerre répondit à l'interpellateur : « En ce moment les soldats partagent leur gamelle avec les mineurs. »

C'était là un langage étrangement nouveau de la part d'un ministre et surtout d'un militaire.

Un jour, à Jersey, les hasards de la conversation nous amenèrent à parler de la grève à propos de la direction et du maniement des hommes.

— Quand on lut au conseil des ministres, me dit le général Boulanger, la dépêche annonçant la mort de M. Wattrin, je ne pus m'empêcher de dire : Ce Wattrin me paraît avoir eu tort. Cette opinion jeta un froid dans le conseil.

« Les renseignements venus depuis la confirmèrent et me prouvèrent que cet homme était brutal, insolent, se plaisait à malmener et humilier les gens, surtout les femmes de mineurs. D'ailleurs pour que des ouvriers se révoltent et en arrivent à ces extrémités, ajouta-t-il, il faut des raisons ; il faut qu'ils aient été longtemps taquinés et irrités avant d'entrer en fureur. Le premier devoir d'un homme qui commande à d'autres hommes est de s'en faire aimer et d'avoir assez d'autorité morale pour n'avoir pas besoin de sévérité.

« Dans l'armée j'ai toujours vu qu'un officier qui punit est un mauvais officier ; et le chef ou le directeur dont on se venge ont toujours tort, puisqu'ils ont donné à ceux qu'ils commandent des motifs de se venger. »

Ces paroles sont presque textuelles et peuvent servir de commentaires à la réponse faite à l'interpellateur, en indiquant les sentiments qui la dictaient.

LES GRANDES MANŒUVRES

Le nouveau ministre de la guerre se préoccupait naturellement des grandes manœuvres dans lesquelles s'expérimentait notre organisation militaire. Rompant en cette matière comme en tant d'autres avec les anciennes traditions, il voulut que l'expérience fût sincère, qu'elle donnât dans toute la mesure du possible la représentation de la guerre avec ses imprévus et ses surprises. Dans l'une de ses lettres il me le rappelle, en disant qu'il avait installé au ministère un cabinet dit de la guerre où lui parvenaient les dépêches, où il suivait les opérations des grandes manœuvres sur la carte et d'où il expédiait des ordres pour « brouiller » les thèmes, c'est son expression, afin d'exciter l'initiative des chefs de corps et de savoir comment ils se tireraient des difficultés inopinées qu'il faisait surgir.

Dans un article de la *Vie parisienne*, un ancien élève de Saint-Cyr, de ceux qui eurent le général Boulanger pour instructeur, tout en exprimant l'admiration, la confiance et le respect qu'il inspirait aux jeunes gens, futurs officiers sous ses ordres, a raconté que là déjà il se plaisait dans les exercices à changer brusquement, à « brouiller » l'ordre des grades. Ses adversaires ou détracteurs en ont conclu qu'il était un « brouillon », alors qu'il était juste le contraire, et que, aussi bien dans l'instruction de Saint-Cyr que dans les grandes manœuvres, il voulait que les officiers et les commandants de corps fussent en garde contre tous les hasards de la guerre, dans laquelle la mort ne tient compte d'aucun thème ni d'aucun ordre et ne respecte aucun grade. Aussi aimait-il, à quelque rang qu'ils fussent, ceux qu'on appelle des « débrouillards, » c'est-à-dire ceux qu'aucune difficulté n'étonne et qui songent bien plus à la surmonter qu'à s'en plaindre.

C'est dans ces conditions que furent exécutées les grandes manœuvres de 1887. Le ministre de la guerre qui était allé assister à la revue générale clôturant celles du 18e corps, prononça à Gornac (Gironde) un discours dans lequel en termes chaleureux il préconisait l'offensive comme la tactique propre aux soldats français.

Ce discours retentit non seulement en France mais encore au dehors comme un fier et sonore coup de clairon sonnant la charge. On s'en émut au-delà de la frontière. L'armée, déjà reconnaissante envers le ministre de la guerre de ce qu'il avait fait pour améliorer sa condition, fut électrisée. Les espérances patriotiques endormies depuis la mort de Gambetta dont la parole avait su les entretenir se réveillèrent brusquement, gagnant tout le pays.

M. de Freycinet, président du conseil, ému de l'émotion que ce discours du ministre de la guerre avait provoquée à l'étranger et tout particulièrement de l'autre côté du Rhin, invita son collègue à le venir trouver, avec l'intention de lui demander sa démission.

Le général Boulanger déféra au désir du président du conseil et dans un entretien de deux heures, il expliqua si bien le sens et la portée de son discours sur l'offensive, la conduite qu'il croyait bon de tenir pour s'épargner la guerre tout en conservant une attitude ferme et fière, que non seulement M. de Freycinet ne songea plus à lui demander sa démission, mais encore le considéra comme le meilleur ministre de la guerre qu'on pût avoir.

Ce fait prouve bien que le général Boulanger n'était pas le fantoche qu'on s'est plu à imaginer depuis et qu'il a paru être quand il fut entouré d'une bande de politiciens vulgaires agissant en son nom.

Quand on connaît M. de Freycinet, il faut bien s'avouer qu'il fallait que le général Boulanger fût un bon diplomate et qu'il eût un sérieux sens politique pour convaincre cet interlocuteur qui acceptait une part de responsabilité dans le langage et la conduite du ministre de la guerre du moment où après ses explications, il le conservait comme collègue ministériel. Seulement la politique que comprenait le général Boulanger était celle qu'on peut appeler la grande, celle des ministres anglais plaçant l'intérêt du pays avant toute autre considération, et non pas celle des politiciens plus ou moins parlementaires dont il ignorait les calculs et dans laquelle il apportait une naïveté d'enfant.

LA REVUE DU 14 JUILLET

Le nom du général Boulanger était connu, répété presque chaque jour par la presse signalant une nouvelle mesure de ce ministre infatigable, qui revenant de souper, rentrait au ministère dans la nuit en veston ou en habit et se remettait à travailler, avec une activité et une bonne humeur inaltérables. La revue du 14 juillet fut pour les Parisiens une occasion de connaître sa personne. Il apparut fièrement campé sur un superbe cheval noir, paraissant jeune avec sa barbe blonde, bicorne à plumes blanches sur l'oreille, calme et d'allure vraiment martiale. L'enthousiasme fut indescriptible. C'était le coup de foudre, déterminant la passion de la foule pour ce militaire.

Cette popularité naissant comme ces fleurs exotiques dont l'épanouissement fait explosion, fut exploitée par un chanteur de café-concert en vogue, précurseur des membres de ce comité qui devait se former plus tard pour l'exploitation politique du nom du général Boulanger et de son influence dans le pays. Ce chanteur composa et chanta la chanson : *En r'v'nant de la revue* qui fut immédiatement répétée partout, passant à l'état de scie agaçante capable de faire prendre en grippe « le brav' général » qu'elle célébrait.

Il va sans dire que le général Boulanger était complètement étranger à cette glorification de café-concert qu'il n'avait pas provoquée et qu'il ne pouvait empêcher. Il eut ce malheur d'inspirer aux foules un engouement sur lequel devaient spéculer, suivant leur industrie et dans la mesure de leur imagination, ceux qui sont à l'affût de l'actualité, du scandale ou du succès retentissant. Combien il eut été préférable pour le général Boulanger qu'il eût une moins grande popularité. Les camelots, les cabotins, les politiciens et les intrigants auraient moins songé à l'exploiter.

LE « CONCUSSIONNAIRE »

A ce moment j'étais rédacteur de l'*Estafette*, ayant pour collaborateurs MM. Naquet, Sarcey, Debarle, Strauss et quelques autres de moindre valeur, la plupart opportunistes. J'avais consacré une chronique au ministre de la guerre, en l'appelant « l'homme heureux » et dont la conclusion exprimait la crainte qu'il n'eût pas l'énorme sagesse et la prodigieuse habileté qu'il fallait posséder pour ne pas compromettre tant de bonheur.

Je suivais donc le général Boulanger avec l'attention très curieuse, mais désintéressée et impartiale d'un spectateur assistant aux exercices difficiles et périlleux d'un dompteur. Un de mes amis que je n'ai pas à nommer parce qu'il n'appartient pas au monde de la politique, en relations avec le ministère de la guerre et qui avait eu l'occasion de connaître le général Boulanger, directeur de l'infanterie sous le général Thibaudin, l'y retrouva ministre, le voyant pour ainsi dire chaque jour. Nous nous rencontrions avec cet ami plusieurs fois par semaine et toujours dans nos entretiens une place était faite au général Boulanger que j'essayais de m'imaginer par ce qui m'en était dit. Ces relations donnèrent lieu à un fait que je crois devoir raconter ici.

En causant un jour avec un médecin rédacteur scientifique, celui-ci plaça par hasard sous mes yeux un prospectus avec figures qui attira mon attention. C'était celui d'un fabricant de chaussures. Le médecin vit l'intérêt que j'y prenais et s'en étonna.

— La cordonnerie, lui répondis-je, a été l'un de mes métiers. J'ai là-dessus des idées. Voilà un homme de génie, ajoutai-je en montrant le nom du fabricant. Il y a des siècles qu'on confectionne des chaussures pour torturer les pieds et celui-là a pensé tout simplement à les chausser.

Devant cette appréciation, le médecin offrit de me faire connaître ce fabricant, ancien ouvrier, homme très intelligent, laborieux qui s'était épuisé à fabriquer la chaussure nouvelle. Il avait obtenu les rapports les plus concluants, les mentions les plus élogieuses, mais sans parvenir à obtenir une commande qu'il sollicitait alors depuis trois ou quatre ans, je crois et que peut-être il sollicite encore. Il avait le malheur d'être peu fortuné et de ne pouvoir user des moyens de persuasion les plus efficaces près de ceux qui disposent en réalité des fournitures.

La chose m'intéressait vivement ; j'exposai le cas à l'ami en question, lui donnant toutes les explications techniques et lui remettant les pièces attestant que les essais faits avaient été concluants, et je le priais d'en parler au ministre de la guerre.

Dès les premières paroles que l'ami eut prononcées à ce sujet, le général Boulanger l'interrompit, en disant :

— Il m'importe peu qu'on m'appelle de tous les noms qu'on voudra ; mais il en est un que je n'aurai jamais, c'est celui de concussionnaire.

Ce fut au tour de l'ami de se fâcher. Un ministre de la guerre était-il donc concussionnaire parce qu'il se préoccupait des chaussures des soldats autant que de leur nourriture et de leur armement. Napoléon Ier n'avait-il pas dit lui-même qu'il avait gagné autant de batailles avec les souliers de ses soldats qu'avec leurs fusils et ceux-là en campagne n'étaient-ils pas aussi utiles que ceux-ci.

Les arguments et la sincérité désintéressée de l'interlocuteur touchèrent le général Boulanger qui prit les documents apportés et promit d'examiner l'affaire.

Deux jours après l'examen était fait, quand l'ami revit le général Boulanger, celui-ci lui dit :

— Vous aviez raison. C'était rendre service à l'armée que de lui donner les chaussures de votre fabricant. Mais j'ai le regret de ne pouvoir le faire parce que nous avons en magasin trois millions de chaussures accumulées par mes prédécesseurs et qui ne pourront servir parce qu'elles se détériorent.

Il est probable que depuis, les trois millions continuent à se détériorer en magasin, si la quantité ne s'est pas encore accrue.

« Il est un nom que je n'aurai jamais : celui de concussionnaire. » Dans sa naïveté de soldat, étranger aux affaires et voulant les ignorer, le général Boulanger supposait que pour n'être pas en butte à cette injure, il n'y avait qu'à ne pas se mêler des questions de fournitures ou de celles dans lesquelles les intérêts pécuniaires étaient en jeu. Il était à cet égard d'une scrupuleuse rigueur, ce qui ne l'a pas empêché d'être accusé de concussion peut-être justement parce qu'il avait été trop naïvement scrupuleux.

Dans les premiers temps de nos relations, il m'a raconté que M. Wilson était venu un jour le trouver au ministère de la guerre et lui demander pour un protégé une de ces faveurs qui, ne coûtant rien à personne, peuvent toujours être accordées. Il s'agissait, je crois, d'une permutation.

On était presque à la veille d'une adjudication de couvertures.

— Comme j'avais été très bienveillant pour sa demande, dit le général, M. Wilson en profita pour me demander des renseignements sur les prix de l'adjudication qui allait avoir lieu.

« Je lui répondis aussitôt : Monsieur le député, tant que je serai ministre on ne parlera pas d'affaires dans ce cabinet. Si vous voulez des renseignements sur l'adjudication, je vais vous faire conduire chez le chef de service qui en est chargé et qui vous donnera les indications qu'il peut donner au public. »

« Je vis à l'attitude de M. Wilson, ajouta le général Boulanger, que je venais de m'en faire un ennemi et qu'on allait agir à l'Elysée pour amener ma retraite. »

Il avait pour tout ce qui touchait aux choses d'argent une répugnance presque superstitieuse, exploitée plus tard par son entourage qui trafiqua on sait dans quelle mesure, sans qu'il sût véritablement « d'où venait l'argent, » suivant la phrase consacrée.

Il aurait cru faillir s'il s'en était occupé, et c'est justement pour ne pas s'en être assez occupé qu'il a été l'objet de reproches ou d'accusations sur lesquelles j'aurai à revenir plus tard.

Le même homme si scrupuleux, comme on vient de le voir en ce qui touchait aux affaires dont il ne voulait pas entendre parler, avait des témérités non pas financières mais dépensières extraordinaires quand il croyait avoir raison d'être téméraire. C'est ainsi qu'après l'adoption de la poudre sans fumée et du fusil Lebel permettant d'utiliser celle-ci, il avait dépensé plusieurs millions pour lesquels il n'avait pas de crédit, à faire fabriquer ce fusil et cette poudre et à faire charger de mélinite les anciens obus.

J'ai appris ce fait quand il eut à me renseigner sur sa participation au nouvel armement dont il parle dans la correspondance.

Il avait la ferme conviction que cet armement pouvait à ce moment assurer la victoire à la France, seule alors à posséder ces engins terribles, et il n'avait pas hésité à engager sa responsabilité.

En me racontant les expériences faites devant les

membres de la commission du budget qui furent terrifiés, il ajoutait :

— J'avais fait, je l'avoue, un peu de mise en scène ; mais le but la légitimait. Il me fallait des crédits pour continuer l'armement, et si je ne les avais pas eus, je me faisais sauter. »

Cette conclusion toute militaire était celle qu'il avait en toute circonstance, comme on va le voir, et sa manière de comprendre la sanction de la responsabilité. On peut être sûr qu'ayant dit comme le général Ducrot : « Je ne rentrerai que mort, ou victorieux », s'il n'avait pu rentrer victorieux, il ne serait rentré que mort.

L'AFFAIRE SCHNŒBELÉ

On oublie vite en France où les vilaines passions et les potins de la basse politique l'emportent sur toutes considérations, même sur celles auxquelles est attachée notre existence nationale. Deux ans à peine avaient suffi déjà pour qu'on oubliât l'un des plus graves périls qu'ait couru la paix, sinon la France, et le service rendu par celui qui l'avait conjuré. Qui s'en souvient aujourd'hui ?

Pour n'avoir pas à se souvenir du service rendu on méconnut le danger conjuré presque au lendemain du jour où il venait de l'être, voulant pouvoir n'attribuer la légitime reconnaissance des foules populaires qu'à l'engouement pour un panache blanc et un cheval noir et au besoin de se « ruer à la servitude », comme l'écrivait M. Henri Maret. Cet oubli volontaire a plus servi l'Allemagne que toute la diplomatie de M. de Bismarck.

En même temps que le général Boulanger entrait au ministère de la guerre, les sentiments patriotiques que M. Jules Ferry s'était appliqué à endormir en leur faisant diversion, s'étaient réveillés et leur réveil avait paru au gouvernement allemand une menace suffisante pour qu'il voulût la guerre ou tout au moins pour qu'il en acceptât le risque en tentant de nous intimider. Pour procéder à cette intimidation le gouvernement avait déféré à un tribunal de Leipzig plusieurs personnes dont les unes habitaient l'Alsace-Lorraine et quelques autres la France même. C'était donc le procès fait au patriotisme français en Allemagne. Notre ambassadeur à Berlin, M. Herbette, créature de M. de Freycinet, qui l'avait placé à ce poste en récompense des services qu'il en avait reçu, feignait d'ignorer ou peut-être ignorait que ce procès fût entamé. L'un des prévenus, domicilié en France, était un commissaire spécial M. Shnœbélé. Appelé par lettre à la frontière par des fonctionnaires allemands prétextant des raisons de services, il fut appréhendé au corps à Pagny-sur-Moselle et emmené prisonnier.

C'était là une provocation aggravée en sa forme par le guet-apens. Quand la nouvelle en parvint par la presse au public, elle produisit en France une explosion d'indignation patriotique mêlée, il faut bien l'avouer, de la plus vive inquiétude. Ce n'était pas là un de ces regrettables accidents de frontière dû au zèle intempestif et maladroit d'agents subalternes agissant sans ordre. C'était un acte volontaire et prémédité du gouvernement impérial allemand qui en l'accomplissant ne pouvait ignorer qu'il créait un *casus belli*.

Le général Boulanger, ayant à son entrée au ministère organisé une police militaire qui le renseignait sur les sentiments des cercles militaires allemands et sur les préparatifs qui s'opéraient en Allemagne, aussi bien que sur les menées des agents de cette puissance en France, savait qu'elle voulait la guerre et s'était préparé avec une prodigieuse activité pour être prêt à cette fatale éventualité. Entre autres mesures, en dehors de celles de l'armement qu'il avait poussées avec tant de rapidité, il avait fait puissamment renforcer la garnison de Nancy en y faisant construire des baraquements militaires qui, depuis, par condescendance sans doute pour l'Allemagne, ont été détruits de même que son artillerie en a été expédiée à Châlons.

L'incident de Pagny fit croire un moment que l'heure du suprême conflit allait sonner. Il y eut dans tout le pays pendant quelques jours une inquiétude anxieuse mêlée d'un ardent espoir.

Je partageais tout naturellement ces sentiments de mes concitoyens. L'ami dont j'ai parlé plus haut, continuait à voir le général Boulanger presque chaque jour et avec une légitime et vive curiosité que l'on devine, je m'enquérais après leurs entretiens, des chances qu'il pouvait rester à la paix ou de celles qu'on pouvait avoir en cas de guerre, et qui, en grande partie, dépendaient du ministre de la guerre.

Un soir cet ami vint visiblement troublé, quoiqu'il fût de ceux qui ne s'émeuvent guère. Je lui en fis la remarque et lui en demandai la raison.

— J'ai eu aujourd'hui un long entretien avec le général Boulanger. Ce diable d'homme m'effraie par sa résolution même.

Et l'ami me raconta certains traits de l'entretien. Le ministre de la guerre ne se faisait pas d'illusion sur les difficultés qu'il éprouverait quant aux moyens de transports, mais il était décidé à force de précision et d'énergie, dût-elle être excessive, à les surmonter. En ce qui concernait les forts incomplètement achevés alors, le ministre avait répondu aux observations qui lui étaient présentées à ce sujet :

— Les forts n'ont plus qu'une valeur morale en donnant confiance aux soldats, mais on peut les écraser comme des noisettes.

Enfin comme on parlait des dispositions ou précautions à prendre pour assurer la retraite, le général Boulanger, tout en gardant la plus grande réserve sur ses intentions, avait répondu :

— Dans une partie comme celle-là il ne faut pas songer à la retraite ; il faut aller toujours en avant et crever l'ennemi. Je percerai ou je me ferai sauter.

Cette conclusion, rappelant avec moins d'emphase oratoire les sentences des temps héroïques de la Révolution, était justement ce qui effrayait l'ami qui me la répétait.

Incompétent en matière militaire, je n'ai pas à apprécier la valeur du général Boulanger comme homme de guerre dans le sens technique du mot. C'est un soin que je laisse à ceux qui, comme le général Yung, ont été ses collaborateurs et dont le jugement peut avoir plus d'autorité, je crois, que celui de M. Joseph Reinach ou de M. Sigismond Lacroix.

Maintenant que presque toutes les puissances ont le fusil à tir rapide, que l'Angleterre fabrique de la mélinite sous un autre nom, que l'Allemagne et l'Italie ont la roburite qui leur a été fabriquée par les associés de l'ex-ministre M. Barbe, je puis dire que c'est au terrible explosif qu'il songeait en parlant des forts écrasés comme des noisettes, et c'est sur lui qu'il comptait pour jeter l'épouvante dans l'armée allemande si stoïque qu'elle pût être, par les effrayants ravages du nouvel armement qu'il avait fait fabriquer avec une si ardente activité, n'attendant même pas que les crédits lui fussent votés pour l'entreprendre. C'est ce qui faisait dire à M. de Freycinet, lors des préliminaires de la Haute-Cour que « si le général Boulanger avait commis des irrégularités elles étaient justifiées par les nécessités et qu'il serait criminel de les lui reprocher. »

La correspondance du général Boulanger prouve qu'il avait au moins un plan général, un objectif que je n'ai pas à juger et dont on ne s'étonnera pas que je supprime les points précis quand je publierai les lettres qui les contiennent et qui pourraient être lues par d'autres que par des Français.

D'autres ont parlé des mesures diverses qu'il s'apprêtait à prendre avec une énergie toute révolutionnaire, pour faire face aux nécessités de la guerre. Il était certainement capable de les prendre; mais j'ignore s'il les avait prises au moins tacitement comme on l'a dit, n'ayant pas eu l'occasion d'être informé à cet égard. Mais je le serais que je garderais le silence sur ce point pour me conformer à ce que je sais avoir été sa volonté. Il avait le plus grand respect du secret professionnel, dont il ne se serait pas même dégagé pour se défendre. Quand il était le plus furieusement attaqué et calomnié pendant la publication des *Coulisses*, le directeur de l'*Éclair* lui offrit de rappeler dans un interview ce qu'il avait fait au moment de l'incident de Pagny. Il s'y refusa par une lettre qui fut publiée en invoquant la nécessité du secret que lui commandait le patriotisme et dans une lettre qu'il m'adressait en même temps, il m'informait de ce refus et des raisons qui le dictaient sur lesquelles ne pouvait prévaloir le désir bien légitime de rappeler à ceux qui l'outrageaient après l'avoir proscrit ce qu'il avait fait pour son pays.

CHUTE MINISTÉRIELLE

On n'était pas sans être informé en Allemagne des

ressources nouvelles dont disposait la France, encore qu'on ne les connût pas exactement. Aussi le gouvernement allemand crut prudent de remettre l'exécution de ses projets à une meilleure occasion et il s'empressa de masquer sa retraite derrière les ingéniosités diplomatiques et juridiques que lui offraient MM. Grévy et Goblet.

Cette victoire morale remportée par la France sans qu'il lui en coûtât rien, mit le comble à la popularité du général Boulanger qui devint pour le peuple et pour l'armée « le général Revanche ».

Mais celui-ci avait trop triomphé. Le gouvernement allemand effrayé par la résolution, l'activité, la popularité de ce général organisant la défense comme s'il allait livrer bataille, agissait par tous les moyens, servi par notre ambassadeur à Berlin, pour amener la retraite de ce ministre de la guerre. M. Grévy qui voyait revivre en lui un autre Gambetta, soldat et non orateur, si peu disposé à laisser adjoindre le ministère de la guerre au bazar de l'Elysée, ressentait une antipathique méfiance pour ce favori de la fortune et de la popularité. Les opportunistes et les modérés comprenant quel avantage sa popularité donnait aux radicaux qui pouvaient se réclamer de lui ou le représenter, non sans raison, comme leur ministre avaient hâte d'amener sa chute. Enfin contrairement à toute logique politique les radicaux qui pouvaient par lui arriver au pouvoir, forts de l'approbation du pays, agissaient pour la plupart comme les opportunistes et les modérés à l'instigation de M. Clémenceau qui avait eu des relations fort étroites avec ce ministre de la guerre devenu pour lui trop populaire et dont il avait éprouvé quelque déception.

En une telle situation il aurait fallu une expérience consommée du personnel parlementaire et le génie de l'intrigue pour résister à tant d'adversaires coalisés. D'ailleurs, le mieux était de ne pas résister pour prolonger de quelques mois à peine ou de quelques semaines la possession d'un pouvoir ministériel devenant inutile dès que le possesseur ne pouvait plus s'en servir que pour défendre sa situation. Après avoir passé aux affaires d'une manière si éclatante, il était certain que le général Boulanger serait rappelé assez prochainement et que les auteurs d'une combinaison ministérielle future voulant s'assurer la popularité à leur début s'empresseraient de lui faire parmi eux une place où il pourrait continuer sa tâche patriotique.

Pour les raisons qui viennent d'être indiquées, une coalition entre les opportunistes et l'Elysée représentés par M. Rouvier et la droite représentée par MM. de Mackau, de Breteuil et Cassagnac et depuis avouée par les derniers fut ourdie avec le concours de MM. Clémenceau, Pelletan et quelques autres radicaux pour amener la chute du ministère radical à propos du projet d'impôt sur le revenu, véritablement insoutenable de M. Dauphin, et que M. Goblet, on ne sait pourquoi, voulut soutenir.

La question ministérielle posée sur ce projet ne pouvait avoir un résultat douteux, alors même qu'il n'y aurait pas eu de coalition.

La chute du ministère radical amena nécessairement la retraite du général Boulanger, qui en perdant son portefeuille ne perdait pas sa popularité.

Quand le vote fut connu, un familier du ministère de la guerre, alla trouver le général et lui demanda :

— Qu'allez-vous faire ?

— C'est bien simple ; je vais m'en aller, répondit tranquillement le général.

— Vous devez au contraire rester, reprit l'interlocuteur ; et, avec véhémence, il lui démontra que ses collègues et lui avaient été renversés par une coalition de partis ne représentant pas le pays ; qu'il pouvait compter sur l'appui de l'armée, sur l'approbation de l'opinion publique indignée, sur le concours du peuple auquel il devait en appeler et qu'il devait d'autant plus le faire qu'il n'avait rien à craindre en le faisant.

— Ce serait un coup d'État, répliqua le général Boulanger, et je ne le ferai jamais.

Deux ans après il était condamné par la Haute Cour comme ayant préparé et tenté de faire un coup d'État.

CHAPITRE II

LE PATRIOTISME ET LA POLITIQUE

Quoique je ne prétende pas écrire l'histoire de ce qu'on nomme le boulangisme, il faut bien pour l'intelligence du sujet rappeler des souvenirs méconnus sinon oubliés qui sont notre histoire d'hier. Le général Boulanger ne fut pas un simple agitateur populaire ou parlementaire, ne devant sa prodigieuse et si rapide célébrité qu'à des acclamations tapageuses dont l'Europe ne se serait pas occupée s'il s'était agi seulement d'un inventeur de procédés électoraux. Cette célébrité était due à son œuvre comme ministre de la guerre, et à la victoire morale remportée sur l'Allemagne, laissant prévoir qu'il pouvait être le général heureux destiné à vaincre les vainqueurs de 1870.

Il fut une espérance ; mais celle-là même que le régime et les partis parlementaires ne peuvent supporter. C'est une fatalité du régime que les partis possédant le pouvoir, en cas de conflit extérieur confieraient le commandement suprême non pas au général pouvant être le plus redoutable à l'ennemi, mais à celui qui serait le moins redoutable pour eux-mêmes et dont ils n'auraient pas à craindre qu'il abusât de sa victoire parce qu'il serait incapable de la remporter.

Le drame que j'ai à raconter pourrait avoir pour titre : *Patriotisme et Politique*. Le premier a été vaincu et tué par la seconde. Celle-ci triomphe pendant que l'autre est couché dans la tombe d'Ixelles. Il peut y avoir dans l'armée française un autre homme de guerre de la valeur du général Boulanger ; mais instruit par l'exemple de celui-ci, cet homme de guerre se gardera bien de se révéler pour ne pas acquérir une popularité périlleuse. Il pourra avoir la capacité, il ne pourra inspirer à l'armée et au pays entier la confiance enthousiaste et héroïque qui est la grande force française, et sur laquelle comptait le général Boulanger plus encore que sur sa stratégie et sur l'armement qu'il avait créé.

Ce n'est pas à dire que le général Boulanger fut l'unique patriote. Mais ayant réveillé le patriotisme, il l'incarna aux yeux de la foule et du pays entier. Voilà qui est incontestable.

Et il l'incarna dans un moment où apparaissaient tous les vices, toutes les intrigues, toutes les corruptions, tous les tripotages de la politique, soulevant le mépris et le dégoût universels.

A ce moment ce n'était pour ainsi dire un secret pour personne que les trafics qui s'opéraient dans les ministères et dans le Parlement.

Il n'y avait guère de lois qui ne recélât une affaire et ne donnât lieu à des marchandages d'influence et de votes. Dans les salles de rédaction, dans les cafés fréquentés par les hommes politiques, les journalistes et les brasseurs d'affaires, on racontait couramment quels intérêts se cachaient derrière les projets et à quel prix étaient cotés le vote des députés, le silence ou l'appui des directeurs de journaux. Les courtiers opéraient en quelque sorte publiquement, visitant les riches industriels soupçonnés d'avoir la manie du ruban rouge lequel était estimé cent mille francs ; c'était le prix fait. Le trafic était devenu à ce point public que des fonctionnaires désirant un avancement, des fabricants ou inventeurs aspirant à une commande ministérielle, se mettaient en quête de l'intermédiaire qui, connaissant députés, sénateurs, ministres ou seulement la maîtresse de l'un d'eux, pourrait leur obtenir, moyennant bonne commission, la commande ou le poste désirés. La France était à l'encan.

Il y avait comme une orgie de vénalité qui ne reculait pas devant le guet-apens, puisque M. Lovaillant, chef de la sûreté au ministère de l'intérieur et aux ordres de MM. Rouvier et Wilson, tentait de faire assommer par deux chenapans policiers M. Portalis porteur d'un reçu accusateur de 700 000 fr. C'est à ce moment qu'aurait dû s'ouvrir l'enquête sur le Panama, avant que les intéressés n'aient eu le temps de faire disparaître les traces de leur trafic et alors que parmi tous les courtiers employés on aurait pu en trouver pour fournir d'utiles renseignements. Mais si alors on avait publiquement fait connaître que six millions avaient été distribués pour persuader les directeurs de grands journaux et une partie de la majorité parlementaire, hostiles la veille au projet de loi sur les obligations à lots de l'excellence de ce projet, les huit cent mille possesseurs de titres auraient trouvé que ce n'était pas payer trop cher le salut de l'entreprise financière dont ils attendaient la fortune.

Avec sa probité un peu naïve de soldat, le général Boulanger représentait, en même temps que le patriotisme, une honnêteté à laquelle tout le reste servait de repoussoir. Et il a fallu que celui qui méritait cet honneur fût entouré par la pire bande d'aigrefins et de faiseurs qui se soit pu réunir !

On savait que le ministère Rouvier était une combinaison résultant d'un pacte passé avec la droite, dont M. de Cassagnac a depuis affirmé l'existence et qui ne fut pas, paraît-il, scrupuleusement exécuté. Et comme si ce n'était pas assez d'être l'allié des monarchistes et des cléricaux, ce ministère avait la faveur du gouvernement de Berlin qui avait le tort de le laisser trop voir.

De telles conditions n'étaient pas pour valoir au nouveau ministère la popularité dont avait joui le ministère précédent et surtout le ministre de la guerre qui n'en était que plus regretté. Cette popularité n'a donc pas été faite, comme se sont plu à le dire des adversaires, par des chansons de café-concert et des cris de camelots ; elle a été faite de l'incontestable valeur du ministre en même temps que de l'indignité du monde gouvernemental. Ce sentiment, partagé alors par la majorité du pays, était exprimé non seulement dans l'*Intransigeant* par Henri Rochefort que sa liaison avec le général Boulanger pourrait faire soupçonner de trop d'indulgence, mais dans la *Lanterne* et même dans *le XIXᵉ Siècle*, dans l'article : *Vive Boulanger !* entre autres, de M. Portalis, devenu depuis un adversaire du boulangisme.

LE PORTRAIT DU GÉNÉRAL

Rédacteur alors à l'*Estafette*, j'y publiai un article intitulé *Le général X*, en souvenir d'un article paru autrefois dans le *Figaro*, portant le même titre et invoquant la venue d'un Lamoricière qui serait un Cavaignac pour le socialisme et un Monck pour les princes d'Orléans. Je constatai que le général apparu était contrairement à l'attente réactionnaire, un républicain et après avoir indiqué quelle corruption et quelle vénalité soulevaient le dégoût de l'opinion publique indignée, je terminais par ces lignes :

« La démocratie qui semble avoir de nouveau soif de probité et de vertu sent instinctivement son impuissance à se débarrasser par son seul effort de toute cette pourriture sociale. Elle rêve du soldat assez fort, assez austère, pour oser comme Hercule balayer les écuries de l'Augias ploutocratique. J'ignore encore le nom de ce soldat, de ce général X tout différent de celui que les anciens partis réactionnaires attendaient. Mais s'il existe, son heure est venue. »

Quand cet article parut, mes collègues opportunistes protestèrent courtoisement d'ailleurs. Celui qui protesta le plus fort fut M. Naquet, qui écrivit au directeur une lettre de six pages pour lui démontrer que je ne pouvais être qu'un bonapartiste et l'inviter à se priver d'un rédacteur écrivant de tels articles.

J'attribuai ce zèle un peu excessif à l'attachement de M. Naquet pour le nouveau ministère auquel appartenait son ami et associé, M. Barbe, et dans lequel il avait sollicité d'entrer comme ministre des postes et télégraphes ainsi qu'on peut s'en assurer en feuilletant la collection de l'*Estafette* où son nom figure avec cette mention dans la combinaison ministérielle.

Je fus un peu étonné quand j'appris qu'il avait, la veille encore, des relations fréquentes avec le général Boulanger et plus tard, je le fus davantage quand je sus qu'il passait son temps en déjeunant avec l'ex-ministre de la guerre, à l'initier à la science des coups d'Etat pour laquelle son amphitryon n'avait aucun goût.

Peu de temps avant, vers le moment même où le ministère radical était renversé, le directeur de l'*Estafette* avait publié et donné en prime le portrait de Paul Bert tiré à un peu plus de cent mille exemplaires. Il eut l'idée de renouveler l'opération avec le portrait du général Boulanger. Cette fois les demandes et le tirage s'élevèrent à 800.000 (je dis huit cent mille), ce qui est un chiffre respectable indiquant assez quelle était la popularité du ministre de la guerre.

M. Thiébaud s'est plu à se représenter comme ayant « inventé » le général Boulanger et quelques-uns de ses amis crédules lui ont fait honneur de cette invention. On voit par le fait précédent, qu'elle n'exigeait pas de laborieuses ou audacieuses recherches et que le secret en était connu. L'idée dont la mise en pratique au moins lui appartient et dont je vais parler bientôt était toute autre chose qu'une invention.

LA GARE DE LYON

Le général Boulanger en cessant d'être ministre restait un gros embarras pour le ministère. On prévoyait qu'à la revue traditionnelle du 14 juillet, une manifestation en sa faveur aurait lieu et qu'elle pouvait avoir les plus fâcheuses conséquences.

Le général Farre, nouveau ministre de la guerre, en cette éventualité prit la résolution de donner à son prédécesseur un poste, le nommant le 4 juillet 1887, commandant du septième corps, avec ordre de partir pour Clermont.

Il était certain pour tout Parisien, étant donné l'état de l'opinion publique, que son départ fixé à 9 heures du soir ne se passerait pas sans incident ou sans événement.

Que serait cet événement? Il était difficile de le prévoir: pour le savoir il fallait aller voir.

Comme tant d'autres j'allai donc à la gare de Lyon. Quand j'arrivai, la gare était déjà envahie. La foule, comme une marée énorme, avait débordé, brisant les clôtures, et envahi la voie. Je dus à l'obligeance d'un gardien de la paix, muettement satisfait, de trouver un passage facile.

Des voyageurs attristés, ahuris, s'étaient assis sur leurs bagages semblables à des naufragés jetés sur la rive avec des débris de cargaison. Les wagons, comme des épaves auxquelles s'accrochaient des grappes humaines, étaient abandonnés sur la voie.

En travers des rails, devant les locomotives effrayantes avec leur œil cyclopéen, lumineux, et leur gueule ardente, des hommes étaient assis ou couchés comme des choses entêtées ou inertes, ne bougeant pas aux coups de sifflets stridents impuissants à réveiller les instincts de frayeur de la chair. Si par accident une locomotive eût roulé, il y aurait eu une épouvantable boucherie.

Une foule énorme et noire faite d'individus de toutes les classes, ondulait autour d'un train en formation dans l'une des voitures duquel était le général.

On devinait cette voiture parce qu'en cet endroit le flot humain était plus pressé et plus mouvant et que sur les wagons environnants ceux qui les avaient escaladés, qui s'y tenaient juchés, étaient plus nombreux et plus serrés.

Je m'approchai autant qu'il fut possible et tout ce que je pus voir c'est que la portière était occupée par un groupe d'hommes entourés eux-mêmes et que leur costume et leur attitude désignaient comme des bourgeois, des députés ou des journalistes.

De la foule montait un énorme murmure monotone couvrant toutes les voix, mais au travers duquel ne perçait aucun cri traduisant une pensée ou manifestant une résolution.

J'éprouvais le vif et profond regret de ne pas connaître l'homme prisonnier de cette masse humaine et de n'être pas connu de lui pour m'en faire écouter. Je comprenais que, surpris par cette aventure, trop militaire pour avoir le sens intime des foules et pour faire autre chose qu'obéir aux lois et à un commandement supérieur, il ne savait quelle conduite tenir en attendant que le train partît pour Clermont tandis que la foule attendait qu'il prît une initiative. Et je devinais que les hommes qui l'entouraient parlaient mais ne savaient ni donner un conseil ni prendre une décision.

Ce soir-là le général Boulanger pouvait, s'il l'eût voulu et s'il avait eu près de lui des hommes résolus, se faire porter d'un bond par cette foule qui aurait tout écrasé sur son passage et n'aurait pas reculé devant des locomotives, à l'Hôtel de Ville plus près que l'Élysée, escorté et acclamé par les escouades d'agents de police, et comme au 18 mars le gouvernement n'aurait eu que le temps de fuir à Versailles.

Ce n'est pourtant pas là ce que j'aurais conseillé au général Boulanger qui d'ailleurs n'aurait pas écouté ou suivi le conseil parce que c'eût été provoquer une guerre civile et qu'il ne la voulait à aucun prix. Je ne le lui aurais pas conseillé parce que s'il était facile ce soir-là de prendre Paris qui se donnait et avec lui le pouvoir, il fallait le lendemain exercer ce pouvoir, accomplir à coup de décrets une révolution pacifique, méthodique et tutélaire comprise et approuvée par la majorité du pays. Et ce qui manquait c'était l'idée de cette révolution à opérer et qui seule pouvait, en légitimant le fait accompli, être plus forte que les protestations des parlementaires.

Mais je lui aurais conseillé de ne pas laisser cette foule sans direction, de monter sur un wagon et comme un général à ses troupes à l'heure décisive, de dire dans le silence qui n'aurait pas manqué de se faire, quelques phrases brèves telles que celle-ci :

« Vous avez voulu me manifester vos sympathies

pour ce que j'ai pu faire à l'égard de l'armée et de notre patrie. Je vous en remercie. Mon devoir est aujourd'hui de prendre le commandement des troupes qui me sont confiées. Je dois obéir et ne veux pas être un fauteur de trouble ou de guerre civile. Vous voulez que je revienne, je reviendrai parmi vous quand j'y serai rappelé et je le serai quand vous aurez fait votre devoir de citoyens ; maintenant laissez-moi faire mon devoir de soldat. »

Si à ce moment le général Boulanger avait pris cette attitude et tenu ce langage il aurait dissipé des préventions naissantes et mérité l'approbation unanime.

Après plus d'une heure de flux et de reflux, de piétinement agité, d'attente troublée et stérile, on apprit que le général, dirigé dans l'obscurité par des officieux, était parti sur une locomotive en manœuvre, qui le conduisait à Charenton d'où il devait prendre le train de grande ligne. La marée humaine de plus de cent mille hommes qui inondait la gare et les voies avoisinantes se retira lentement avec une vague et indéfinissable déception.

Un peu plus tard Mme Séverine racontait que le général interrogé par elle sur ses impressions de la gare de Lyon, s'était borné à répondre qu'il « avait eu très chaud [1]. »

En le connaissant je me suis expliqué comme se l'expliqueront ceux qui liront ce récit jusqu'au bout, son attitude en cette circonstance. En fataliste méditatif qu'il était, il avait attendu la fin d'une aventure qu'il n'avait pas prévue, à laquelle il n'était pas préparé et ne voyant pas comment elle pouvait finir, il avait en militaire, ayant à exécuter un ordre, pris le seul moyen d'échapper à la foule qui le retenait.

1. On verra dans une lettre des derniers moments cette expression employée et on pourra voir ce qu'elle signifie dans la langue de ce soldat.

A peine le général fut-il à Clermont qu'il parut dans la *France* des lettres signées X, ayant l'intention d'être louangeuses pour le ministre de la guerre de la veille et dont l'une fit quelque bruit parce que l'auteur y affirmait, comme s'il avait eu la preuve formelle de son assertion, que quatre-vingt-dix généraux avaient offert leur concours au général Boulanger. On ne disait pas ce qu'avait répondu celui-ci ; mais le fait affirmé paraissait suffisamment inquiétant à tous ceux, fussent-ils même sympathiques à l'ex-ministre de la guerre, qui ne voulaient pas d'une dictature militaire ou d'une république de pronunciamientos.

De l'enquête faite il résulta que les encouragements ou offres de concours avaient eu lieu lors de l'incident de Pagny, ce qui les justifiait et honorait même ceux qui les avaient adressés. L'auteur des lettres était M. Laisant qu'un caricaturiste représenta vêtu d'une peau d'ours et lâchant un pavé sur la tête du général Boulanger endormi. C'était le commencement des sottises qui allaient se succéder toujours plus grosses et plus fréquentes.

UN TRIO

Le général Boulanger eut des relations avec un assez grand nombre de députés sollicitant pour les fils des leurs des faveurs le plus souvent accordées quand elles pouvaient l'être sans préjudice pour personne. Mais c'est aux députés du groupe radical à raison de sa liaison avec MM. Henri Rochefort, Clémenceau et son collègue M. Granet, qu'il témoignait ses sympathies politiques.

Parmi ces derniers il en était un, qui s'était fait vite une réputation. Avocat actif, passant pour très intelligent, viveur menant grand train, que les opinions radicales qu'il professait n'empêchaient pas d'entretenir des relations avec le monde aristocratique et qui s'était fait le cicerone du ministre de la guerre dans les coulisses de la vie parisienne.

On devine que je veux parler de M. Laguerre.

Celui-ci avait compris qu'il y avait pour son ambition plus d'espoir à fonder sur la popularité et les succès du général Boulanger que sur la politique tombée en défaveur de M. Clémenceau. Aussi avait-il abandonné celui-ci pour s'attacher au premier.

Il avait eu occasion de connaître M. Dillon qui se faisait appeler « comte » et qui jouera un rôle important dans cette histoire. Celui-ci était un ancien officier de dragons ayant pris sa retraite, ou y étant été mis, à la suite d'opérations de remonte effectuées en Angleterre et qui lui avaient créé des relations dans le monde financier d'outre-Manche. Il était un camarade d'armes pour le général Boulanger qui l'avait retrouvé paraissant riche, brassant de grosses affaires en Amérique, lorsqu'il y avait été envoyé comme président de la mission française pour les fêtes en l'honneur de Franklin.

De son côté, M. Dillon, revenu en France, avait songé qu'il y avait à tirer parti de l'énorme popularité de son ami le général Boulanger, sans qu'il sût bien exactement ce qu'on en pourrait faire. A cet égard M. Laguerre et M. Dillon avaient pu s'entendre. Mais comme il s'agissait d'une affaire où la politique avait si grande part, M. Dillon qui y était complètement étranger devait s'en remettre à la compétence spéciale de M. Laguerre, politicien de profession.

A ces deux personnages s'en était joint un troisième de moindre importance, un reporter ayant été attaché à la rédaction du journal monarchiste le *Gaulois* et à ce moment rédacteur à la *France*.

A titre de reporter il avait été envoyé à Clermont et depuis on le trouva toujours attaché aux pas du général comme son père l'avait été à ceux de Flourens. Il devint pour MM. Laguerre et Dillon, surtout pour le premier, l'agent de confiance, qui pour cette raison en même temps que pour ses habitudes laudatives et idolâtriques, reçut d'eux le sobriquet « d'enfant de chœur. »

Celui-là était le futur auteur des *Coulisses du boulangisme.*

Les deux premiers s'étaient constitués les conseillers du général Boulanger qui, isolé à Clermont, ne pouvait voir que par leurs yeux, ayant confiance dans la sagesse positive de l'un et dans la sagacité politicienne de l'autre.

Il n'était pas difficile d'exciter son ressentiment contre les adversaires qui s'étaient coalisés contre lui, car c'était un des traits de son caractère de vouloir toujours prendre — et au plus vite — une revanche de la défaite ou de l'attaque subie.

Ses deux conseillers intimes lui représentaient comme une force la popularité considérable et incontestable dont il disposait en le provoquant à en user. Comment ? Par quels moyens ? Dans quel but ? C'est ce que personne ne précisait.

LA NUIT HISTORIQUE

J'avais alors quitté l'*Estafette*, ce journal ayant été acheté par M. Valentin Simond pour le revendre à M. Jules Ferry. Par l'intermédiaire d'un ami, je fus invité à un rendez-vous avec M. de Labruyère qui partageait alors avec madame Séverine la direction du *Cri du Peuple*, et dont je ne connaissais que le nom par les polémiques auxquelles il avait été mêlé. Je trouvai une personne à la physionomie ouverte, intelligente, sympathique, décidée, ayant du savoir-vivre et du savoir-faire. Il connaissait le général Boulanger avec lequel il se rencontrait très fréquemment dans des promenades à cheval dans le bois de Boulogne, l'ex-ministre de la guerre étant momentanément à Paris comme membre de la commission des grades.

C'était une occasion de savoir peut-être la vérité sur ce dernier que j'avais entendu dépeindre et apprécier de tant de façons contradictoires. Je dois dire que sur ce point M. de Labruyère ne put me satisfaire, c'est-à-dire indiquer d'une manière précise le caractère et les idées de celui que plus tard je devais si bien connaître.

Après une assez longue conversation, nous tombâmes tous deux d'accord sur les causes, et les tendances du mouvement d'opinion que, faute de meilleure expression, on commençait à appeler « le boulangisme, » et sur l'opportunité de la publication d'un journal qui satisferait à ces tendances et leur donnerait un but en indiquant par quels moyens pourrait s'opérer la rénovation nationale qui semblait être alors le rêve ou l'espérance du pays.

L'exécution de ce dernier projet était d'autant plus facile que le journal devait réussir presque immédiatement et qu'alors il n'était pas besoin de capitaux pour l'entreprendre ; ou bien nous nous trompions et il serait dans ce cas inutile de persister dans une tentative infructueuse mais qui ne pouvait être coûteuse étant de très courte durée. Il fut donc convenu que la publication commencerait dans quelques jours, dès que quelques arrangements indispensables seraient pris.

Le scandale de l'affaire Limouzin éclata à ce moment. C'était, on s'en souvient, le ministre de la guerre de la veille qu'on avait cru et voulu atteindre en poursuivant le général Caffarel. Ce fut le gendre de M. Grévy qu'on découvrit ; et les moyens qu'on employa pour le tirer d'affaire furent justement ceux qui aggravèrent son cas. Les circonstances étaient favorables au lancement d'un journal ; mais les événements se précipitèrent avec tant de rapidité que l'occasion passa sans qu'on ait pu la saisir.

Les incidents de cette affaire qui fut le procès Wilson avaient soulevé l'opinion. La majorité entraînée, on se le rappelle, par M. Clémenceau, avait compris que si on ne mettait pas brusquement fin à ce scandale, les révélations et dénonciations contre la corruption gouvernementale et parlementaire allaient se produire et entraîner la débâcle d'un régime en pourriture. Il fallait faire un sacrifice pour apaiser l'opinion publique et faire croire à l'impeccabilité des sacrificateurs. La majorité prit donc une attitude non prévue par la Constitution, équivalant en réalité à un coup d'État, qui amena la retraite de M. Grévy et la réunion du Congrès.

Les radicaux qui avaient travaillé au renversement du ministère radical pour écarter le général Boulanger, se voyaient menacés de la venue au pouvoir de M. Jules Ferry. Les uns voulaient qu'après avoir contraint M. Grévy à démissionner, on l'aidât à conserver la Présidence par la formation d'un ministère de dissolution, d'autres voulaient profiter de l'occasion pour procéder à un coup de main devant aboutir à la formation d'un gouvernement provisoire. Pendant quelques heures on se crut à la veille d'une guerre civile.

Le général Boulanger, momentanément à Paris, avait été convoqué à une réunion de députés chez M. Laguerre.

Il y avait assisté silencieux et ennuyé. M. de Labruyère qui s'était improvisé en quelque sorte son officier d'ordonnance, prêt à agir pour lui, avec lui ou sur son ordre, me racontait le lendemain que le général était sorti écœuré des discussions et des bavardages en lui disant : « Tous ces gens-là sont des parlementaires ; il n'y a rien à faire qu'à aller se coucher. »

Peut-être M. de Labruyère traduisait-il, de bonne foi d'ailleurs, plutôt qu'il ne répétait l'exacte expression qu'il avait entendue.

A Jersey, plus tard je demandai au général ce qui s'était passé.

— J'avais été invité chez Laguerre, raconta-t-il, sans savoir pourquoi. Je trouvai des députés que je connaissais pour la plupart, très agités, parlant beaucoup ; on prenait du thé et des liqueurs, et l'on ne pouvait savoir si on était dans un cabaret ou dans une réunion d'hommes politiques. Je ne dis rien, n'ayant rien à dire, ne sachant guère ce que les assistants voulaient, et je crois bien qu'ils ne le savaient pas eux-mêmes. Je m'ennuyais beaucoup. Vers une heure du matin je partis. »

Comme la conversation avait lieu devant madame de Bonnemains, le général s'adressa à elle, en ajoutant :

— Vous vous souvenez ; je suis passé vous dire bonsoir avant de rentrer chez moi et je vous ai dit : « Tous ces gens-là sont fous ! »

Telle fut la participation du général Boulanger aux essais de complots de ce qu'on a appelé, on ne sait vraiment pourquoi, « la nuit historique ».

Le jour de la démission présidentielle il y avait eu des démarches faites à l'Élysée par divers personnages. L'un d'eux avait proposé la formation d'un ministère de dissolution et avait nommé le général Boulanger dont il aurait fallu obtenir l'acceptation.

En entendant ce nom, M. Grévy répondit dédaigneusement : « Ce n'est pas un parlementaire! »

Un autre jour je demandai au général ce qu'il y avait de vrai dans le récit de son entrevue avec M. de Martimprey qui avait été publié à ce moment :

— Ce qu'il y a de vrai, répondit-il, c'est que Le Hérissé m'emmena chez M. de Martimprey, prétendant qu'il avait une communication importante à me faire. Quand nous fûmes rendus, M. de Martimprey, me déclara qu'il fallait à tout prix que Ferry ne fût pas élu et que les monarchistes voteraient soit pour Floquet, soit pour Freycinet, à la condition que l'un ou l'autre s'engageât, une fois Président de la République, à me prendre pour ministre de la guerre. Puis M. de Mackau que je n'avais pas vu et qui attendait dans une pièce voisine vint confirmer ce qui venait de m'être dit, il tira de sa poche une lettre du comte de Paris qui lui donnait tous pouvoirs, et après avoir essayé de me démontrer que les événements étaient favorables à une restauration monarchique, il ajouta que je n'aurais qu'à demander tous les titres et tous les honneurs si je voulais aider à rendre son trône au comte de Paris.

« Je trouvais tout cela trop bouffon pour m'en fâcher. Il n'y avait rien à répondre, n'est-ce pas? Ceux-là étaient encore bien plus fous que les autres. C'est ce que j'ai dit à Le Hérissé quand nous fûmes sortis. »

Je ne fais que répéter ou transcrire. Je ne commente pas. Pourtant à la suite du récit fantaisiste qui fut publié, le général me fit remarquer que quatre personnes seulement assistaient à l'entretien. Sur les quatre il en est deux qui n'avaient pas à se vanter de leur tentative, il est vrai stérile, mais non moins coupable. Une troisième, le général lui-même, n'avait pas cru devoir, étant indulgent pour la folie, raconter le fait. Il n'en restait donc plus qu'une ayant pu fournir des renseignements plus ou moins exacts sur cette entrevue où le général avait été amené comme à un guet-apens moral. Et cette dernière personne est justement M. Le Hérissé qui s'était chargé de l'amener!

Là encore on retrouve, et on le retrouvera toujours, le procédé orléaniste qui consiste à citer un fait vrai, mais en l'altérant et en le dénaturant, afin qu'il ne puisse être démenti dans sa réalité même et que le public, pour cette raison, accorde créance à leur version entière. Quels fourbes!

Enfin comme conclusion, c'est celui qui a dédaigné les offres des embaucheurs qui a été condamné pour complot contre la sûreté de l'Etat, tandis que ceux qui se livraient à cette tentative d'embauchage sont demeurés impunis.

CHAPITRE III

PREMIÈRE FAUTE

L'élection d'un nouveau président de nuance aussi neutre que M. Carnot, amenait une détente de l'opinion qui avait été très surexcitée. La publication du journal projeté fut remise à un moment plus opportun qui, dans la situation, ne pouvait tarder à se produire. Le général Boulanger était reparti pour Clermont où M. Laguerre lui envoyait des dépêches chiffrées dignes d'un conspirateur d'opéra-comique, lesquelles très peu de temps après devaient être l'un des principaux éléments de l'accusation portée contre le général déféré à un conseil d'enquête.

Un matin du mois de février 1888, un mercredi, s'il m'en souvient bien, je reçus de M. de Labruyère un télégramme me donnant rendez-vous à onze heures pour affaire urgente. Je m'y rendis et M. de Labruyère me fit lire une information de la *Gazette de France* annonçant que la candidature du général Boulanger était posée dans sept départements où devaient avoir lieu le 26 de ce mois des élections complémentaires.

M. Thiébaud était désigné comme étant le metteur en œuvre de cette candidature.

— Quel est-ce M. Thiébaud? demandai-je.

— Un rédacteur de journal conservateur, me répondit M. de Labruyère. Je ne le connais pas ; mais nous le connaîtrons. Et il me demanda ce que je pensais du fait annoncé.

— Je pense que c'est une faute. J'ajoutai que le général n'était pas éligible et que rien n'était plus inutile que de l'élire ; que sa popularité était incontestable et n'avait pas besoin d'être mise à cette épreuve électorale dangereuse ; que s'il était par hasard élu, il ne pourrait être député qu'en cessant d'être général et qu'il deviendrait un autre Labordère alors qu'il pouvait redevenir ministre de la guerre à la condition de ne pas être mêlé ostensiblement à la politique, et de ne pas exciter ou aggraver les appréhensions républicaines par un procédé plébiscitaire dont le moindre danger était d'exposer sa popularité à un fiasco.

Persuadé par ces arguments, M. de Labruyère me demanda ce que je conseillerais, se proposant de faire tous ses efforts pour que le conseil fût suivi.

— Ce que je conseillerais, c'est que le général Boulanger écrivît une lettre très brève adressée à un ami, qui la ferait publier, déclinant une candidature, répondant au sentiment public et attestant une foi politique, la seule qu'il puisse et doive avoir, celle de la Révolution française.

M. de Labruyère me donna du papier et m'invita à faire ce projet de lettre dont les termes importaient d'autant plus qu'elle devait être très courte. Je l'écrivis aussitôt ; elle avait huit à dix lignes au plus. Je ne puis en citer de mémoire le texte absolument exact. Pourtant le texte était, je crois, celui-ci, et si par hasard le brouillon en était retrouvé, on verrait qu'il n'en diffère pas sensiblement.

« Mon cher ami,

« Des amis inconnus plus zélés que réfléchis ont
« posé ma candidature pour les élections de diman-
« che prochain. La France a trop de parlementaires
« et n'aura jamais assez de soldats. Je suis et veux
« rester soldat pour servir mon pays et la Républi-
« que, n'ayant d'autre ambition que de mener un
« jour à la victoire le drapeau de la Révolution fran-
« çaise ! »

Il y avait une chose pour moi essentielle dans ce projet ; c'était la déclaration : « Je ne veux pas être un parlementaire ; je veux rester soldat. » Il s'agissait de faire parvenir le projet au général et de le décider à faire publier au plus tôt cette lettre ou une toute semblable. M. de Labruyère se mit en quête de M. le comte Dillon, — ainsi l'appelait-on — l'ami intime du général et qui passait pour avoir le plus d'influence sur lui. On ne put le rencontrer qu'à cinq heures, rue de Châteaudun, à l'administration des Câbles transatlantiques, où il vint à cette heure. Il répondit à M. de Labruyère, qui seul était monté le voir, qu'il verrait le soir M. Laguerre et qu'il en conférerait avec lui. Naturellement ces messieurs trouvèrent qu'il n'y avait pas lieu à faire la déclaration contenue dans le projet de lettre ci-dessus.

Le résultat[1] fut que dans les sept départements, le général Boulanger obtint 54,621 voix. On estima que c'était beaucoup ; j'estimai que c'était peu, mais que c'était trop.

1. Voici le chiffre des voix obtenues par le général Boulanger dans les sept départements : Hautes-Alpes 9187, Côte-d'Or 123, Loire 12532, Loiret 4317, Maine-et-Loire 11391, Marne 16107, Haute-Marne 664.

Quand trois ou quatre jours après, je revis M. de Labruyère, il me dit :

— Vous avez vu le résultat. Nous avions tort.

— J'avais raison, répliquai-je. Ce résultat ne sert à rien ; il n'accroît pas la popularité du général Boulanger, au contraire ; il ne lui donne pas des chances, il lui en ôte ; il ne le raproche pas du ministère, il l'en éloigne: il le place dans une situation difficile et fausse, risquant de l'enlever à l'armée où est sa force pour l'entraîner dans la politique à laquelle il ne me paraît pas préparé et où il serait impuissant.

Je ne savais pas à ce moment avoir tant raison. Tous les malheurs du général Boulanger sont venus de cette tentative aussi fatale qu'inutile à laquelle, je le reconnais, il s'était associé, en donnant son approbation et en fournissant les vingt-cinq mille francs nécessaires aux frais de propagande électorale, ce qui était certainement peu pour commettre une aussi énorme faute.

J'ai vu plus tard que M. Thiébaud, qui avait entraîné le général à commettre une autre faute tout aussi inutile et aussi grande, presque folle, pouvant entraîner pour ce dernier les conséquences les plus graves, ne faisait qu'exécuter les intentions ou désirs du prince Napoléon avec lequel il était en relations suivies.

« Faites ouvrir les urnes, » lui avait, dans son style imagé dont il était parfois dupe, écrit le prince qui se flattait, avec une naïve crédulité, que le jour d'une consultation plébiscitaire, son nom l'emporterait sur tous les concurrents, même sur celui de l'homme qui était à ce moment le plus populaire,

Le prince Napoléon n'était pas homme à entendre raison quand il s'était mis une idée en tête. Le général Boulanger lui était apparu comme l'instrument avec lequel on pouvait « faire ouvrir les urnes », comme il disait, et il invitait ses amis ou agents à tout faire pour qu'on les ouvrît. Il ne voyait pas que les entreprises qu'il conseillait ou encourageait étaient le meilleur moyen de les fermer.

Je n'ai pas besoin de dire que le général ignorait lors de cette première tentative électorale qu'elle servait les vues du prince Napoléon. J'ai eu à m'expliquer avec lui par la suite sur ce fait qui eut une si fâcheuse influence sur sa destinée en lui racontant ce qui vient d'être dit plus haut.

Il dut bien m'avouer qu'il avait agi avec la naïveté téméraire qu'il eut trop longtemps pour ce qui n'était pas des choses militaires. L'élection était un moyen légal quoique inutile de se venger un peu de l'intrigue parlementaire dont il était victime. Il n'en avait pas prévu les conséquences, et M. Thiébaud qui lui avait offert de poser clandestinement sa candidature en se chargeant de la propagande, ne les lui avait pas fait prévoir.

Combien plus tard il a regretté cette première faute qui entraîna toutes les autres. Aussi eut-il un amer ressentiment contre celui qui la lui avait fait commettre.

Le résultat de ces élections fut sans effet sérieux sur l'opinion publique, mais il irrita le monde parlementaire et officiel, informé des imprudences commises par le général Boulanger, resté le jeune sous-lieutenant d'Italie quand il n'était pas le chef militaire grave, impassible, impénétrable, résolu qu'il savait être, ce qui d'ailleurs faisait ce charme personnel que tant de gens ont éprouvé.

Il avait comme le général de Castellane, mais autrement que lui, le goût des déplacements brusques et secrets qui, tout en méconnaissant les règlements mettaient à l'épreuve l'habileté nécessaire à un chef militaire devant quitter le lieu où on le croit pour apparaître en celui où on croit qu'il n'est pas. C'est ainsi qu'apprenant que celle sur la tombe de laquelle il devait se tuer était gravement malade, il était venu un soir à Paris, pour retourner à Clermont le lendemain.

Ce voyage et les télégrammes parurent des motifs suffisants pour la convocation d'un conseil d'enquête qui se prononça pour la mise à la retraite du général Boulanger.

LA COCARDE

Sur ces entrefaites, la publication du journal dont j'ai parlé avait été décidée. Il devait avoir pour titre la *Cocarde*. M. de Labruyère m'avait donné rendez-vous chez lui pour les dernières dispositions à prendre à cet égard. J'y fus, et je trouvais dans son cabinet de travail, assis à sa table, feuilletant un livre, un personnage au visage imberbe, pâle, la bouche fendue, sans lèvres comme le caméléon, la figure mince emmanchée dans un col droit, le monocle à l'œil. Quand la présentation fut faite, j'appris que c'était M. Mermeix. La conversation s'engagea : elle ne pouvait avoir d'autre objet que l'appréciation de la situation.

M. de Labruyère prévoyait des incidents révolutionnaires, convenant à son tempérament combattif. Pour M. Mermeix le boulangisme était une aventure qu'il caractérisait en rappelant constamment le 2 Décembre et qu'il imaginait bien plus comme le détroussement d'une diligence que comme un acte politique. A l'en croire, son opinion était celle de MM. Dillon et Laguerre, les deux conseillers influents du général dont il était l'officieux. Je dois avouer qu'elle ne m'inspirait pas de vives sympathies pour celui qui la professait et qu'elle éveillait mes appréhensions à l'égard d'une entreprise ayant de tels collaborateurs et dans laquelle M. Mermeix, par atavisme sans doute, prétendait être préfet de police.

La *Cocarde* en paraissant tira à 80.000 exemplaires, passant pour le journal officiel du général quoiqu'il n'en fût rien, et pour cette raison vivement jalousée par les quelques députés, plus ou moins liés avec MM. Laguerre et Dillon. Aussi dans l'interpellation qu'il adressa bien inutilement d'ailleurs à propos de la convocation du conseil d'enquête, M. Laguerre s'empressa-t-il de déclarer que le général était complètement étranger à cette publication, ce qui était du reste vrai, mais ce qui n'empêcha pas le public de la considérer comme l'organe du boulangisme, même après que M. Laguerre eut, avec les parlementaires du parti, repris la *Presse* qui coûta tant d'argent à la caisse du comité dit national.

Quand la décision du conseil d'enquête fut connue, la direction de la *Cocarde*, disposant d'une boutique, au 142 de la rue Montmartre, y ouvrit un registre pour recueillir des signatures jointes à une protestation que M. Mermeix avait tenu à rédiger et que d'ailleurs personne ne lisait. L'affluence fut considérable ; les passants faisaient queue pour signer; bourgeois, ouvriers, officiers, soldats venaient inscrire leur nom, et en quatre ou cinq jours le registre fut rempli.

Les bureaux sans installation étaient encombrés d'une foule de visiteurs les plus divers apportant, pour être transmis au général des renseignements, des conseils, des projets de toute nature. Et je vis là, ce que j'ai revu rue de Dumont-d'Urville, des étrangers qui, oubliant leur mère-patrie, venaient offrir leurs services à celui qui pour eux représentait la France et son avenir.

Jamais homme peut-être ne provoqua un aussi grand et aussi profond mouvement d'enthousiasme, de confiance et d'espoir. Qu'il fût revenu en ce moment au ministère, ayant pour collègues des républicains honnêtes gens et de bonne volonté, et l'on ne peut savoir quel grand rôle pacifiquement glorieux jouerait aujourd'hui la France en Europe.

COURTISANS DU SUCCÈS

De tels mouvements d'opinion ne vont pas sans excès. La popularité véritable et méritée avait déterminé un engouement excité encore par un nombre considérable de gens qui songeaient à en profiter. Chacun s'ingéniait à exploiter la mode boulangiste. Outre les images de toute espèce et les figurines quelconques, il se fabriquait je ne sais combien d'objets variés depuis des bijoux jusqu'aux bouteilles à liqueurs portant le portrait ou le nom du général et dont on nous adressait des échantillons pour obtenir la publicité. Tout était au boulangisme. J'ai vu jusqu'à des fromages boulangistes. C'était là le complot contre la sûreté de l'Etat.

Au début de la *Cocarde*, le local affecté au journal n'étant pas prêt, madame Séverine avait mis obligeamment à la disposition de la rédaction qu'elle considérait avec plus de curiosité que de communauté d'opinion, sa bibliothèque et sa salle à manger très grande, décorée à la paysanne.

Ce fut là un moment le rendez-vous des reporters, l'actualité étant tous les jours au boulangisme, et celui aussi d'une partie de l'état-major, si rapidement improvisé du nouveau parti et qui se croyait déjà maître de la France et du gouvernement.

Beaucoup étaient des amis de M. Déroulède, quelques-uns étaient des « décavés » amenés par M. Mermeix, la plupart, sinon tous, ignorés du général et connus seulement de MM. Laguerre et Dillon.

« Dans trois mois nous serons au pouvoir ! » était leur phrase consacrée, répétée avec une imperturbable assurance. Ils se croyaient déjà à la curée.

Un jour où justement M. Laguerre était en visite, comme je disais que dans trois mois ils seraient encore où ils étaient sinon en une situation pire — ce qui à ce moment pouvait paraître bien paradoxal, — M. Mermeix, blême de colère, me reprocha de prendre à tâche de jeter le découragement dans le parti.

Certes j'aurais voulu le décourager assez pour en amener la dispersion. Mais on ne décourage pas des affamés qui ont entrevu une proie, dussent-ils ne pas la saisir.

Et je me souviens qu'à cette époque, causant avec madame Séverine, alors aussi peu favorable à l'idolâtrie boulangiste qu'elle a été depuis pitoyable au malheur, et qui ne me démentira pas, comme elle me disait ses appréhensions et ses inquiétudes quant à la possibilité de l'établissement d'une dictature avec un pareil parti, je lui répondis :

— Supposez-vous donc que je serais ici si je croyais à son succès !

SYNDICAT ÉLECTORAL

A peine le général avait-il été mis à la retraite que sous le prétexte d'organiser le parti, MM. Dillon, Laguerre, Naquet, Laisant, s'adjoignant M. Thiébaud, quelques députés et les directeurs de grands journaux, MM. Henri Rochefort, Lalou de la *France* et Mayer, de la *Lanterne*, formèrent un comité, se qualifiant modestement « national », qui était en réalité un syndicat d'exploitation de la popularité du général Boulanger, et qui manifesta immédiatement l'intention de faire de ce dernier un candidat unique, partout où des vacances se produiraient. C'était l'exécution des ordres du prince Napoléon : « Faites ouvrir les urnes ! »

M. Dillon s'était constitué le commanditaire de l'entreprise plébiscitaire dont le comité était l'organe. On le croyait et on le disait millionnaire ; il prétendait posséder la plus grosse partie des actions des Câbles transatlantiques dont il était le directeur et être décidé à mettre sa fortune entière au service des succès du général, par pure amitié, n'ayant point, comme les hommes d'affaires internationales, d'opinions politiques.

Dès ce moment l'idée du parti à tirer de la popularité boulangiste s'était précisée dans son esprit, car parlant à une personne qui lui en démontrait les difficultés, et de qui je tiens le propos, il répondit avec le beau dédain du brasseur d'affaires pour les gogos, en montrant la carte maritime des câbles apposée aux murs :

— J'ai bien trouvé huit millions pour les jeter à l'eau, j'en trouverai bien cinq pour miser sur la popularité de Boulanger.

Le général avait la plus grande confiance dans l'amitié de M. Dillon parce qu'il avait été comme lui officier, et il avait une sincère admiration pour cet ex-dragon qui avait su faire une grosse fortune et fonder une grande entreprise, ce dont il se savait incapable. Il s'en remettait donc entièrement à lui, comme commanditaire et intendant ou administrateur, n'ayant pas à demander de comptes à un ami qui faisait ou paraissait faire de si grands sacrifices.

En véritable financier, M. Dillon savait bien qu'avant de pouvoir placer avantageusement ses actions boulangistes, il fallait d'abord qu'il leur donnât de la valeur, qu'il les fît monter et qu'il fît les dépenses nécessaires pour donner l'illusion d'une réalisation prochaine. La propagande et l'action plébiscitaires du Comité servaient trop ses calculs pour qu'il ne les favorisât pas.

Dans les premiers temps de nos relations, un journal ayant annoncé que M. Dillon était allé en Angleterre pour s'entretenir avec le comte de Paris, le général me signala l'information comme étant une calomnie invraisemblable et me confia que M. Dillon était allé négocier des actions des Câbles en Angleterre où elles étaient haut cotées.

Je suis loin d'affirmer que le fait fût vrai; mais je crois pouvoir affirmer que le général le croyait.

Les électeurs venaient d'être convoqués dans les deux départements du Nord et de la Dordogne, sans parler des Bouches-du-Rhône où devait avoir lieu un scrutin de ballottage dans lequel le succès de Félix Pyat était assuré.

Le Comité posa la candidature du général dans ces deux départements et manifesta même la prétention de la poser dans le troisième, entamant pour obtenir le désistement de Félix Pyat des négociations bouffonnes qui du reste échouèrent.

Le général fut élu dans la Dordogne et dans le Nord pour lequel il opta, par une énorme majorité de 173,272 voix.

C'était un triomphe électoral. Mais le règlement de comptes qui eut lieu pour les frais de cette élection et qui s'élevaient à plus de deux cent mille francs, amena entre M. Dillon commanditaire et M. Mayer, directeur de la *Lanterne* et entrepreneur électoral, des dissentiments et une rupture qui firent perdre le concours de la *Lanterne* au boulangisme comme il devait un peu après perdre celui du *XIXe Siècle*.

A l'occasion de ces succès électoraux, pour manifester son existence et bien affirmer son influence sur le général Boulanger qui n'était plus que l'un de ses membres, quoique son président, le Comité dit National donna au café Riche un banquet ne comprenant que ses membres pour convives.

Un discours-programme, sous forme de toast, destiné à la publicité, fut confectionné avec la collaboration collective.

On peut dire que ce programme consistait à n'en pas avoir. Au banquet même, sur la demande de Henri Rochefort, fut introduit dans le discours une phrase relative à la suppression de la Présidence de la République, d'autant plus facilement acceptée par le général qu'il n'aspirait pas en réalité à ce poste; mais cette phrase provoqua une belle fureur du prince Napoléon quand il la lut imprimée.

C'était bien la peine d'avoir recommandé de « faire ouvrir les urnes ! »

Les directeurs du Comité avaient réglé la mise en scène de l'entrée du général Boulanger à la Chambre. Il s'y rendit, accompagné de M. Laguerre dans un landau, prêté pour ce jour par M. Barbier, dont les chevaux portaient à la cocarde des rubans verts et dont la couleur se trouvait être ainsi par hasard celle de l'attelage du prince Louis-Napoléon, se rendant dans le même appareil en semblable circonstance au Palais-Bourbon, étant parti de l'hôtel du Rhin comme le général était parti de l'hôtel du Louvre où il habitait provisoirement.

La remarque fut faite; c'est pourquoi je la consigne. Il est des coïncidences dans lesquelles la foule veut voir des intentions ou des présages.

CHAPITRE IV

LETTRE D'INTRODUCTION

Ce que je voyais, ce que j'entendais n'était pas sans m'inspirer de vives et pénibles appréhensions que je craignais de voir se changer en regrets, même en remords si je m'associais plus longtemps, dans une mesure quelconque, à une aventure devant livrer la France à l'on ne sait quel régime et aux convoitises d'une bande d'aigrefins, de fous, d'affamés de pouvoir dont je ne partageais ni les espoirs, ni les opinions.

Tout ce qui m'avait été dit sur le général était si contradictoire que je voulus le connaître.

Je le supposais inabordable, le sachant entouré, sollicité comme il l'était ; et je trouvais parfaitement inutile d'aller faire acte de courtisan dans une audience hâtive, alors que j'étais si peu disposé à flatter l'idole du jour.

J'étais lié avec une personne s'occupant d'assurance, qui avait eu l'occasion de connaître le général Boulanger au ministère de la guerre en lui soumettant des projets favorables aux officiers et qui continuait à le voir à ce sujet.

Je lui demandai s'il voulait se charger d'une lettre pour le général et me donner la réponse, en l'avertissant que la missive pourrait être accueillie désagréablement.

Cette personne accepta.

Je lui remis donc une lettre dans laquelle j'exposai avec une brièveté fatalement brutale toutes les fautes commises, les appréhensions inspirées aux républicains, démontrant que la tentative ou même l'espoir d'une dictature à la façon de celle du 2 Décembre serait une criminelle folie, et prédisant au général que s'il persistait dans la voie où il était entré, il pourrait avoir le sort de Ney sans en avoir eu la gloire.

La personne en question remit la lettre. Le général regarda d'abord la signature qui ne lui disait rien et lut; quand il eut achevé sa lecture il froissa avec colère le papier dans sa main, marcha suivant son habitude à travers son cabinet, puis défripa la lettre et tout en disant : « Il y a du vrai et du faux là-dedans, » il la relut de nouveau attentivement.

Quand il eut fini, se tournant vers le porteur, il lui demanda :

— Quel est cet homme?

Après la réponse qui le renseignait sur mon passé, ma situation et mes opinions, il demanda de nouveau :

— Pourquoi n'est-il pas venu? je reçois tout le monde.

Enfin prenant une décision :

— Je veux le voir; je lui accorderai tout le temps qu'il voudra.

Rendez-vous fut pris pour quelques jours après. Dans l'intervalle je tombai gravement malade. Je dus me faire excuser ; mais si je ne pouvais sortir, je pouvais écrire, et j'avais rédigé un volume de notes sur les questions importantes et sur les réformes à opérer.

— Qu'il me les donne, dit le général, et vous pouvez lui promettre que je les lirai.

Quand je fus rétabli, c'est lui qui était au lit, blessé dans son duel avec M. Floquet, à la suite du discours prononcé en déposant son projet de révision, discours que lui avait infligé M. Naquet et qu'il avait lu avec une extraordinaire impassibilité.

A ce propos, on peut s'étonner que le général Boulanger qui avait prononcé des discours heureux en diverses circonstances; qui, en Amérique, avait eu à parler dans les réceptions ou banquets officiels et qui avait abordé comme ministre la tribune parlementaire avec tant d'autorité et de bonheur, ait accepté d'être le lecteur du factum ennuyeux et froidement violent de M. Naquet à la Chambre, comme il le fut pour le discours équivoque devant servir de programme électoral, du même auteur, prononcé à Tours, ce qui le fit passer aux yeux de ses adversaires comme aux yeux de son entourage même, pour une sorte de fantoche incapable de penser et conséquemment d'exprimer sa pensée.

Pour s'expliquer cette conduite, il faut savoir que le général Boulanger qui n'avait guère de préjugés sociaux, avait celui de la croyance aux spécialistes et qu'il avait la modestie d'admirer leur science ou leur talent et de s'en fier à eux crédulement.

Il se rendait compte de son ignorance dans les choses de la politique comme dans celles des affaires, et il s'en remettait pour les premières aux hommes du Comité qui, investis par le suffrage universel de la qualité de député, jouissant d'une réputation plus ou moins grande, lui paraissaient avoir toute compétence en cette matière, comme il se confiait presque aveuglément pour les secondes à M. Dillon, croyant à sa science financière.

Et par une habitude d'esprit militaire, alors même qu'en son for intérieur il estimait qu'une action était mal engagée il n'en agissait pas moins comme s'il l'eût approuvé; disant que, en campagne, il est quelque chose de pire que suivre un mauvais plan, c'est agir contrairement au plan adopté.

PREMIÈRE ENTREVUE

Quand il fut guéri, il me fit dire de continuer à lui envoyer des notes et me fit avertir qu'il m'inviterait à le venir voir prochainement, mais que désirant que l'entretien fût très long il voulait choisir un jour où il aurait toute latitude.

Quelques jours après, il me fit prévenir qu'il m'attendait le mercredi suivant à trois heures et demie, rue Dumont-d'Urville, où il venait de s'installer.

J'y allai au jour et à l'heure indiquée. Il vint au devant de moi, les deux mains tendues, en disant : « Enfin! nous finissons donc par nous rencontrer. » Et m'emmenant à travers le grand atelier transformé en cabinet de travail, vers son bureau, il me montra deux paquets de manuscrits et dit en souriant :

— Vous connaissez cette écriture?

— Oui; c'est celle d'un fou.

— Pourquoi « d'un fou? »

— Parce que les fous sont ceux qui ne pensent pas ou ne disent pas ce que pensent et disent les autres. Et je ne crois pas qu'il y ait beaucoup de gens qui vous aient dit ce qu'il y a là-dedans.

— Personne. Et c'est parce que vous êtes le seul qui m'ayez parlé de cette façon que je tenais tant à vous voir.

J'aime à savoir à qui je parle. Je regardai cet

homme qui était en ce moment la préoccupation universelle, dont le nom était dans toutes les bouches, l'image à presque toutes les vitrines, et que j'avais entendu apprécier de tant de manières différentes paraissant justifiées, si contradictoires qu'elles fussent.

L'attitude était un étonnant mélange de familiarité cordiale, et d'autorité, de simplicité et de réserve. La physionomie, on ne sait pourquoi inoubliable, douce, souriante et grave à la fois, restait impassible. Rien des sentiments ou des pensées intérieures n'y apparaissait. L'œil bleu enfoncé dans une arcade sourcilière profonde, presque caché, toujours voilé d'ombre avait un regard clair, doux, terne à force de limpidité dans lequel il était impossible de rien voir ou rien deviner.

J'ai eu occasion depuis de le voir interroger des personnes, en sachant ce qu'il pensait d'elles, de leurs réponses, de leurs récits, et toujours cet œil bleu avait la même indifférence douce et attentive. Je me l'imaginais toujours en campagne, interrogeant des prisonniers ou des espions sans que ceux-ci pussent savoir si les renseignements qu'ils donnaient étaient crus, satisfaisants ou inquiétants.

C'est cette impassibilité qui a fait croire à tant de gens qu'il ne pensait pas, alors que seulement on ne pouvait savoir ce qu'il pensait.

Malgré son apparente indifférence, je remarquai, dès la première entrevue, que le moindre détail même insignifiant ne lui échappait. Cet œil qui semblait ne rien voir, voyait tout, par habitude d'officier passant l'inspection. S'il voyait tout, il entendait tout aussi et le retenait dans sa mémoire vraiment prodigieuse.

J'étais venu, il fallait que je parlasse. Il serait trop long et probablement fastidieux de répéter ce que je dis alors. Qu'il suffise de savoir qu'après avoir rappelé rapidement toutes les fautes déjà commises, blâmé les pratiques plébiscitaires du Comité, exprimé le regret que le général se fût laissé entraîner dans la politique à laquelle il était insuffisamment préparé, je démontrai qu'il ne fallait pas songer à jouer le rôle de Napoléon Ier, ni à établir une dictature, ni à faire un coup d'Etat.

— Vous n'avez pour vous, lui dis-je en terminant, que la popularité ; mais la popularité qui est une force énorme comme le vent est aussi, comme lui, incoercible ; elle passe comme lui et comme lui elle peut vous mener à un port ou à un écueil, à la fortune ou à l'exil.

Je ne savais pas, hélas ! dire si vrai.

Le général m'avait écouté avec son attention impassible et grave, ne me quittant pas de son regard fixe et clair.

— Voilà de la franchise, dit-il. Je vous en remercie. Il y a dans ce que vous me dites des choses justes que je comprends très bien. Il en est d'autres auxquelles je n'avais pas pensé. Peut-être exagérez-vous, peut-être avez-vous raison. Je n'ai jamais songé à être un Napoléon quoique je l'admire comme homme de guerre ; — ce qui n'a rien à voir avec la politique. J'ai été ministre de la guerre ; j'aurais voulu l'être encore parce que je sais ce que là j'avais à faire et ce que j'aurais fait. Je ne pense pas à un coup d'Etat, et je le pourrais faire que je ne le ferais pas ; je ne ferai jamais rien d'illégal. Ce n'est pas ma faute si je suis dans la politique ; mais ceux avec qui j'y suis sont des républicains. J'ai vu d'assez près le parlementarisme pour savoir qu'on ne peut rien faire de bon et d'utile avec lui ; c'est pour cela que je veux la révision. Je sais que j'ai à apprendre, eh bien ! j'apprendrai. J'ai lu et même relu vos notes qui sont là ; nous sommes d'accord sur presque tous les points, au moins d'une manière générale. Il est des questions auxquelles j'avais pensé sans faire de la politique, comme celle de l'instruction par exemple, d'autres sur lesquelles j'avais beaucoup moins réfléchi. Nous en reparlerons, car maintenant que nous nous sommes vus, nous nous reverrons souvent. »

Je le priai de m'indiquer les jours ou les heures où je pourrais ne rencontrer personne, non pas que j'eusse peur d'être compromis puisque j'écrivais tous les jours mon opinion dans la *Cocarde*; mais pour ne pas le compromettre, lui qui, malgré son âge et sa situation était un homme nouveau et devait rester en dehors et au dessus des partis et n'épouser le passé de personne.

Il fut donc convenu que je viendrais de préférence le soir et que je serais informé des jours où le général aurait sa liberté.

Après ces déclarations et ces arrangements l'entretien devint plus familier, et je remarquai à plusieurs observations que contrairement à ce qu'on pouvait imaginer par la conduite des affaires du boulangisme, il avait un grand souci de la pratique et ce genre de bon-sens bien français dont Henri Rochefort, abstraction faite de ses procédés littéraires, est l'expression. Mais sur une foule de choses il avait une naïveté qui n'est pas le fait du pamphlétaire de l'*Intransigeant*.

Dans ce premier entretien il me demanda mon avis sur diverses questions et je crois devoir noter l'une d'elles parce que son langage atteste la naïveté dont je viens de parler.

— On m'offre de l'argent de plusieurs côtés, me dit-il. Mais je sais que les gens ne donnent un œuf que pour avoir un bœuf; et je n'en accepterai que de personnes capables de faire un sacrifice à une politique.

Il croyait avec une candeur militaire que les gens

capables de faire un sacrifice à une politique, étaient parfaitement désintéressés! Il ne se doutait pas que c'est parmi ceux-là que se rencontrent ceux qui ne donnent un œuf que pour avoir un bœuf, tandis que les hommes d'argent se contentent en donnant un œuf de n'avoir qu'une poule.

C'est l'observation que je lui fis en démontrant qu'après avoir reçu des offrandes de gens paraissant n'agir que par sympathie ou dévouement à une cause, on ne pouvait poursuivre des réformes dont le résultat certain serait de les priver de leur situation, de leur privilège, d'une partie de leurs revenus, sans s'exposer à de noires récriminations et sans être accusé d'ingratitude.

Il réfléchit un moment et dit avec une certaine tristesse. — C'est pourtant vrai que les vertus politiques ne sont pas les mêmes que les vertus privées.

— C'est parfois le contraire, ajoutai-je.

Après plus de deux heures nous nous séparâmes. En nous quittant nous étions des amis; il aurait semblé même que nous étions de vieux amis.

En rentrant je voulus résumer mes impressions.

Il ne m'avait rien dit de net sur ses intentions. C'est que, à cet égard, il n'avait rien à dire parce qu'en réalité il n'avait pas d'intention. Il savait ce qu'il voulait ne pas être ou ne pas faire bien plus que ce qu'il ferait. Cela résultait de toute la conversation. Il avait été pris dans une sorte de tourmente; il obéissait à sa destinée, sans s'être demandé où elle le menait.

Sans qu'il comprît pourquoi, alors qu'il avait conscience d'avoir fait son devoir de ministre et de patriote, des adversaires s'étaient acharnés contre lui; on lui livrait bataille; il l'acceptait, paraissant marcher à l'assaut du pouvoir quand, par habitude militaire, il marchait au canon, apportant dans la lutte politique son tempérament et ses aptitudes de soldat, sans savoir, sans se douter que la stratégie politique est toute différente de la stratégie guerrière.

Il était incontestablement de bonne foi, beaucoup plus réfléchi, plus sérieux qu'on aurait pu le croire, ouvert à toutes les idées, n'ayant souci d'aucun des préjugés que partagent ou respectent presque tous les hommes politiques.

Enfin, pour achever de le caractériser, il aimait à être aimé. La popularité était pour lui une sorte d'amour de la foule auquel il tenait, en y sacrifiant ainsi qu'à une passion.

Comme les amants qui aiment, sans calcul, pour aimer, il aimait la popularité pour elle-même, fier et heureux d'inspirer cette sympathie, sans en rien attendre.

« L'amour de la popularité l'a fait proscrire, l'amour d'une femme l'a tué, » m'écrivait une de ses fidèles et dernières amies qui eut presque tous ses secrets. Rien de plus vrai.

Michelet raconte quelque part avoir interrogé une femme du peuple, venant en pèlerinage et apportant des fleurs au monument funéraire d'Héloïse et d'Abélard ; à la question faite sur ce qu'était le professeur de la montagne Sainte-Geneviève, la femme du peuple répondit : — C'était un amant.

C'est ce que pourrait dire l'histoire en parlant du général Boulanger.

CHAPITRE V

LA VRAIE LIBERTÉ

On était au lendemain de l'élection de l'Ardèche où le comité avait posé la candidature du général pendant qu'il était au lit à la suite de sa blessure.

Cette élection avait été un échec coïncidant avec un partage qui s'opérait et se manifestait dans l'opinion publique, où commençait à s'opposer à l'enthousiasme des uns la méfiance des autres. Aussi les courtisans de la première heure avaient-ils diminué, sauf à revenir plus tard. Pendant quelque temps pour cette raison nous nous vîmes fréquemment et longuement.

Je profitais de ces circonstances pour tenter de décider le général à rompre avec les procédés électoraux jusque-là employés. Il n'y eut pas moyen de lui faire entendre raison :

— Je ne veux pas rester sur un échec, répondait-il à tous les arguments.

C'était le soldat, et un soldat breton. Toute défaite quelle qu'elle fût, l'humiliait ; il voulait une revanche. Quoiqu'il fût indulgent pour ses subalternes, il est probable qu'il n'aurait pas été tendre pour celui de ses lieutenants qui se serait laissé battre.

Quoiqu'il parût impossible de le convaincre, je lui fis remarquer que la politique électorale et plébiscitaire faisait croire au rêve d'une dictature et que, quelle que fût la popularité d'un homme, elle ne résisterait pas au soupçon qu'il songeait à attenter aux libertés pour la conquête desquelles le peuple s'est battu.

— Mais, s'écria-t-il, il n'est personne, mon ami, qui plus que moi veuille la liberté. Je la veux plus que tous ceux qui en parlent et je la veux pour tout le monde. Non seulement j'en pratique le respect dans mon pays, mais je le pratique dans ma famille. Je laisse les miens penser et faire ce qu'ils veulent. Ma fille va se marier; elle veut se marier religieusement ; elle ira à l'église : elle aurait préféré se marier civilement que je l'aurais laissée tout aussi libre. Je trouve que dans notre pays il n'y a pas assez de vraie liberté et qu'il y a encore trop de lisières. Il y a des libertés pour vous autres journalistes, pour les avocats, pour ceux qui ont de l'argent et peuvent en user ; mais je ne vois pas que le public en ait beaucoup, soumis qu'il est à toutes sortes d'obligations administratives qu'on pourrait bien simplifier.

« Je viens de vous dire que je mariais ma fille, ajouta le général. A ce propos j'ai dû faire certaines démarches ; je connais beaucoup le maire du IXe arrondissement et, en définitive, je suis le général Boulanger. Je suis sûr qu'on y a mis toute la célérité possible. Pourtant on m'a fait attendre une grande heure. Je me dis que si on m'a fait attendre ainsi, moi, qui suis un privilégié, on doit faire attendre bien plus longtemps, une journée ou plus peut-être, les braves gens qui ne connaissent pas le maire, qui n'ont pas été ministres et qui pourtant ont plus besoin que moi de leur temps, puisqu'ils en vivent. »

Tout cela avait été dit d'une traite. Il était peu d'accusations qui le trouvaient aussi sensible que celle qui lui prêtait l'intention d'attenter à la liberté. C'était même le moyen le plus sûr de le faire parler que de la lui répéter, parce qu'après avoir protesté il donnait toujours des arguments, soit pour attester son respect de la liberté, soit pour démontrer que ce serait folie que de la vouloir restreindre et qu'il fallait au contraire la rendre plus complète et surtout plus efficace.

Ayant dans mes notes abordé la question de la décentralisation à laquelle se rattachaient les procédés administratifs dont il venait de parler, je lui demandais ce qu'il en pensait.

— Je pense comme vous, répondit-il, et ne comprends pas qu'on puisse penser autrement. Ce que vous proposez c'est ce qui existe en Amérique, où on ne suppose pas qu'il puisse exister autre chose et où on ne supporterait pas notre administration et sa paperasserie.

« Voyez-vous, nous sommes un vieux peuple, nous avons des habitudes et des préjugés dont nous ne pouvons nous débarrasser. Pourtant, que de choses nous aurions à emprunter à l'Amérique! Presque tout. Seulement elle a un vice, une plaie affreuse ; c'est la vénalité et la puissance du dollar. Je me demande si ce n'est pas là une plaie des démocraties.

» Vous avez vivement critiqué mon projet de révision ; pourtant ce que je propose c'est la constitution américaine qui est celle d'une République et d'un pays libre. »

J'avais en effet fait cette critique. Je fis remarquer au général que la constitution américaine qui ne présentait aucun danger aux Etats-Unis, pays fédéraliste où l'autonomie locale était très forte, aurait dans un pays centralisé comme le nôtre les mêmes effets que le parlementarisme et que, en accroissant la vénalité, elle nous ferait courir le danger de la dictature.

Bien souvent depuis à Paris et à Jersey, il est revenu dans nos entretiens sur l'Amérique qu'il connaissait et sur laquelle il était inépuisable. Gallois comme il l'était, il la devait comprendre. Elle était pour lui un modèle, qu'il invoquait toujours quand s'agissait de politique nationale ou extérieure, d'organisation administrative, d'institution civile, de liberté, d'éducation, d'activité et d'initiative. On aurait pu faire un volume rien qu'avec ses observations sur ce sujet. C'est d'Amérique qu'il avait apporté la pratique de ce qu'il appelait « les réceptions ouvertes » qui lui paraissaient toutes naturelles et dans lesquelles on voyait une sorte d'embauchage public.

Le général Boulanger avait vu en Amérique les généraux qui avaient fait la grande guerre du Nord et du Sud, manœuvrant sur des étendues considérables, à travers la moitié d'un continent, des armées énormes comme aucun commandant de corps en France, depuis Napoléon Ier, n'en a commandées et qui étaient redevenus des civils, des chefs d'entreprises ou d'exploitation agricole. En compagnie de Sheridan, qui était son cicerone militaire, il avait refait les marches des armées et passé sur les champs de bataille où les volontaires du Nord et les confédérés du Sud s'étaient rencontrés ; et il avait autant d'admiration pour leur organisation et leur stratégie improvisées que pour la simplicité avec laquelle les chefs étaient rentrés dans le commerce ou l'industrie, ce qui n'était pas sans donner lieu à des observations bien amusantes sur des majors vendant de la charcuterie et des colonels tenant boutique d'épicier.

A la manière dont il en parlait, il était visible que le général Boulanger admirait l'organisation qui avait pu permettre à un pays de soutenir une si formidable lutte sans qu'il en coûtât rien à ses libertés, et qu'il se proposait de l'appliquer dans toute la mesure du possible. Aussi n'était-il pas, comme on l'a dit, un général espagnol : il serait plus juste de dire qu'il était un général américain.

FÉDÉRALISME ET ANNEXION

Puisque je parle des opinions du général Boulanger sur l'Amérique, qu'il eut à exprimer dès nos premiers entretiens où il s'agissait de la rénovation nationale qui pouvait être opérée, je ne crois pas inutile de noter ici celle qu'il professait sur la forme fédérative.

— Sans son fédéralisme, dit-il un jour qu'on en était venu à parler de cette question, jamais la République américaine ne se serait étendue comme elle l'a fait. Elle s'étendra un jour à tout le continent ; elle absorbera le Mexique, le Canada et les petits États de l'isthme, sans risquer la vie d'un homme. Ce n'est qu'une question de patience et de temps. Elle les absorbera parce qu'ils ont tout à y gagner et qu'ils n'ont à faire aucun sacrifice puisqu'ils conservent leur autonomie.

Après un échange d'observations à ce sujet sur la politique de conquête et la difficulté que notre centralisation présentait à toute expansion, le général reprit :

— Nous croyons avoir annexé quand nous avons envoyé quelque part des fonctionnaires. C'est ce qu'on a fait au Tonkin et en Tunisie. J'étais commandant militaire en Tunisie, je devais faire respecter la France et mes soldats. Mais il faut bien avouer que la Tunisie est italienne ; il n'y a là qu'une poignée de Français qui, en général, ne sont pas ce qu'il y a de mieux, alors que le gros de la population est italien. Aussi je comprends bien que l'Italie ait éprouvé tant de mécontentement et d'humiliation à nous y voir installés qu'elle s'est alliée à l'Allemagne. Il aurait mieux valu laisser la Tunisie à l'influence italienne et avoir l'Italie pour alliée. Enfin c'est fait! Le rôle de la France n'est pas de conquérir, c'est d'attirer: sa vraie politique extérieure est d'être l'amie et la protectrice des petits peuples. On en suit une toute contraire.

A ce propos il me raconta qu'il arriva, tandis qu'il était directeur de l'infanterie, que deux jeunes officiers roumains admis dans nos écoles militaires se livrèrent à un acte qu'on ne peut décemment indiquer, et qui fut connu. Le ministre de la guerre informé prit un arrêté interdisant nos écoles militaires aux Roumains.

Le général Boulanger chargé de l'exécution alla trouver le ministre et lui dit : « Je n'exécuterai pas cet arrêté; je préfère donner ma démission. » Il ajouta que le fait invoqué était certainement immoral et répréhensible et pouvait faire l'objet d'une note au gouvernement roumain en l'invitant à rappeler les deux délinquants.

« — Mais, poursuivit-il, l'influence de la France est au-dessus de la moralité de deux individus, et il importe à l'influence française que de jeunes officiers étrangers, de pays amis comme la Roumanie, reçoivent l'éducation militaire de nos officiers, qu'ils aient ceux-ci pour camarades, qu'ils parlent notre langue, qu'ils aient une âme française et quelque chose de nos idées.

« Je crois à cette influence-là plus qu'à toute autre, me dit le général. L'arrêté fut rapporté ; mais on vient de faire la sottise que j'avais empêché de faire. La Roumanie pouvait être une petite France placée sur les bords du Danube. On a rompu avec elle les liens commerciaux ; on rompt les liens qui entretenaient la confraternité militaire. Elle ira à l'Allemagne ou à la Russie. On rétrécit l'influence française au lieu de l'étendre. »

Je cite des paroles, des phrases, des faits presque textuels tels qu'ils me sont restés dans la mémoire, et qui me paraissent bien propres à définir le caractère et les opinions de l'homme, qui, on peut le remarquer, voyait les conséquences importantes de causes paraissant insignifiantes. Malheureusement quand il s'agissait de ce que nous appelons la politique, c'est-à-dire les intrigues et manœuvres de partis, il était d'une innocence d'enfant.

LE PLAN BUGEAUD

J'avais été amené un jour à lui dire que sa popularité tenait à ce qu'il avait satisfait la fierté patriotique, amélioré le sort du soldat, et sans faire de projets de loi ni sans discuter, opéré des réformes alors que les hommes politiques qui en avaient promis et dont on en attendait n'en faisaient aucune.

— Et je vous assure, reprit-il, que c'était le ministère où il était le moins facile d'en faire ; celui où il y avait le plus de routine. Ça n'a pas été tout seul ; les moindres choses étaient des affaires d'État.

Après m'avoir indiqué le but de plusieurs des mesures prises par lui en faveur des soldats, il fit cette réflexion :

— Les soldats sont des hommes comme les autres. L'armée est une nécessité et la discipline en est une autre. Mais puisque ces pauvres diables donnent leur temps et quelquefois leur peau pour la patrie, c'est bien le moins qu'on les traite en hommes et qu'on leur rende le devoir militaire le moins pénible qu'on le peut.

A quelques jours de là, dans une autre conversation, quoique j'évitasse de parler des choses militaires pour lesquelles je me considérais incompétent devant un homme qui les connaissait si bien et qui d'ailleurs paraissait très réservé sur ce sujet, je vins à en parler au point de vue budgétaire seulement. Je posai le problème plutôt que je ne le résolus ; mais le général me fit m'expliquer.

— Mais c'est le plan Bugeaud que vous me racontez là, s'écria-t-il à un moment.

— Va pour le plan Bugeaud ! J'avoue que je l'ignorais. Mais quel est votre avis ?

— C'est à peu près celui de Bugeaud. Si j'étais resté ministre, j'aurais vu comment on pouvait l'appliquer.

« On a déjà diminué la durée du service militaire. La charge est égale pour tous et elle est moins lourde pour chacun. L'armée tout en étant nationale doit le plus possible pouvoir vivre par elle-même; et en campagne, elle ne doit compter que sur elle seule. Aussi faudrait-il utiliser les aptitudes de tous les gens ayant un métier, en les employant à ce qu'ils savent faire; et comme le plus grand nombre sont des paysans, il faudrait leur conserver l'habitude de leurs travaux, d'autant plus qu'avec les nouveaux armements les ouvrages de terre seront les plus utiles et les plus importants. César faisait construire des routes et des aqueducs à ses légionnaires. Nous n'avons pas de routes à construire, mais nous avons d'autres choses à faire. Seulement la pratique est difficile et a besoin d'être mûrement étudiée. »

Dans cette conversation et dans d'autres ultérieures sur le même sujet, je pus me convaincre qu'il concevait l'armée comme une école civique et sociale dans laquelle le soldat, en échange du temps qu'il donnait à l'apprentissage des armes et au service du pays, devait acquérir des connaissances, des aptitudes ou des qualités sinon des vertus qui lui seraient plus tard utiles.

Ce jour-là l'entretien ayant continué quelque temps sur le sujet, il en vint à dire :

— Nous sommes un peuple routinier. On a cru que j'avais innové en présentant le projet de loi militaire. Je n'ai pourtant fait que tirer des cartons le projet de Niel qui y était depuis vingt ans. Mon seul mérite est de l'en avoir tiré.

« Si ce projet avait été adopté quand Niel le proposait, nous n'aurions peut-être pas été vaincus en 1870 ; en tout cas, il est certain que nous ne l'aurions pas été d'une manière aussi désastreuse. »

CE QU'ÉTAIT L'HOMME

Dès la seconde entrevue, le général avait pris un ton de familiarité ou de camaraderie militaire et après le « bonjour », avait dit :

— J'aime à marcher en causant. Vous êtes ici chez vous ; asseyez-vous si vous le préférez, faites comme moi si vous le voulez.

Et toutes nos conversations depuis avaient lieu en promenades à travers la chambre.

Il faisait plus parler qu'il ne parlait lui-même, ou du moins il était très sobre dans l'expression de son opinion. Il n'en disait que l'essentiel, la conclusion, comme s'il eût bien plus répondu à sa pensée qu'à son interlocuteur.

Le connaissant bien, bavardant avec lui des journées presque entières, abordant tour à tour tous les sujets, je l'ai vu exprimer des opinions supposant de longues et sérieuses réflexions, mais toujours brièvement, sans formes imagées et sans recherche de tournure littéraire, comme il le faisait dans ses lettres. Dans la conversation il ajoutait des exemples à cette expression de son opinion ou à celle d'autrui pour la confirmer, mais toujours en traits rapides.

Par la fréquentation constante et la causerie, on s'apercevait qu'il en savait plus qu'il n'en montrait, alors qu'à sa sobriété de paroles on aurait pu croire qu'il ne savait pas.

Il avait beaucoup voyagé, beaucoup vu en voyageant, — et tout retenu avec sa mémoire qui, je l'ai dit, était prodigieuse.

Il avait voulu apprendre et avait appris l'arabe en Algérie, l'anglais dans sa famille, un peu d'italien et d'espagnol dans ses voyages et ses campagnes.

L'histoire générale moderne lui était familière et il aurait pu l'enseigner. Il n'avait certainement aucun goût pour la dialectique, pour la critique et pour toutes les formes de la rhétorique. Il raisonnait et délibérait dans son for intérieur sans en rien faire paraître que la conclusion ou la décision.

C'était un homme de fait qui réfléchissait et méditait beaucoup.

Plusieurs de ses lettres commencent par ces mots : « J'ai médité. » C'est encore ainsi qu'il vous abordait le lendemain ou après plusieurs jours pour revenir sur un sujet dont il avait été parlé.

La réflexion était même une nécessité de sa décision ou de son action. S'il était surpris par une circonstance ou par un fait sans avoir eu le temps de réfléchir sur la résolution à prendre, il se laissait facilement entraîner, sauf à s'avouer après réflexion qu'il avait commis une faute. C'est là ce qui explique les inconséquences de sa conduite ou tout au moins de celle dont il eut la responsabilité dans la période agitée où il ne fut que le chef nominal d'un mouvement politique pour lequel il n'était pas fait, auquel il n'était pas préparé et sur lequel il n'avait pas eu le temps de « méditer ».

Cette appréciation de l'homme est le résultat d'une longue fréquentation, et d'une observation lente, curieuse, impartiale, qui ne pouvait qu'accroître la sympathie, puisqu'on s'apercevait que, par une étrange fatalité il était victime de ses qualités et de ses vertus mêmes.

C'est sa probité naïve, son dédain de toutes les considérations pécuniaires qui l'ont fait accuser de concussion; c'est sa modestie, sa confiance en des hommes politiques qu'il croyait compétents et convaincus qui l'ont rendu responsable de leurs intrigues et de leurs fautes; c'est sa foi aveugle en l'amitié qui l'a fait tomber dans le piège d'une spéculation à la fois financière et politique; c'est la certitude qu'il avait de la facilité avec laquelle on pouvait réformer et faire le bien quand on le voulait, qui l'a fait passer pour un charlatan; c'est sa sollicitude pour le peuple qui l'a fait craindre et proscrire comme un dictateur; c'est son horreur de la guerre civile qui l'a fait accuser de lâcheté par ses prétendus amis même, ce soldat qui s'était si bravement conduit dans tant de combats; c'est la sincérité d'une affection, si profonde qu'il n'a pu survivre à celle qui en était l'objet, qui lui a valu le pire outrage qu'on puisse adresser à un homme.

Le portrait que j'en trace est, je le sais, bien différent de celui que tant d'autres en ont tracé. Il est à cela une raison, c'est que depuis notre première entrevue, pour ainsi dire, je l'ai connu intimement, bavardant avec lui sur toutes choses, ne l'entretenant pas d'intrigues, de combinaisons ni de potins, dont il était fatigué, mais de questions d'ordre humain, général ou social.

Un jour, il me reprocha de ne pas venir assez souvent à l'heure où je le savais seul. Je m'en excusai; et il me dit avec un peu de mélancolie :

— Ça me délasse de bavarder avec vous ; vous êtes le seul homme avec qui je puisse ainsi causer.

Et personne ne savait alors que nous nous connaissions, en même temps que tout le monde le croyait grisé par son succès et occupé de machinations pour s'emparer du pouvoir.

A la suite de la publication des extraits de ce livre dans le *Matin*, des adversaires, parmi lesquels M. Ranc, se sont plu à faire remarquer que, d'après le portrait que j'en traçais, le général Boulanger n'était pas un homme politique, et quelques-uns de ceux qui ont été ses partisans, m'ont reproché de l'avoir représenté comme un homme politique inférieur.

Je ne puis dire que la vérité. Je ne puis représenter le général Boulanger comme un homme politique, ainsi du moins que l'entendent ceux dont je parle et pour lesquels l'homme politique n'est qu'un politicien, possédant l'art de parvenir et d'exploiter les préjugés, les passions, les besoins et les espoirs de la foule. Le général Boulanger n'était pas en effet cet homme, et je crois même qu'il ne voulait pas l'être. Il n'était certainement pas fait pour la politique des politiciens et des parlementaires, et il n'était que trop certain que s'il se laissait entraîner sur ce terrain il y serait battu.

M. Clémenceau qui le connaissait bien, ayant eu avec lui des relations très fréquentes et amicales, presque intimes, avait deviné que c'était en contraignant en quelque sorte le général Boulanger à se lancer dans ce que nos politiciens appellent la politique qu'on pourrait le perdre et lui faire perdre sa popularité. Aussi fit-il publier dans la *Justice*, au lendemain de la mise à la retraite du général Boulanger, un article déclarant qu'il fallait que ce dernier entrât dans l'arène politique, en manifestant l'espoir qu'il ne tarderait pas à y succomber.

Il n'avait du politicien ni les rancunes, ni les convoitises, ni les préjugés, ni l'hypocrisie. Il ne songeait ni à servir un parti ni à s'en servir et ne tenait presque aucun compte des classifications politiques parce qu'il n'y attachait aucune importance. Sa préoccupation n'était pas de parvenir, de devenir le chef d'une majorité ou d'un ministère fainéant, ou un soliveau présidentiel, mais son seul désir était d'être en situation de faire ce qu'il croyait bon et possible.

Il semblerait vraiment que pour n'être pas un homme politique on ne saurait rien être. Mais en quoi donc les hommes politiques que nous avons depuis vingt ans, sans parler de ceux qui les ont précédés, ont-ils été si utiles à la France? En quoi donc M. Ranc et M. Clémenceau qui sont, eux, des hommes politiques suivant la formule, ont-ils rendu de si éminents services au pays? Quel bienfait leur doit-on? quel malheur ou quel conflit ont-ils conjuré? M. Jules Ferry était un homme politique, autrement dictatorial que ne l'aurait été le général Boulanger. Si ce dernier avait été ministre à son lieu et place, nous n'aurions pas peut-être annexé la Tunisie, mais nous aurions certainement conclu l'alliance avec l'Italie, ce qui aurait peut-être autant valu. M. de Freycinet est un autre homme politique d'une incontestable habileté comme manœuvrier parlementaire. Si le général Boulanger avait occupé son poste, quoiqu'il ne fût pas un homme politique, nous n'aurions pas été expulsés d'Égypte par les Anglais, et ceux-ci ne seraient pas plus allés au Caire que le commissaire Shnœbélé n'est allé à Leipzig.

Enfin n'est-il pas étrange que ceux qui se plaisent à dire que le général Boulanger n'était pas un homme politique, ce qui est d'ailleurs vrai, et qui le méprisent tant parce qu'il ne l'était pas, l'aient proscrit comme homme politique, en prétextant un péril politique auquel ils se félicitent encore d'avoir échappé, et auquel il leur a été d'autant plus facile de se soustraire qu'il était absolument imaginaire.

CHAPITRE VI

LE COMITÉ DE LA RUE DE SÈZE

Dans trois départements les électeurs furent de nouveau convoqués pour une élection législative. L'un était le Nord où la vacance était produite par la démission du général à la suite du rejet de sa proposition de révision; les deux autres étaient la Somme et la Charente-Inférieure. Le comité national fidèle à son procédé avait posé la candidature du général dans les trois départements.

Le procédé était déplorable, doublement périlleux et ne pouvant servir à rien. La candidature dans le Nord s'expliquait puisque ce département avait élu le général et que celui-ci pouvait associer ses électeurs à sa protestation. Mais poser sa candidature dans les deux autres départements, c'était poursuivre une campagne plébiscitaire irritante, propre à éloigner de plus en plus les républicains.

Il y avait bien une raison; je l'ignorais alors; c'est que les membres du Comité, leurs amis et agents employés dans les campagnes électorales y trouvaient des occasions de gratifications octroyées par M. Dillon, entrepreneur général qui faisait largement les choses.

J'expliquai au général tous les dangers de cette conduite, en même temps que sa puérilité. Il m'avait écouté, mais cette fois sans m'interrompre comme d'habitude. Commençant à le bien connaître, je devinai que je ne le persuaderais pas :

— Vous avez peut-être raison, répondit-il quand j'eus achevé. S'il n'y avait pas eu l'Ardèche, je vous écouterais probablement. Mais j'ai eu un échec et je ne veux m'arrêter que sur un succès. Je l'aurai bien dans deux départements sur trois. Si je l'ai, nous recauserons de ce que vous venez de me dire.

Cette triple élection me donna l'occasion de voir M. Dillon. Il savait que j'avais ou avais eu des relations dans le département de la Charente-Inférieure et il m'avait fait demander des renseignements pour lesquels il désirait un complément verbal. Il me fit donner rendez-vous rue de Sèze, au siège du Comité national en promettant de donner des ordres pour que je n'attendisse pas.

J'allai donc rue de Sèze à l'heure indiquée. Le palier était encombré de personnages à cravates flamboyantes dont l'aspect pouvait faire croire qu'on était à la porte d'un tripot. La salle servant d'antichambre était pleine d'un monde plus mêlé où pourtant les belles cravates dominaient. Je n'ai jamais vu de si belles cravates que dans ce parti. Toutes les portes étaient ouvertes ; deux petites tables dans les coins étaient couvertes de papiers et de journaux et deux secrétaires écrivaient ou paperassaient dans le fouillis au milieu du murmure des conciliabules. J'eus la sensation déjà éprouvée en d'autres temps et d'autres circonstances, de l'envahissement d'un ministère au lendemain de l'installation d'un gouvernement provisoire insurrectionnel.

Quel contraste avec l'hôtel de la rue Dumont-d'Urville où les réceptions tout en étant si courtoises étaient si ordonnées et si correctes.

M. Dillon ne se trouvait pas au rendez-vous ; après deux heures d'attente il n'y était pas venu ; mal à l'aise dans ce tripot politique, j'en sortis et le lendemain je reçus un billet d'excuse fixant un nouveau rendez-vous, pour onze heures et cette fois à Neuilly. Je m'y rendis et la première chose que je vis dans l'antichambre, sur un plateau fut la carte de M. Hirvoix, l'ancien chef de la police impériale. Le maître du logis avait de singulières relations.

Après m'avoir fait attendre encore, M. Dillon me reçut. L'allure était celle d'un bookmaker plutôt que d'un homme de finance, ayant conservé quelque chose de la tenue et des manières d'officier de cavalerie tempéré par une apparente rondeur commune et une amabilité de surface.

Dès les premiers mots et sans autre raison que celle qu'il se fournit à lui-même, il se mit à déblatérer contre la presse, ayant sur le cœur ses démêlés avec M. Mayer, de la *Lanterne*. C'était, on le voit, d'un tact parfait.

Me sachant hostile à la politique suivie, il ne voulait pas discuter mes raisons, n'étant pas, disait-il, un homme politique, ne s'en occupant pas et paraissant avoir autant de dédain que de mépris pour la presse. « Il fallait, disait-il, laisser chacun se faire un boulangisme à sa façon. » Tout cela était dit dans une langue entortillée, attestant une roublardise vulgaire qui se croyait habile.

Comme je manifestais ma désapprobation par mon silence, il entreprit une dissertation philosophique sur le fatalisme dans laquelle il se noya si bien qu'il dut s'interrompre lui-même pour en venir à l'objet de la visite, c'est-à-dire aux renseignements sur la Charente-Inférieure.

Je les donnai en ajoutant que si l'on voulait que le général eût des chances auprès du paysan charentais très démocrate, très réfléchi, aimant la simplicité et la bonne tenue, il fallait qu'il y allât seul, sans son entourage de politiciens et de vociférateurs. Le conseil fut d'ailleurs suivi; et l'orgie électorale fut réservée pour la Somme.

En quittant l'hôtel de Neuilly, j'étais très irrité. Si je n'avais pas connu le général Boulanger comme je le connaissais, il aurait suffi de cette entrevue non seulement pour me faire abandonner ce qu'on appelait le boulangisme, mais même pour me le faire combattre, tant le langage que je venais d'entendre justifiait les appréhensions des républicains. Aussi comme je comprends les républicains de bonne foi qui, confondant les personnes, ont, après lui avoir donné leurs sympathies, repoussé le boulangisme qui leur apparaissait comme une aventure suspecte, en entendant et en voyant ceux qui le représentaient.

Je ne pus faire d'observation à ce sujet au général qui partit aussitôt, la période électorale étant ouverte. Il fut élu, on le sait, dans les trois départements à une très grande majorité. Dans la Somme il eut 69,275 voix; 44,634 dans la Charente et 82,900 dans le Nord où, comme je l'avais prévu, la majorité écrasante qu'il avait obtenue la première fois était réduite de moitié, tout en restant encore considérable.

Après cette triple élection il alla se reposer de ses fatigues dans un voyage en Espagne et au Maroc, voyage qu'il m'a raconté depuis et qui fut effectué si secrètement que, quoique à ce moment toute la presse d'Europe s'occupât de lui, on ne sut ce qu'il était devenu.

QUERELLES AU SÉRAIL

A son retour, nous reprîmes nos conversations, qui devinrent moins fréquentes, parce qu'avec le succès, les visiteurs et solliciteurs étaient revenus en foule à la rue Dumont-d'Urville, en même temps que les invitations de ceux qui, le plus souvent en paraissant lui faire honneur et lui témoigner leur sympathie, ne songeaient qu'à tirer vanité près de leur monde de leurs relations avec l'idole du jour, ou à se donner un titre à sa reconnaissance future.

Dans mes notes, presque quotidiennes, que je lui adressais, et dans nos entretiens, je revins sur les dangers de la politique électorale, et enfin j'en obtins un jour cette promesse :

— Maintenant, mon ami, je serai sage; j'ai un succès, je m'y tiens; je ne laisserai plus poser ma candidature, si ce n'est pourtant à Paris parce qu'on m'a défié, et parce que j'ai promis. Mais, ajouta-t-il aussitôt, il n'est pas probable que l'occasion s'en présentera.

C'était toujours cela de gagné, sachant que lorsqu'on avait une promesse aussi formelle, on pouvait y croire.

Sur ces entrefaites, des dissentiments avaient éclaté dans le Comité national. Les relations trop visibles de M. Dillon avec M. Arthur Meyer et les orléanistes, avaient ému quelques-uns des membres de ce Comité. Je les signalais dans la *Cocarde*, dans un article intitulé *Querelles au Sérail*, où, tout en qualifiant durement l'influence de M. Dillon, je faisais remarquer que les membres dissidents, au lieu de se livrer à de stériles discussions dans le Comité, feraient mieux d'affirmer publiquement une politique nettement républicaine.

Il y avait des raisons pour que ces membres s'en tinssent à ces discussions intérieures, et, dans une note fournie au même journal, M. Thiébaut, l'un de leurs collègues, les caractérisait par ce mot cruel : « M. Dillon a sur eux l'influence d'un caissier. »

Le général me fit appeler aussitôt. Quand je me rendis près de lui, j'arrivais en même temps que M. Laisant, qui, je le crois, ne me reconnut pas, et que je laissai passer.

Lorsque je fus seul avec le général :

— Voilà, me dit-il, Laisant qui sort d'ici ; ils sont tous venus, tout en émoi, fulminer contre vous, en disant que vous faisiez les affaires de nos ennemis. Tâchez donc d'arranger cela.

L'occasion se présentait de dire ce que j'avais sur le cœur. Je le fis, et exposai tout ce qu'il y avait de louche et de maladroit dans la conduite du Comité, ne pouvant à ce moment indiquer à quels intérêts vulgaires il obéissait, ne l'ayant su que depuis, et en partie par le général lui-même, enfin éclairé.

A mes reproches, il répondait avec une sincérité naïve par ces paroles qu'il m'a répétées bien souvent en des occasions semblables :

— Mais pourtant, ce sont des républicains !

En effet, presque tous à ce moment avaient été élus comme républicains. Plusieurs avaient été même, pendant plus ou moins longtemps, des sous-chefs du radicalisme, des amis de M. Clémenceau, qu'ils n'avaient quitté que parce que le général leur paraissait avoir plus de chances. Puisque tant d'électeurs s'y étaient trompés, comment voulait-on que le général ne s'y trompât pas ?

Les intrigues réactionnaires de M. Dillon leur étaient plus ou moins connues dès ce moment. Leur devoir était d'en informer le général, et de le mettre en demeure d'avoir à choisir entre son amitié pour l'ancien camarade dans lequel il avait tant de confiance, et eux, républicains ou passant pour tels.

Non seulement ils ne l'ont pas fait; mais, quand l'occasion leur était offerte par la révélation publique de leurs dissentiments, ils furent les premiers à aller protester de leur entente avec celui qui était le caissier de leur entreprise.

Par quels fonds ce caissier alimentait-il sa caisse, à laquelle ils s'adressaient? C'est là ce qu'ils auraient dû se demander et vouloir connaître, pour la tranquillité de leur conscience. C'est là ce qu'ils ne voulaient pas savoir. Il m'est passé sous les yeux vers ce moment un billet adressé à un journaliste de province, à qui on avait fait des promesses de subvention, billet dans lequel M. Naquet disait : « La caisse est en ce moment vide, à en croire M. Dillon, qui est pour nous en cette matière la Loi et les Prophètes. »

J'aurai à revenir sur ce sujet, mais dès maintenant, et à propos de ce billet, je dois dire que le général, occupé par ses réceptions de la rue Dumont-d'Urville, ignorait toute la cuisine et tous les tripotages du Comité.

Ceux qui s'adressaient à lui étaient des hommes à idées, à convictions, de toutes les classes, et des solliciteurs qui venaient demander à l'ancien ministre son appui ou son concours, le plus souvent pour des choses d'ordre militaire. Les candidats, les journalistes en quête de subvention, les agents électoraux ou politiques sans emploi s'adressaient à quelque membre du Comité qui, presque jamais — sinon jamais — n'en parlait au général.

Dans les papiers qui me sont restés de cette époque les lettres adressées au général directement, quoique souvent interceptées, sont des missives de braves citoyens, donnant des conseils, ou protestant contre les candidatures imposées. Les réclamations d'argent d'imprimeurs, de marchands divers, sont adressées à un membre du Comité et le plus grand nombre à M. Naquet, qui se chargeait volontiers de ce genre de correspondance.

Le général Boulanger, qui recevait des libéralités d'amis connus ou inconnus pour les frais de sa politique, et qui en accordait aux sollicitations des quémandeurs, ignorait une bonne partie des dépenses et conséquemment n'avait pas à s'inquiéter trop de l'origine des fonds avec lesquels il y était pourvu, puisqu'il croyait aux sacrifices de M. Dillon.

Ce n'est pas sans raison que celui-ci en louant pour le général l'hôtel de la rue Dumont-d'Urville, l'avait confiné dans ce coin désert de Paris, où, tout le jour, il était occupé, je l'ai dit, par des réceptions, tandis que le siège du Comité d'abord établi rue de Sèze, était transporté ensuite dans l'hôtel de M. Dillon, à Neuilly.

L'ORGANE OFFICIEL

Par prévoyante méfiance, j'avais, au début de nos relations, vivement conseillé au général d'organiser chez lui un secrétariat et d'y concentrer toute la correspondance et toutes les communications, pour qu'il fût au courant de ce qui se passait dans le parti naissant, et que rien ne se pût faire sans qu'il le sût.

Il avait reconnu l'utilité de cette pratique, mais à raison de l'énormité des relations à entretenir, il aurait fallu que le secrétariat fût un véritable bureau d'administration et il aurait eu du travail. Or ses ressources personnelles ne pouvaient suffire à l'entretien de cet organisme et il lui avait fallu en laisser remplir l'office par le Comité, qui coûtait beaucoup plus cher, mais c'était M. Dillon qui, pour en disposer, le payait.

Jaloux et irrité du succès de la *Cocarde*, qui malgré des erreurs, des écarts et les notes insolentes ou idolâtriques de Mermeix, suivait une politique populaire et démocratique, le Comité avait voulu avoir un organe qui fût le moniteur officiel du boulangisme.

Cet organe était la *Presse*, vieux journal, sans tirage, ressuscité — si peu, il est vrai — par M. Laguerre.

Les membres du Comité en étaient rédacteurs de droit en quelque sorte, et, à ce titre, appointés, ce qui paraissait tout à fait légitime. Le général Boulanger, il n'est pas besoin de le dire, ne se mêlait en rien ni de la direction ni de la rédaction, ni de l'administration de la *Presse*, pas plus que de celles de la *Cocarde*, en ignorant les arrangements, et n'en connaissant que les sommes qu'il remettait au directeur, M. Laguerre. Mais la plus grande partie des fonds de cette entreprise était fournie par M. Dillon ou par ses associés, si bien que les appointements des rédacteurs n'étaient qu'une manière de puiser à la caisse, à laquelle il y avait déjà tant de prétextes de recourir.

LE CONCILIATEUR

C'était une des faiblesses et aussi une des qualités du général, de vouloir toujours tout arranger.

Il aurait marié la République de Venise et le Grand Turc. Cet homme impassiblement téméraire était le plus temporisateur qu'on pût trouver, recherchant toujours la solution moyenne qui pouvait tout arranger et concilier. Réconcilier les partis, les Français, était le but qu'il s'était sincèrement et généreusement proposé. Il croyait que la chose était possible, parce qu'il avait le secret de réconcilier les gens et de faire se serrer des mains qui jusque-là s'étaient menacées.

On m'a raconté même à ce propos une anecdote bien amusante.

Deux conseillers de province, jouissant chacun d'une influence personnelle, mais rivaux acharnés, avaient embrassé le boulangisme. Mais en prêtant son appui à l'un, on était sûr de perdre l'autre, — et il faut dire que l'un d'eux était borgne. Dans la difficulté de faire un choix on en parla au général.

— Il faut les réconcilier, dit-il.

On lui fit remarquer que la réconciliation était impossible, qu'il y avait entre les deux hommes les griefs les plus graves, accumulés.

— Bah! Qu'a-t-il pu faire? demanda-t-il, en parlant de l'un; il ne lui a pas crevé l'œil.

— Mais justement! c'est lui qui l'a éborgné.

— Diable! Et après un moment de réflexion : Amenez-les moi, j'arrangerai ça.

On lui amena les deux personnes et il parvint à les décider à se serrer la main.

Les politiqueurs de son entourage connaissaient si bien cette répugnance, attestée par sa correspondance, qu'il éprouvait à pousser les choses à l'extrême qu'ils l'exploitaient en tenant un langage ou une conduite qu'ils savaient être contraire à ses opinions ou à ses intentions, comptant qu'ils ne seraient pas publiquement désavoués.

Il est inutile de dire que, malgré sa demande, je n'arrangeai rien du tout, et que nous restâmes aussi bons amis.

LES BANQUETS

En blâmant la politique électorale et plébiscitaire, j'avais été amené à opposer aux souvenirs du 2 décembre, sans cesse invoqués par les Mermeix et consorts, ceux des banquets de 1847 dans lesquels s'était faite l'agitation triomphante au 24 février, en faveur du suffrage universel.

Je croyais n'avoir pas été écouté, lorsqu'un beau jour le général me dit :

— Reparlez-moi des banquets.

Les élections ne servent qu'un homme ou des individus ; elles divisent en coteries des citoyens qui pourraient s'entendre ; elles contraignent à des intrigues, manœuvres ou alliances compromettantes.

Les banquets servent une idée: ils sont une communion et non une lutte ; ils rapprochent au lieu de diviser ; on y vient le visage découvert ; au lieu de favoriser les intérêts ou l'influence de quelques personnages, ils permettent aux braves gens, aux simples citoyens de manifester librement leur opinion. Enfin tandis que les élections sont coûteuses, les banquets ne coûtent rien que le prix du repas pour chacun des convives. C'est la manifestation vraiment démocratique.

Telle fut en gros ma démonstration. Le général avait écouté attentivement, sans observation. Quand j'eus achevé, on parla d'autre chose, et je ne savais ce qu'il pensait.

Quelques jours à peine après, c'est lui qui aborda le sujet.

— Jusqu'à présent, dit-il, on m'avait sollicité pour présider des banquets ; j'avais toujours refusé. Mais je me suis décidé. Vous comprenez que je ne puis aller à un banquet dans chacun des arrondissements de Paris. J'ai dit à des citoyens du vii⁰ qui m'en avaient parlé, de s'entendre et de s'arranger pour qu'il n'y eût qu'un banquet de la Révision pour tous les arrondissements, et que j'irai.

Tel était l'homme. Il écoutait, réfléchissait, et se décidait, sans discussion, discutant d'autant moins que la résolution à prendre lui paraissait plus sérieuse.

C'est à ce moment que, prévoyant les difficultés qui allaient survenir et voulant l'arracher à la camarilla qui l'entourait, ou tout au moins dégager sa responsabilité de leurs actes, je lui dis :

— Un an au moins nous sépare encore des élections législatives que le pays attendra avec plus ou moins de patience. Pendant ce temps, que pouvez-vous faire? Rien, sinon des fautes. Jouer au député; c'est indigne de vous. Entretenir ou exciter l'agitation; elle n'est déjà que trop grande et trop excitée. C'est bien dangereux. La corde est tendue au point de ne plus pouvoir l'être; elle ne peut plus que casser; et j'ai grand'peur qu'elle ne casse. C'est ce qu'il faut éviter. Je ne vois qu'une chose à faire; partir, et laisser les gouvernementaires et les parlementaires aux prises avec les difficultés d'une situation qu'ils ont créée.

» Seulement vous ne pouvez partir pour rien, pour le plaisir, c'est entendu. Toute l'Europe a les yeux sur vous; je vous dirais bien: allez en Russie; on ne vous y accepterait peut-être pas. Mais vous pouvez aller en Italie, qui fut le théâtre de vos premières armes. Vous pouvez être à votre manière pour la France en Italie ce que Garibaldi a été pour l'Italie à l'égard de la France.

» Dans la situation où vous vous trouvez, vous ne manquerez pas d'intéresser la curiosité italienne; si vous le voulez, vous séduirez le peuple, et, comme il sera certainement heureux que vous lui donniez un généreux prétexte de ne plus faire de sacrifice et de ne pas se battre, vous pouvez enlever l'Italie à l'alliance allemande. Qu'importe que le roi Humbert reste l'allié de l'Allemagne si le peuple italien est l'allié du peuple français ?

» La même tâche est à accomplir, plus facile, non moins utile, en Belgique. Il y a de quoi occuper votre année. Pendant que vous serez là, on ne pourra rien contre vous, et le peuple ne vous en voudra pas de votre absence, parce que vous servirez la patrie mieux que vous ne le pourriez faire à la Chambre ou dans des conciliabules ou manifestations. »

Le général fit des observations, non de principe, mais d'ordre pratique et d'opportunité.

Je répondis que je ne lui demandais pas de partir immédiatement, mais de s'y décider, et qu'il serait bon même, autant pour le succès de ce qu'il avait à faire au dehors que pour sa popularité, qu'il ne fît pas le voyage d'une traite, mais qu'il en marquât les étapes par des banquets, dans lesquels il pourrait connaître les vrais sentiments, les vraies aspirations de la démocratie française, et en recevoir la consécration comme son représentant près du peuple italien et du peuple belge.

— Je vais penser à cela, dit le général.

Cette parole était de bon augure. Il n'y avait plus qu'à attendre qu'il eût mûrement réfléchi, et, dans son for intérieur, tracé son plan de conduite et avisé aux moyens pratiques.

Malheureusement, M. Thiébaud lui donna le même conseil, mais sans assigner un but à son départ et à son voyage. Le général en parla-t-il à M. Dillon et en fut-il détourné par lui, comme il le fut de la propagande des banquets? C'est ce que j'ignore, n'ayant pas eu occasion depuis de l'interroger à ce sujet, même quand le projet de voyage en Italie fut repris, comme on le verra plus tard et comme l'indique la correspondance.

LE BANQUET DE LOWENDHAL

Le banquet révisionniste des comités de Paris était décidé. Il devait avoir lieu dans une salle de l'avenue Lowendhal et était fixé au 20 octobre.

Le général me l'apprit en me disant :

— Je vais vous demander un service. Je suis trop pris pour avoir le temps d'écrire un discours sur la révision, qui demande beaucoup de réflexion. Nous en avons beaucoup causé; voici des notes. Emportez-les; arrangez les phrases nécessaires pour les relier et dites-moi votre avis.

Et il me donna six pages de papier à lettre sur lesquelles il avait écrit, soit des phrases toutes faites soit simplement la pensée à formuler, et de vive voix, il ajouta sa critique du projet de révision proposé alors en termes précis tels à peu près qu'ils se sont retrouvés dans son discours.

Quand je lui rapportai le projet arrangé, il le lut et retrouva ses propres phrases simplement soudées. Quand il eut achevé : — C'est trop mou, me dit-il, et ce n'est pas assez nettement républicain. Il y avait quelques mots à trouver pour qu'il n'y ait aucune équivoque et pour que la déclaration soit aussi républicaine et aussi avancée qu'on puisse l'être.

Je m'excusai en disant que j'avais craint de dépasser sa pensée.

— Vous ne la dépasserez pas, répliqua-t-il, vous la

connaissez ; vous savez bien que je suis républicain, et comment je le suis.

Et tout en marchant, il chercha ce qu'il fallait dire, et le trouva en quelques phrases brèves.

Si je raconte cet incident de collaboration, où il n'y avait aucun mérite, ce n'est pas pour en tirer vanité, mais pour montrer quelle était la sincérité de ses sentiments et de ses opinions.

Le banquet eut lieu au milieu d'un déploiement de forces policières qui isolaient les abords de la salle. Le discours du général prononcé en forme de toast eut un grand succès près des assistants, braves citoyens des divers arrondissements de Paris, unanimement républicains.

A la sortie, la *Ligue des patriotes* qui éprouvait le besoin de manifestations tumultueuses, lui fit cortège et ovation, suivant sa voiture, et il en résulta une bagarre dont les épisodes ne méritent pas d'être notés.

CHAPITRE VII

LE BANQUET DE NEVERS

La popularité du général Boulanger un moment faiblissante venait de reprendre un nouvel essor. Des populations jusque-là demeurées hostiles à la République devenaient républicaines avec lui. Les bonapartistes qualifiés démocrates, pour les distinguer des impérialistes réactionnaires passés à l'orléanisme, avaient, malgré tant de griefs, de rancunes et d'injures antérieures, accepté pour lui la République avec une loyauté qui ne s'est pas démentie et dont bien peu de partis ont donné l'exemple. Partout où cet homme allait il soulevait l'enthousiasme ; il opérait des conversions. On peut dire à cet égard qu'il faisait des miracles. Et il en est un que la majorité du pays attendait de lui, supposant qu'il en était capable : c'était d'opérer pacifiquement une révolution véritable dans laquelle la lutte sanglante serait remplacée par les ovations, les coups de fusil par les bouquets de fleurs et qui ouvrirait à la France une vie nouvelle de réformes sociales.

Effrayés par ce courant qui paraissait irrésistible

et qui semblait devoir les emporter, les politiciens parlementaires, menacés dans leur situation électorale, imaginèrent, pour organiser la résistance, de fonder, sur l'initiative de M. Clémenceau, avec le concours de M. Ranc, représentant l'opportunisme et de M. Joffrin représentant la secte possibiliste, un comité dit des *Droits de l'homme* qui s'appela le club de la rue Cadet, du lieu où se tenaient ses réunions.

Ce comité avait, en se constituant, lancé un ridicule appel au peuple français, provoquant à la guerre civile pour combattre les tentatives d'une dictature, alors que celui qu'on représentait comme l'aspirant dictateur, mis hors de l'armée, n'ayant aucun pouvoir, ne pouvait rien de plus que n'importe quel député. Cet appel au peuple conçu en termes insurrectionnels, — chose bizarre ! — par les défenseurs du régime et du pouvoir, était grotesque dans les circonstances, mais il indiquait que les passions déchaînées allaient pousser les choses à l'extrême. Et s'il n'y a pas de passion plus ridicule, il n'y en a pas aussi de plus féroce que la peur.

Pour provoquer un événement, le comité de la rue Cadet eut l'idée d'entreprendre une manifestation publique contre le boulangisme, tandis que M. Madier de Montjeau l'un des questeurs de la Chambre, faisait mettre en défense le Palais-Bourbon en hérissant ses murs d'artichauts de fer en prévision d'une invasion populaire. La manifestation prit prétexte d'un hommage solennel à la mémoire du député Baudin tué, on le sait, le 2 Décembre. L'anniversaire de cette date tombait justement cette année-là un dimanche.

Quelques jours avant, le général m'annonça qu'il était invité pour ce dimanche même à un banquet de patriotes et de républicains à Nevers.

— Mais c'est le 2 Décembre ! m'écriai-je, et la

Nièvre est l'un des départements qui ont montré le plus de courage dans la résistance et qui a le plus souffert de la proscription.

— Je le sais, et c'est tant mieux, répliqua le général; ce n'est pas moi qui ai choisi la date. Ce sont ces braves gens. Cela ne me gêne pas; au contraire. Je ne suis pas fâché de dire ce que je pense ce jour-là devant d'anciens proscrits ou devant leurs fils.

J'exprimai la crainte que quelques-uns des membres du Comité ne fussent pas dans la note si délicate à observer en un pareil jour.

— Soyez tranquille, répondit-il; je m'arrangerai pour que personne ne parle en dehors de ce brave Turigny, député du département, et des citoyens du cru.

Il me fit connaître alors ce qu'il comptait dire. Et, comme il en était venu à parler des paysans, il s'interrompit pour reprendre avec un ton de sollicitude presque tendre :

— « Ces pauvres paysans voyez-vous, ce sont eux qui sont le pays, qui sont l'armée, qui ont toutes les charges, et l'on ne fait rien pour eux. »

Rien ne peut rendre l'accent de conviction, presque d'amitié fraternelle, vraiment émouvante avec lequel il exprimait cette opinion.

Je n'ai connu que deux hommes pour aimer à ce point le paysan. C'est Michelet et lui. Aussi presque toujours quand il attestait de sa sollicitude pour les soldats, il ajoutait : « Ce sont des fils de paysans. »

La veille de son départ je le vis, et il me dit :

— Je compte sur vous pour me raconter ce qui se sera passé ici; je vous dirai ce qui se sera passé à Nevers.

A son retour, il me le raconta en effet. Au banquet se trouvaient d'anciens proscrits de l'Empire, dont l'un avait pris la parole; ils étaient venus lui serrer la main avec effusion et il le leur avait bien rendu. Je me doutais comment !

— Quand même je n'aurais pas d'autres raisons, me dit-il, après la poignée de main de ces braves gens, je ne ferais jamais un coup d'Etat.

A mon tour je lui racontais ce qu'avait été la manifestation qu'on avait voulu faire pompeuse et qui avait été assez ridicule, alors que la mémoire de Baudin valait mieux. J'expliquai comment j'avais fait pour compter le nombre des manifestants que je calculais de 15 à 18,000, alors que les journaux gouvernementaux avaient donné des chiffres exagérés.

Le militaire reparut : — Tous ces blagueurs qui parlent de cent mille hommes, dit-il, ne se doutent pas de la place qu'un pareil nombre occupe.

Et suivant une idée que sa propre observation avait évoquée, il ajouta : — On se doute encore moins de ce qu'il faut pour nourrir tout ça.

Comme on le voit les préoccupations du chef d'armée ou du ministre de la guerre ne le quittaient pas. Ayant pu constater cette étonnante faculté de penser à autre chose, tandis qu'il paraissait écouter un interlocuteur, ou tandis que, soit amphitryon, soit convive, il charmait les assistants par son amabilité, j'ai la conviction que lorsque dans les séances du Comité où il restait silencieux, on croyait qu'il ne pensait à rien, il organisait en imagination des forces, faisait mouvoir des troupes, calculait les chances de l'ennemi et opérait sa trouée victorieuse.

L'effet du banquet de Nevers fut que des républicains dont les méfiances s'étaient éveillées rendirent leurs sympathies au général et que beaucoup de socialistes qui jusque-là s'étaient réservés prirent son parti.

Mais le discours de Nevers produisit un effet tout contraire dans le comité qui n'avait pas été consulté.

Quelques jours avant il y avait eu, en l'honneur du

général, un dîner chez M. Lalou, directeur de la *France*, qui pour cette circonstance avait fait faire un service de table décoré d'œillets rouges dont il a dû être bien embarrassé depuis, où les convives, membres du comité avaient vainement tenté de savoir ce que serait ce discours. Aux questions qui lui avaient été faites à ce sujet le général n'avait pas répondu.

Les orléanistes et conservateurs avec lesquels quelques membres de ce comité tels que M. Laguerre, étaient en relation, étaient mécontents d'un langage qui ruinait leurs espérances et leurs projets; aussi la presse inféodée au comité fut celle qui fit au discours de Nevers l'accueil le plus froid, se gardant bien de le commenter et s'efforçant de le faire oublier.

L'ÉLECTION DU 27 JANVIER

La campagne de banquets n'était pour plaire qu'à demi à M. Dillon et pas du tout aux membres du comité, puisqu'elle n'occasionnait aucune sérieuse dépense et ne nécessitait aucun concours que celui de la démocratie, et puisque, en outre, le général entrait en cette occasion en communication directe, sans intermédiaire avec les citoyens. Mais ils n'auraient osé s'y montrer ouvertement hostiles, sachant qu'il aurait suffi qu'ils manifestassent leur hostilité pour que le général s'y entêtât.

Malheureusement une vacance se produisit à quelques semaines de là dans la députation de la Seine.

La presse gouvernementale prétendait que les succès électoraux du général avaient eu lieu dans des départements réactionnaires, mais qu'il n'oserait pas se présenter à Paris, la ville républicaine, et que, s'il l'osait, il serait battu.

C'était un défi et ce diable d'homme ne les supportait guère. Le défier était même le moyen le plus sûr de l'amener à faire une sottise.

A la suite du défi, il avait promis de se présenter à Paris, et je n'ai jamais vu qu'il ait manqué à une promesse. J'eus beau faire tous mes efforts pour le dissuader, lui démontrer les conséquences funestes que pouvait avoir cette candidature à Paris, qu'elle fût un échec ou un succès. Tout fut inutile. Il avait promis.

On sait quel fut le résultat qu'il avait d'ailleurs annoncé à dix mille voix près, presque au début de la période électorale. Il y avait eu une orgie d'affiches comme on n'en vit jamais et comme on n'en verra sans doute plus. La polémique, ordinairement si violente des feuilles boulangistes était devenue modérée en comparaison du ton de la presse gouvernementale reprenant les traditions du Père Duchêne. Les prodigalités fantasques du comité national ou plutôt de son commanditaire avaient entraîné celle des fonds secrets accrus, assure-t-on, des libéralités de M. de Rothschild et de la Compagnie de Panama, qui avaient cru devoir se rendre le gouvernement favorable en apportant une forte obole à la souscription alors ouverte par le Comité de la rue Cadet, pour les frais de la candidature officielle de M. Jacques.

Pour avoir la majorité, il n'était pourtant pas besoin de ces dépenses tapageuses.

Il m'a été donné de connaître l'état de celles faites dans la circonscription de Clignancourt qui donna au général la plus grosse majorité. Ces dépenses s'élevaient à onze ou douze cents francs. Si on y ajoute les professions de foi et affiches fournies, le total pourrait s'élever à 2,000 francs. La personne qui était chargée de ce service, ancien employé de l'administration très ordonné et économe, fort honnête homme, dévoué au général, s'attendait à des compliments pour les résultats obtenus avec si peu de frais. Il fut au contraire rabroué de la belle manière par les agents de M. Dillon auxquels il rendait ses comptes. Ils n'étaient pas assez fantastiques.

Le soir du 27 janvier, on peut dire sans trop exagérer l'image, que tout Paris était dehors. On apprit que le général avait 244,700 voix l'emportant de 81,550 voix sur son concurrent. C'était plus qu'une victoire : c'était un triomphe. Tous les politiciens, rastaquouères et courtisans, toutes les belles cravates du boulangisme étaient au café Durand, près de la Madeleine, où le Comité national et la *Ligue des patriotes* avaient établi la permanence de leur état-major.

Tous exultaient, cette fois ils tenaient le pouvoir. Le général vint en habit noir, impassible, à la fois aimable et grave comme à l'ordinaire. M. Déroulède et quelques autres, enflammés d'ardeur par le succès voulaient que le général marchât sur l'Elysée, tout prêts à monter à l'assaut. Le général resta muet, ou tout au moins tranquille, évitant de répondre. Et parmi ceux qui voulaient tant qu'on marchât et qui, depuis ont si amèrement reproché au général de n'avoir pas marché, aucun ne prit ou ne tenta de prendre l'initiative pour voir s'il serait suivi.

Il faut reconnaître que si la tentative avait été faite elle aurait réussi. Ni la police ni l'armée n'auraient résisté, — au contraire. La garde de l'Elysée serait allée au devant du général. Il le savait. Il pouvait prendre le pouvoir sans qu'il fallût grande audace. Mais il n'a pas voulu.

Le lendemain, quand je vis le général, il m'aborda en riant.

— Eh bien ! l'homme aux idées noires, êtes-vous convaincu ?

— Je suis convaincu que vous avez un triomphe électoral ; mais je ne le suis pas qu'il serve à grand'chose.

Il pensa sans doute que j'étais encore plus entêté que lui, et l'on parla de la situation.

Le camp du club de la rue Cadet était atterré. Bien des députés hésitants jusque-là sur l'attitude qu'ils devaient prendre, sentant qu'après l'élection de Paris, couronnant les succès électoraux de province, le général pouvait être le grand Electeur des élections prochaines, comme l'avait été Gambetta après le 16 mai, attestaient de leurs bons sentiments soit à leurs collègues du Comité, soit à des amis en situation de répéter leurs propos au général. Près d'une centaine étaient dans ce cas. Nous en parlâmes. Le général dit à ce propos : « Je sais que je pourrais avoir des députés ; mais j'ai déjà assez de parlementaires. »

UN MALENTENDU

A partir de ce moment, quoique nos relations restassent cordiales et dans une certaine mesure suivies, elles éprouvèrent comme un relâchement, dont je dois indiquer la cause, si intime qu'elle soit.

Dans les derniers jours du mois de décembre, le général qui connaissait mon existence que je n'ai jamais eu à cacher, me dit un soir :

— Vous savez, Denis, ne vous gênez pas, je ne peux pas et je ne pourrai peut-être pas toujours vous offrir ; je le puis en ce moment.

Je le remerciai avec un sourire, involontairement peut-être trop fier.

Il me prit la main en me disant :

— C'est l'offre d'un ami à un ami.

Je remerciai encore avec le même sourire. Deux ou trois jours après, quand nous nous revîmes, il y revint en disant :

— Je ne vous répéterai pas tous les jours la même chose, ce serait bête ; si vous vous gêniez, ce le serait aussi : je n'en parlerai plus ; je m'en tiens à ce que je vous ai dit.

L'incident était resté si net dans sa mémoire, qu'après deux ans, dans une lettre, il me répétait presque textuellement, en les guillemetant, les mêmes expressions.

C'est après plusieurs mois que j'appris par M. Saint-Martin que le général avait été froissé de ce refus à une offre faite avec tant de cordialité.

— Vous pouviez d'autant plus accepter, me dit M. Saint-Martin, que le général venait de recevoir vingt-cinq mille francs.

Ces vingt-cinq mille francs étaient ceux dont il a été fait mention dans une interviev et sur lesquels le général revient dans sa correspondance, et qui lui étaient envoyés par des admirateurs fortunés.

Quand plus tard, il m'a parlé de la confraternité militaire, avec ses camarades, les jeunes officiers de la campagne d'Italie, ressemblant fort à du communisme, j'ai compris le froissement ou le regret que j'avais dû bien involontairement causer à cet ami, qui, en devenant général, avait conservé des générosités naïves du sous-lieutenant.

Et c'est là l'homme qu'on a accusé de calculs intéressés, sur la foi des dénonciations mensongères d'un reporter, que l'exagération de sa courtisanerie avait fait nommer « l'enfant de chœur » par ses consorts, qui ne voyait dans le boulangisme qu'une aventure de tripot, et qui, comptant avoir sa part, avait pris des avances en implorant la bonté de celui qu'il devait, non pas seulement renier, mais calomnier.

CHAPITRE VIII

TAPAGEURS ET BROUILLONS

Contrairement à toute attente, le gouvernement devant l'élection du 27 janvier n'avait pas perdu tout sang-froid. M. Carnot, rappelant un mot de M. Thiers, avait dit: « Il faut tout prendre au sérieux et rien au tragique, » ce qui était une manière de dire: « Ce n'est qu'une élection de plus. »

Pourtant, et les adversaires les plus résolus du boulangisme ne pourraient le nier, le général Boulanger après cette élection jouissait d'une popularité que Gambetta n'avait pas eue en son plus beau temps. Devenu le favori du suffrage universel, consacré par Paris, il était l'arbitre des partis. J'avais déjà fait à ce moment une remarque dont personne d'ailleurs ne voulait tenir compte, c'est que le suffrage universel qui acclamait le général, se reprenait dès que son nom n'était plus en jeu et qu'il se trouvait en présence d'autres candidats. On l'avait vu par l'échec de M. Déroulède dans la Charente quoiqu'il eût obtenu de la bonté du général une recommandation électorale ressemblant vraiment trop à celle des candidatures officielles de l'Empire.

Le général n'était pas grisé par le succès. Il en éprouvait seulement la satisfaction du soldat qui a remporté une victoire à peu près décisive.

Mais une telle victoire doit terminer la guerre et amener un traité de paix, sous peine d'en perdre le fruit dans de nouvelles hostilités.

Si le général conservait son calme, ayant pour ses adversaires un dédain un peu blagueur qu'inspirait ou entretenait Henri Rochefort, pour lequel il avait autant d'admiration que d'affection, ce qu'on appelait l'entourage était dans l'ivresse.

La *Ligue des Patriotes* triomphait tapageusement, M. Déroulède, trompé sur le caractère du général par son amabilité, sa bonhomie militaire, son silence énigmatique, supposait qu'il serait un Henri III dont lui serait le Guise. En toute circonstance sans se préoccuper des sentiments et opinions démocratiques qu'il a toujours ignorés, il acclamait le général pour se faire acclamer lui-même en l'appelant, avec une insupportable et persistante ostentation, « le chef » du ton dont il aurait dit « l'empereur » ou « le roi ».

Pour les principaux du Comité, qui comptait pourtant quelques braves gens sincères, tels que MM. Turquet et Turigny, le moment de la curée approchait, et pour M. Dillon l'heure de la réalisation était venue.

LA MARCHE PARALLÈLE

On a vu que dès l'élection présidentielle de M. Carnot, les monarchistes qui avaient d'abord si vivement attaqué le général, avaient tenté vainement du reste, de le corrompre et de l'embaucher, à raison de sa popularité dans le pays et dans l'armée.

Dès ce moment l'idée de se servir de lui, qu'il le

voulût ou non, avait hanté les politiques royalistes. C'est dans ce monde qu'étaient surtout les relations de M. Dillon, qui professait pour lui la déférence d'un commerçant pour l'acheteur alors qu'il n'avait pour les ex-radicaux du Comité que les sentiments de l'impresario pour les gens de sa troupe.

Il connaissait les espérances des premiers, ayant été dès le début en relations assez étroites avec M. Arthur Meyer, directeur du *Gaulois*. Quel concert avait été établi entre eux? Je l'ignore, n'ayant pas eu leurs confidences, qu'ils n'ont peut-être pas faites. Mais on peut le présumer par les faits.

Les actes révèlent les intentions.

Dès le moment où M. de Martimprey se livrait à sa stérile tentative d'embauchage en présence de M. Le Hérissé, des confidences discrètes, faites à demi-mot m'avaient appris que l'on se préoccupait d'amener les monarchistes au général grâce à une influence féminine et aristocratique qu'on devine assez sans que j'aie à la nommer, alors que la personne a été elle-même quelque peu dupe d'une intrigue savamment ourdie.

Ai-je besoin de dire que, suivant les confidences auxquelles je fais allusion, et remontant au mois de décembre 1887, c'est M. Laguerre qui songeait à utiliser cette influence et à former « une caisse noire ».

Ce qui est certain, c'est que M. Arthur Meyer s'intéressait d'une manière toute particulière à la fortune du général Boulanger, et plus encore que ne le comportait la campagne entreprise par lui dans le *Gaulois*, en proposant ce qu'il appelait la « marche parallèle. »

La « marche parallèle » était établie sur ce raisonnement d'une logique simpliste et conséquemment bien faite pour les Français et surtout pour les monarchistes : « Nous avons les mêmes adversaires;

combattons-les ensemble et d'abord ; nous verrons ensuite. »

Dans cet arrangement, les monarchistes, dont un grand nombre ne se faisaient plus guère d'illusion sur les chances de la monarchie, avaient tout à gagner. Si la marche parallèle aboutissait par hasard à une restauration monarchique, ils en auraient les faveurs. Si, au contraire, elle amenait, comme il semblait probable, le général Boulanger au pouvoir, ils s'arrangeraient fort bien d'en être les dignitaires, fonctionnaires et chambellans, car ils ne pouvaient concevoir que l'avénement du général allât sans ce train ; et si une grande dame prit tant d'intérêt à l'entreprise, c'est qu'on lui avait persuadé qu'elle serait l'ordonnatrice des réceptions et des fêtes pour lesquelles elle a une évidente compétence.

Tel est le naïf calcul, digne de l'opérette, s'il n'avait eu de si lamentables conséquences, par lequel les meneurs de l'intrigue avaient tenté de rallumer les espérances ou les convoitises des monarchistes. Et ils y avaient réussi.

Aussi tapageuses que fussent les manifestations de la Ligue des patriotes, celles des monarchistes ne l'étaient pas moins, et elles devenaient plus compromettantes encore.

Il se jouait alors une comédie désolante, qui aurait été le comble du machiavélisme, si elle n'avait été le comble de la sottise. Feignant, soit de n'avoir pas entendu les déclarations si nettement républicaines tant de fois répétées du général, soit d'y adhérer, les réactionnaires et les monarchistes s'ingéniaient à accaparer le boulangisme, agissant comme ces bellâtres séducteurs qui, pour faire croire à leur bonne fortune et écarter des rivaux, se livrent à l'égard d'une femme à des familiarités compromettantes que rien n'autorise.

Deux hommes auraient pu empêcher cette comédie de se poursuivre en déterminant le général, et au besoin en le contraignant, ce qui n'aurait pas été nécessaire, à prendre une attitude telle que les familiarités compromettantes dussent cesser. Ces deux hommes sont MM. Henri Rochefort et Laguerre.

Le premier pouvait avoir une grande influence sur le général, qui attachait le plus haut prix à son concours, considérant son talent comme redoutable, et l'estimant tout à la fois pour sa célébrité, sa tenue et ses manières de gentleman, son désintéressement, si contraire à la gloutonnerie des politiciens besoigneux qui l'entouraient, et enfin, je l'ai dit, parce que le général prisait au plus haut point le genre de bon sens et d'esprit par lesquels se distingue le pamphlétaire de l'*Intransigeant*.

Si, avec sa connaissance des intrigues parisiennes et son franc parler, ce dernier avait averti le général des pièges qui lui étaient tendus, en lui déclarant qu'il ne pouvait ni ne voulait marcher « parallèlement » avec MM. Arthur Meyer et de Cassagnac, ni demeurer dans le boulangisme quand les réactionnaires y entraient, il n'y a aucun doute que, malgré M. Dillon et tout le Comité, le général aurait fait ce que lui aurait demandé le rédacteur en chef de l'*Intransigeant*.

Mais M. Henri Rochefort s'occupait peu sans doute de ce qui se passait dans le boulangisme, et il lui suffisait d'exprimer son opinion, sans se soucier de celle des autres; aussi son action qui aurait pu être très importante quant à la direction du parti et par contre-coup sur les événements, fut-elle nulle.

M. Laguerre était un avocat très mondain, violent à froid, ayant la réputation d'être habile et qui l'était en effet dans les intrigues et les manœuvres; manquant de sens politique, c'est-à-dire de prévoyance, comme les faits l'ont prouvé, et joignant de grands besoins à un grand scepticisme. Il avait séduit le général par ses qualités mondaines, et il avait mérité sa reconnaissance en prenant sa défense à la tribune dans l'interpellation sur le conseil d'enquête.

Il était devenu le personnage politique important du Comité et le leader du boulangisme. Aussi lui aurait-il suffi de quelques observations pour que ses collègues se tinssent à l'écart de toutes les intrigues réactionnaires, et pour que le général, malgré son rêve de réconciliation des Français qu'on exploitait, comprît qu'il y avait des réconciliations impossibles, parce qu'elles entraînaient la duperie ou la complicité.

Mais c'était justement M. Laguerre qui, de concert avec M. Dillon, s'entendait avec M. Arthur Meyer et les chefs de la Droite, MM. de Mackau, de Breteuil et de Cassagnac entre autres, ne craignant pas d'afficher à la Chambre ses relations familières avec eux, et jouant, avec moins d'habileté et de bonheur, le rôle de Fouché.

Il s'était fait facilement un associé de M. Naquet, qu'il avait conduit dans le monde aristocratique, exploitant sa vanité, son goût des combinaisons équivoques, et ses bizarres ambitions. Rien n'était d'ailleurs plus facile, et M. Naquet ne sut peut-être jamais réellement quel genre d'intrigue il servait, croyant en servir une autre que la véritable.

PAS DE GUERRE CIVILE

Je voyais moins fréquemment et moins longtemps le général à ce moment, parce qu'il était très pris, très entouré et sollicité. Je le trouvais parfois fatigué, si robuste qu'il fût, par les innombrables audiences qui avaient occupé sa journée. Avec son extraordinaire mémoire, il se souvenait de tout ce qu'on lui avait dit, de ce qu'il avait promis, sans prendre aucune note, ne gardant pour tout renseignement que le nom du visiteur. Et, ce qui n'est pas moins étonnant, c'est que les promesses qu'il faisait, il trouvait moyen de les tenir.

Peu de temps après le 27 janvier, il me dit que parmi les visites qu'il avait reçues dans la journée, il en était une qui l'avait particulièrement touché.

— C'était un vieil insurgé de juin; il venait avec une délégation de Belleville. Il m'a dit certaines choses que vous m'avez déjà dites : « Vous, je vous aurais, il y a quelques jours, bien volontiers mis un couteau dans le ventre, ce qu'on aurait dû faire à Napoléon avant le 2 décembre, m'a-t-il dit. Mais je crois maintenant que vous êtes républicain, et que vous voulez faire quelque chose pour le peuple. Donnez-moi votre parole que vous ne voulez pas la dictature. » Je n'ai pas besoin de vous dire si je la lui ai donnée.

A ce propos, je lui dis qu'il ne suffisait pas qu'il donnât sa parole à quelques braves citoyens, mais qu'il fallait que le gros public le crût; et que ce n'était pas le moyen de le faire croire que de l'appeler le « chef », comme le faisaient ses amis, et de tant crier à tout propos et hors de propos : Vive Boulanger!

— Vous ne voulez pas la guerre civile, ajoutai-je; elle vous fait horreur; prenez garde de l'avoir, et vous seriez perdu, si, au cri de : Vive Boulanger! des Ligueurs et de leurs amis, les citoyens opposaient le cri de : Vive la République!

— Oui, il y a là un danger, je le sens bien, reprit le général; et je ne veux pas qu'on oppose un cri à un autre. Je veux que mes amis crient : Vive la République!

Je lui fis des observations sur l'attitude singulière de membres du Comité, qui votaient vraiment trop avec la Droite.

— Ils ne peuvent pourtant voter avec le gouvernement, répondit-il ; et toujours avec la même sincère candeur, il en revenait à son refrain : Ce sont des républicains.

A propos des « marches parallèles » et autres combinaisons stratégiques du même genre dont j'essayais de lui faire comprendre le danger, il me dit :

— Tout le monde se pend aux basques de mon habit, mais, soyez tranquille, je resterai ce que je suis. Personne ne pourra m'entraîner.

Ayant ajouté qu'il ne donnerait jamais son approbation qu'à des hommes affirmant publiquement la République, il me raconta que M. Auffray était venu lui demander son appui.

— Quelle est votre profession de foi ? Il me la donna, poursuivit le général ; elle était réactionnaire. « Mais, lui dis-je, il n'y a pas même le mot de République là-dedans. Il faut refaire ça. » Je le conduisis dans le salon en bas, et lui fis donner ce qu'il faut pour écrire. L'animal me revint avec une profession de foi plus réactionnaire encore, et je lui déclarai qu'il n'aurait jamais mon appui.

On sait que le même M. Auffray eut le concours de M. Laguerre et de la *Presse*, organe officiel du Comité. Voilà comment le général Boulanger était le chef du parti boulangiste !

CHAPITRE IX

LE BANQUET DE TOURS

Jusque-là, les monarchistes avaient bien manifesté leurs espoirs dans le succès du boulangisme. MM. Dillon, Laguerre et Naquet avaient bien négocié, chacun suivant leurs relations, avec la Droite; mais le général, tout en rendant les politesses qui lui étaient faites sans se préoccuper beaucoup du parti de ceux qui les faisaient, était resté immuable dans ses déclarations.

A la « marche parallèle » du *Gaulois*, s'opposaient, virtuellement au moins, les opinions révolutionnaires de l'*Intransigeant*, dont le tirage avait atteint un chiffre considérable Il était à craindre qu'à l'heure décisive, celui-ci ne déroulât toute la stratégie réactionnaire. Pour que ce fâcheux contre-temps ne se produisît pas, il fallait que le général fît une déclaration qui pût passer pour un engagement ou un pacte d'alliance. Par tout ce qu'on a vu jusqu'ici, ce ne pouvait être chose facile. M. Naquet, pourtant, s'en chargea.

Deux camps boulangistes se partageaient la ville

de Tours; l'un, celui des républicains et socialistes; l'autre, celui des réactionnaires plus particulièrement cléricaux. Ce fut le terrain choisi.

Le général fut invité à y présider un banquet. Quelles négociations eurent lieu à ce propos? J'ai tout lieu de croire qu'on représenta au général la division fâcheuse existant entre deux camps, que sa présence seule pouvait réconcilier. C'était le prendre par son faible.

Ce que je sais, c'est que, à la fin de décembre, il avait été invité, à Montluçon, à un banquet dont les organisateurs étaient les cléricaux qui avaient arboré la cocarde boulangiste pour gagner les suffrages des ouvriers, et qu'il refusa énergiquement. C'est même une des rares fois où j'ai vu passer de sombres éclairs dans son œil bleu et pu deviner ce que devaient être ses colères.

Le négociateur, en cette circonstance, avait invoqué le nom d'un colonel en retraite, habitant Moulins.

— Il s'entend avec Dillon, me dit le général. Je le connais bien; nous nous tutoyons; mais les relations amicales n'ont rien à faire dans la politique. C'est un réactionnaire. Je vous montrerai de ses lettres.

Et il ajouta, pour le dépeindre, quelques traits, moins d'ordre politique que de conduite courante. Pour lui, on était réactionnaire, non pas seulement quand on professait certaines opinions politiques, mais encore quand on sacrifiait à certains préjugés sociaux.

CANDIDATURE DELAHAYE

A Tours, le candidat clérical, rallié au boulangisme,

était M. Delahaye. C'est avec lui que s'entendit M. Naquet.

Ce dernier, sous le prétexte qu'il connaissait les difficultés résultant de la division intestine, et conséquemment le langage habile qu'il fallait tenir, se chargea de rédiger le discours devant être lu au banquet, et auquel il voulait donner l'importance d'un programme.

Le général était étranger aux hypocrisies, perfidies, équivoques, sophismes, et euphémismes du langage politique et parlementaire. La seule habileté que M. Naquet avait mise dans son projet de discours-programme, était l'équivoque qui devait tromper le général, en parlant de la réconciliation des Français, de l'association de tous à l'œuvre patriotique, et du respect de la liberté de conscience.

Peu familiarisé avec ce genre de littérature qui n'a rien de commun avec la netteté brève des ordres du jour militaires, le général, à la lecture, n'avait vu que les sentiments exprimés, qui étaient les siens, sans deviner les sous-entendus bien autrement importants, en même temps qu'il n'avait pas fait attention à certaines formules vagues et générales dont la signification présente lui échappait. Il donna donc son adhésion à ce projet de discours qui dans le mot à mot n'est qu'un morceau littéraire de banalités entortillées, dont la pensée, non exprimée, ne se dégage que de l'ensemble.

Cette fois, pour donner plus de solennité aux déclarations préparées par M. Naquet, tous les membres influents du Comité devaient se rendre à Tours. Le gouvernement avait cru devoir se livrer à un déploiement bien inutile de forces, et avait envoyé là sa police mobile. Je passe sur les épisodes et n'en retiens qu'un, que m'a raconté le général.

En entrant en ville, les voitures qui amenaient le

général et les membres du Comité furent cernées par la gendarmerie et la police, et séparées de leur suite. En se retournant, le général, qui avait à côté de lui M. Naquet, ne l'aperçut plus. Il avait disparu. Qu'était-il devenu? « Je croyais, disait le général, qu'il était tombé dans le canal. »

On le retrouva dans la salle du banquet.

La foule, irritée par les mesures prises, fit aux arrivants l'accueil le plus chaleureux, et pendant près de deux heures, le général vit défiler devant lui presque tous les habitants de la ville, qui venaient avec une curiosité sympathique lui serrer la main.

Le soir, le banquet eut lieu et le discours fut prononcé. Il souleva des murmures de la part des républicains et socialistes, sans qu'on y prît garde. Le lendemain, la plus grande publicité lui était donnée par les soins du Comité. Les réactionnaires applaudirent. Un grand nombre de républicains, jusque-là sympathiques, se retournèrent contre le boulangisme.

Un maire d'une commune du Midi, entre autres, me disait : « Tout le monde chez nous était boulangiste; après le discours de Tours, il n'y en avait plus un. »

L'*Intransigeant* ne protesta pas. Le pacte pouvait être considéré comme conclu.

TARDIF « MEA CULPA »

J'ai eu à reparler depuis avec le général Boulanger du discours de Tours, que de prétendus amis ou partisans, comme M. Chiché, par exemple, invoquaient contre lui-même; et tout ce que j'en ai dit plus haut résulte de nos conversations à ce sujet.

— Je me suis aperçu plus tard, me disait-il, que

c'était une faute. Mais, je vous avoue qu'au moment même, je ne l'avais pas vu, et que je n'avais pas immédiatement compris le double sens des expressions et les interprétations auxquelles elles pouvaient donner lieu. Je voulais qu'on plaçât l'intérêt patriotique au-dessus de ceux des partis ; je voulais la réconciliation des Français ; je voulais respecter la liberté de conscience comme toutes les autres ; je ne voyais aucun mal à le dire, que ce fût plus ou moins bien dit. Je ne me doutais pas de ce qu'il y avait là-dessous.

Il n'est peut-être pas inutile de rappeler que le même M. Delahaye, qui, dans l'intérêt de sa future candidature, avait, avec M. Naquet organisé le banquet de Tours, accusa le général Boulanger lorsqu'il fut proscrit, et sur la foi de racontars anonymes, d'avoir reçu des subventions de la Compagnie de Panama, alors qu'il devait ensuite affirmer — ce qui était plus vrai — que la même Compagnie avait fourni au gouvernement des subsides pour le combattre.

CHUTE DU CABINET FLOQUET

Malgré l'échec de la candidature gouvernementale au 27 janvier, M. Floquet était demeuré président du conseil, ayant promis de présenter un projet de révision, déjà connu lors du banquet de l'avenue de Lowendhall, et dont le général avait fait la critique. Ce projet fut enfin officiellement présenté et l'auteur demanda naturellement pour lui l'urgence, en posant la question de cabinet dans ce débat.

La Droite crut l'occasion favorable pour remporter une victoire parlementaire aussi inutile que facile, en renversant le ministère Floquet, comptant sur le concours des modérés du Centre, hostiles à toute révision.

Au moment du vote, M. de Cassagnac invita M. Le Hérissé à décider les députés boulangistes à voter contre l'urgence pour renverser le ministère. Ces députés se laissèrent entraîner; mais à peine le vote était-il proclamé que quelques-uns comprirent la faute qui venait d'être commise et réunirent leurs collègues dans l'un des bureaux de commission pour rédiger et signer une déclaration explicative affectant une forme solennelle qui n'était guère de circonstance.

Dès que la nouvelle me parvint, j'écrivis au général, dans le cas où je ne le pourrais voir, pour lui dire combien était grave la faute qu'il venait de commettre en votant contre le principe de la révision, qui seul était en discussion; que la déclaration explicative ne signifiait rien, parce que les actes inexplicables avaient seuls besoin d'être expliqués, et, enfin, que M. Floquet, qui n'était pas un adversaire bien dangereux avec son incapacité pompeuse, serait fatalement remplacé par M. Waldeck-Rousseau ou par M. Constans, et plutôt par celui-ci, bien autrement redoutable que le premier, quoiqu'il ne fût pas à dédaigner.

UNE FAUTE IRRÉPARABLE

Quand j'allai, le lendemain, chez le général, il me fut impossible de le voir. Les politiques du parti, comme des hannetons dans une boîte, bourdonnaient et s'agitaient dans l'hôtel de la rue Dumont-d'Urville, tout troublés par l'aventure qu'ils avaient déterminée. Tout ce que je pus faire fut de laisser ma lettre au secrétaire, M. Brouillé.

Quand je revis le général, deux ou trois jours après,

les députés boulangistes l'avaient rassuré, avec leur jactance habituelle, et, parlant de cette faute que, dans sa correspondance, il a reconnu être la plus grave qu'on ait commise, il me dit qu'elle était moins importante que je ne le disais et qu'il ne s'agissait que de la réparer.

J'aurais pu répondre, comme M. de Bismarck, que ce n'aurait pas été une faute si elle avait été réparable.

CHAPITRE X

LE MINISTÈRE CONSTANS

Ce fut en effet M. Constans qui devint le chef du cabinet.

Dès qu'il eut pris le pouvoir, M. Naquet qui s'était fait le négociateur et le tentateur universel, tenta de l'embaucher dans le boulangisme avec l'appui de son collègue, ami et associé M. Barbe, lui représentant que la popularité du général était invincible, sa fortune fatale, et son succès certain.

Le nouveau ministre, passé maître en intrigues parlementaires et ministérielles, éprouvé par les expériences d'une vie aventureuse et difficile qui n'avait pu lui laisser aucune illusion, n'était pas sans savoir que, grâce à l'alliance affichée des politiqueurs boulangistes avec les réactionnaires et des intempérances dictatoriales de la Ligue, le boulangisme perdait du terrain, — ne répondit pas aux tentatives de M. Naquet, en se souvenant que Gambetta son ami, avait eu, lui aussi, une popularité considérable, et qu'il avait suffi de la soirée de la salle Saint-Blaise pour qu'elle fût ruinée et pour que les acclamations se changeassent en imprécations.

En entrant au ministère, M. Constans n'avait pas d'opinion préconçue ni de plan arrêté ; il ne savait s'il combattrait à outrance le boulangisme comme l'avaient fait si maladroitement ses prédécesseurs, ou s'il s'efforcerait de le dissoudre dans l'apaisement.

Il se réservait de prendre une résolution après l'examen de l'état des forces et des choses, en s'inspirant des circonstances. Mais il lui fallait d'abord donner à la majorité parlementaire apeurée et irritée une satisfaction, pour la pouvoir diriger.

Après s'être renseigné et avoir acquis la conviction que la Ligue des patriotes n'était qu'une force apparente, plus tapageuse que redoutable, il crut ne pouvoir faire mieux que d'en décréter la dissolution. Il paraissait faire ainsi preuve de « poigne, » alors qu'il ne tirait qu'un coup de pistolet retentissant mais ne blessant personne. En même temps il rendait indirectement au boulangisme le service de contraindre à plus de discrétion les manifestations compromettantes de la Ligue des Patriotes détournée de son louable but originel, et rappelant vraiment trop l'association que le peuple désigna dans son langage imagé par le nom de Société des Décembraillards.

M. Laguerre, ami alors de M. Déroulède, dignitaire naturellement de la Ligue, répondit à cette mesure, en portant contre M. Constans une accusation scandaleuse devant la Chambre. Il s'agissait d'une entreprise financière en déconfiture, à l'administration de laquelle M. Constans avait un moment participé.

Le ministre de l'intérieur s'expliqua avec autant de scepticisme que de bonne humeur, et fit rire l'assemblée, qui passa à l'ordre du jour. Mais son parti était pris. Attaqué par les boulangistes, il devenait un ennemi du boulangisme, avec lequel il allait se mesurer, d'autant plus implacable que la presse boulangiste entamait contre lui une campagne de la dernière violence, dans laquelle se distinguait tout particulièrement M. Mermeix.

Disposant d'une presse officieuse, jalouse et excitée par d'outrageantes polémiques, des fonds secrets, et des ressources policières, le ministre de l'intérieur procéda aux hostilités, en faisant attaquer les personnages boulangistes les plus en vue, dont plusieurs étaient loin d'être irréprochables, et dénoncer les connivences avec les réactionnaires. Mais ce n'est pas lui qui fit le plus de mal au boulangisme ; ce sont les boulangistes qui le perdirent eux-mêmes.

MM. CLÉMENCEAU ET REINACH

En même temps, M. Clémenceau, qui a une incontestable ingéniosité d'imagination en matière de solutions arbitraires et exceptionnelles, s'entendit avec M. Reinach, dont le nom a été mêlé si tristement à l'affaire du Panama, pour provoquer non seulement l'arrestation du général, mais encore sa condamnation par mesure de salut public.

Dans son journal, la *République française*, M. Reinach invoquait « les justes lois, » sans les pouvoir préciser. Car, en effet, il n'est pas de loi encore qui interdise à un homme de se rendre populaire, et d'inspirer la confiance enthousiaste à la foule de ses concitoyens. Il n'était pas même de loi alors interdisant à un citoyen de se faire élire, s'il le pouvait, dans plusieurs départements ou collèges électoraux.

Tout ce que pouvaient prétendre MM. Clémenceau, Reinach et leurs amis, c'est que le général Boulanger, par son influence, était un péril pour les candidats parlementaires, ce qu'on traduisait en disant qu'il était un danger pour la sûreté de l'Etat. Il n'y avait donc qu'à le déférer comme tel à un tribunal spécial composé d'adversaires politiques, et sa condamnation était certaine, puisqu'il ne s'agissait que de savoir s'il était, oui ou non, un danger ou seulement un embarras pour l'État, c'est-à-dire pour le gouvernement. Quant au tribunal, il était trouvé, étant indiqué par la Constitution : c'était le Sénat, jugeant comme Haute Cour.

Ceux qui, depuis, dans l'enquête du Panama, ont tant invoqué le principe de la séparation des pouvoirs et le respect des formes et garanties juridiques, n'y songèrent pas alors une minute. Ils furent, au contraire, les plus ardents à approuver cette parodie terroriste, sans prévoir qu'elle pourrait un jour se retourner contre eux et qu'ils ne pourraient plus protester contre un arbitraire dont ils auraient donné l'exemple.

LE DÉPART

Déjà on avait officieusement fait prévenir le général qu'il allait être arrêté ou frappé dans une bagarre provoquée par la police. Il m'avait même montré des rapports de police, à lui adressés, lui fournissant les renseignements les plus précis. Il avait toujours opposé à ces avertissements son impassibilité ordinaire. Mais le langage de la presse officieuse, les avis qui lui parvinrent sur les agissements de MM. Reinach et Clémenceau et sur la consultation du procureur général, M. Bouchez, remplacé par M. Quesnay de Beaurepaire, qui n'avait pas les scrupules de son prédécesseur ni ceux qu'il a montrés dans l'enquête du Panama, — lui firent comprendre que le danger devenait sérieux. Le 2 avril, on apprit tout à coup que le général Boulanger était parti pour Bruxelles avec

M. Henri Rochefort, chacun d'eux étant accompagné par une dame.

L'effet que produisit cette nouvelle fut de la stupeur. On se refusait à y croire, tant elle était inexplicable. Pourtant, elle se confirma dans la soirée, et définitivement le lendemain.

LE SUBTERFUGE

On me raconta à ce moment qu'un député boulangiste, ancien officier, ami de M. Naquet, mort aujourd'hui, celui qui votait les poursuites sous prétexte « de donner au général Boulanger une occasion de se défendre », était allé trouver M. Constans, pour lui demander ce qu'il y avait de vrai dans les menaces de poursuites dirigées contre le général et les principaux membres du Comité, et dans les bruits d'arrestations alors en circulation ; et que M. Constans, après avoir feint un instant le mystère, avait répondu au député, après lui avoir préalablement fait donner sa parole d'officier de garder le secret, que les poursuites étaient décidées, et qu'il ferait le lendemain procéder aux arrestations.

Naturellement, le député n'avait rien eu de plus pressé que d'avertir le général et ses amis, comme y comptait bien M. Constans.

Quand, à Jersey, je racontai cette version au général, en lui demandant ce qu'il y avait de vrai, il me répondit :

— S'il n'y avait eu que ce député, j'aurais pu ne pas croire. Mais j'ai tenu le mandat d'amener dans mes mains. M. A..., commissaire de police, est venu m'avertir qu'il venait de le recevoir, et que dans trois heures il l'exécuterait.

Le procès était une éventualité que le général n'avait pas prévue, et sur laquelle il n'avait pu conséquemment réfléchir, ce qui lui était nécessaire pour décider de la conduite à tenir. Dans les menaces de procès, il n'avait jamais vu que des formes d'intimidation ne pouvant être exécutées. Dans son ignorance de la vie civile et politique, il avait la naïveté de croire à la justice.

— Je reçus bien, me disait-il, des avis d'amis non politiques, m'avertissant qu'il se produisait des accusations sérieuses. Je faisais bien sincèrement et bien minutieusement mon examen de conscience, et je ne voyais rien qu'on pût me reprocher, et je ne croyais pas, par conséquent, qu'on pût me condamner.

Il avait voulu être encore moins surpris que pris ; il avait voulu avoir toute latitude pour réfléchir et faire cet examen de conscience. En partant pour Bruxelles, il n'avait songé qu'à se mettre momentanément à l'abri d'une arrestation préventive, afin de prendre une détermination. En général qu'il était, il croyait simplement opérer une retraite pour réorganiser ses forces, concevoir un plan et reprendre l'offensive. Il ne savait pas qu'en politique, de telles retraites peuvent être des déroutes.

Un seul homme aurait pu le retenir, en lui démontrant tout le danger d'un départ qui serait considéré comme une fuite, et que le danger était d'autant moins grand qu'on y tenait tête ; en lui conseillant de chercher un refuge dans un quartier populaire, où il serait gardé par la foule, et où son arrestation ne pourrait s'opérer sans une lutte que le gouvernement n'oserait provoquer, et enfin en lui déclarant que, s'il partait, lui resterait et prendrait pour juge le public. Je suis bien sûr que le général n'aurait pas hésité.

Mais le seul homme qui, connaissant l'intention, pouvait empêcher qu'elle s'exécutât, fut justement celui qui partit en compagnie du général pour Bruxelles et qui fut, pour cette raison, compris dans les poursuites et proscrit comme lui.

« LA FÊTE »

Dès que ce départ fut connu, M. Thiébaud écrivit au général une lettre livrée aussitôt à la publicité (pour laquelle elle était d'ailleurs faite), et qui, sous forme de conseil, lui reprochait d'abandonner le peuple pour « faire la fête ».

Triste fête que celle qui, commençant par ce voyage précipité, en de telles circonstances, devait s'achever au cimetière d'Ixelles !

Dès que je le pus, j'écrivis au général, moins pour lui reprocher son départ que pour lui faire connaître l'effet qu'il avait produit, et lui en prédire les conséquences, lui disant qu'il ne rentrerait plus en France qu'au bout de cinq ou huit ans, et peut-être jamais.

La prédiction ne s'est que trop réalisée.

Les restes de ce qui fut le général Boulanger pourront être inhumés dans une terre française ; le ministre de la guerre qui avait rêvé de rendre à la France ses provinces perdues, ne devait plus jamais revenir.

DEUXIÈME PARTIE
LA DÉFAITE ET LES TRAHISONS

CHAPITRE XI

LA HAUTE COUR

Dès que le général fut à Bruxelles, les membres du Comité, qui depuis lui ont le plus vivement reproché son départ, publièrent une lettre collective par laquelle ils déclaraient que c'était sur leurs instances qu'il était parti. On ne sait donc plus à quel moment ils ont menti, si c'est quand ils prétendaient avoir conseillé le départ ou quand ils l'ont blâmé.

Presque aussitôt, ils se rendirent à Bruxelles, d'où ils rapportèrent une proclamation violente, dont le ton, ne concordant guère avec les circonstances, la rendait aussi maladroite que ridicule. Le gouvernement français en prit prétexte pour présenter des observations au gouvernement belge. Celui-ci fit officieusement et courtoisement avertir le général Boulanger, en l'invitant à quitter le territoire, afin de n'avoir pas à prendre contre lui un arrêté d'expulsion.

Le général, M. Henri Rochefort et M. Dillon, qui les avait rejoints, durent donc aller chercher un asile à Londres, escortés de journalistes, au premier rang desquels, dans les photographies de l'embarquement, on trouve l'« enfant de chœur », M. Mermeix.

Le général étant parti, il fallait l'empêcher de rentrer, ce qu'il aurait pu faire d'un moment à l'autre. Dans ce but, on le déféra en hâte à la Haute-Cour, sous la prévention de complot contre la sûreté de l'Etat, en agrémentant cette prévention principale d'accusations subsidiaires d'irrégularités, sinon de détournements, et d'emploi des fonds de l'Etat, afin de porter atteinte à sa popularité, à sa considération et à sa réputation, pourtant justifiée, de probité militaire.

Comme il ne pouvait avoir ourdi un complot à lui seul, on lui donna pour coaccusé et prétendu complice, M. Henri Rochefort, qui avait, paraît-il, conspiré secrètement en publiant des articles tirés à 200,000 exemplaires, et en leur adjoignant l'infortuné M. Dillon qui n'avait jamais songé qu'à faire une affaire, ayant bien plus conspiré contre le boulangisme que pour lui, et contre lequel on ne pouvait invoquer, du moins au point de vue politique, un seul délit relevant simplement d'un tribunal correctionnel.

Jamais plus odieuse et plus lamentable comédie juridique ne fut jouée.

L'un de ses instigateurs, M. Clémenceau, l'a lui même qualifiée effrontément à la tribune, lors de l'interpellation sur la représentation de *Thermidor*, en disant, s'adressant à son collègue et collaborateur M. Reinach :

« Ah! vous n'êtes pas pour le tribunal révolutionnaire, monsieur Reinach! Mais vous avez la mémoire courte. Il n'y a pas longtemps, nous en avons fait un ensemble, un tribunal révolutionnaire, et le pire de tous. Nous avons livré des hommes politiques à des hommes politiques, et la condamnation était assurée d'avance.

»... Oui, un jour néfaste est venu où nous avons eu peur pour la République et pour la patrie : nous pouvons le dire, c'est notre excuse. Souvenez-vous qu'en ce jour, où les dangers assurément n'étaient pas comparables à ceux de l'époque révolutionnaire, nous avons entendu dans cette enceinte une voix partie de ces bancs qui s'est écriée : « En politique, il n'y a pas de justice ! »

Après cet aveu fait en de tels termes, par l'un des deux députés qui, ayant peur, (ce qui est, dit-il, leur excuse), provoquèrent la formation du tribunal d'exception pour livrer le général Boulanger à ses ennemis, alors que la condamnation était « assurée d'avance », tout commentaire en affaiblirait la portée.

LA CAUTION DE M. MERMEIX

A défaut de preuves pour donner une apparence au moins de légitimité à la condamnation « assurée d'avance », comme l'a dit M. Clémenceau, qui en savait quelque chose, on inventa trois ou quatre témoins véreux, dont l'un, Buret, avait subi plusieurs condamnations pour escroqueries.

L'instruction avait été faite naturellement dans le plus grand secret, alors que, s'il y avait eu complot, il y aurait eu à ouvrir une large enquête.

Le dossier fut imprimé en un volume, pour être distribué aux sénateurs, mais avec des précautions minutieuses, pour éviter toute indiscrétion. Pourtant, un de ces volumes, dont le nombre était compté, disparut, et fut apporté à la *Cocarde*.

M. Mermeix, qui était devenu rédacteur en chef de

ce journal, avec M. Le Hérissé pour directeur, après une faillite — et auquel je n'appartenais plus depuis longtemps, soit dit en passant, — crut rendre de l'intérêt à sa feuille sans clientèle en publiant les pièces de ce dossier.

C'était déclarer publiquement sa complicité dans la soustraction des volumes, laquelle était attestée, d'ailleurs, par une dépêche *en clair* adressée au général Boulanger, à Jersey, signée MERMEIX, et ainsi conçue :

« Avons acheté dossier Haute-Cour. »

M. Mermeix fut arrêté pour complicité de détournement. Quoiqu'il injuriât presque chaque jour ses confrères de la presse républicaine, ceux-ci intervinrent pour demander son élargissement, qui fut accordé sous caution. Mais il fallut la caution fixée à 2,000 francs. C'est naturellement au général qu'on s'adressa. Il les envoya, et l'on oublia totalement de les lui restituer. Quelques mois après, celui qui venait d'être ainsi tiré d'embarras, entreprenait la publication des *Coulisses du Boulangisme,* pour reprocher au général d'avoir reçu de l'argent des monarchistes.

Quand les lignes qui précèdent ont paru dans le *Matin,* M. Mermeix a adressé à ce journal une lettre rectificative, prétendant que ce n'était pas le général qui avait fourni cette caution, mais bien M. Le Hérissé, son ancien patron à la *Cocarde,* et il produisit une lettre de ce dernier déclarant avoir versé la somme en question.

On trouvera plus loin une lettre du général à ce sujet. Il est bien certain que ce n'est pas le général qui a adressé au greffe les 2,000 francs destinés à la caution de M. Mermeix. Il les a adressés à la *Cocarde.* Il se peut bien que ce soit M. Le Hérissé qui les ait portés au greffe, comme il a payé tant bien que mal le prix d'acquisition de la *Cocarde* pour lequel il avait reçu 70,000 francs de M. Dillon.

Le général m'a raconté, et je ne suis pas le seul auquel il a fait ce récit, que M. Le Hérissé avait donné une fête en son honneur dans sa propriété d'Ille-et-Vilaine. Les membres du Comité y étaient invités. Le dîner avait été suivi d'un feu d'artifice, tiré dans le jardin. Le général admirait, et comme M. Dillon se trouvait près de lui, il lui dit : — Le Hérissé fait vraiment bien les choses.

— Oui, avec notre argent, répliqua M. Dillon.

— En effet, ajoutait le général, en manière de conclusion. Le Hérissé se fit, avant notre départ, rembourser tous les frais de la fête.

Mais, c'est lui qui avait payé l'artifice comme il a versé la caution de M. Mermeix.

SCISSION DANS LE COMITÉ

Je n'ai pas à revenir autrement sur ce procès de la Haute-Cour, qui ne fut, de l'aveu même de ses instigateurs, qu'une manœuvre politique que ceux qui l'ont prise n'oseraient essayer de justifier et qu'ils expliquent par la peur qu'ils avaient.

On ne songeait qu'à se débarrasser d'un homme paraissant dangereux à raison de sa popularité en essayant si on le pouvait, de le déconsidérer. On avait même recueilli dans ce but des billets d'une intimité spéciale, dont le style à la fois de collégien et de caserne, était certes fait pour effaroucher la pudibonderie des députés et sénateurs, fréquentant assidûment les coulisses et le corps de ballet, mais qui aurait prouvé que le sous-lieutenant de Turbigo était un homme, comme les hussards d'Augereau et comme Henri IV, et non pas qu'il conspirait contre la sûreté de l'État ou contre la République.

Le procès n'obtint que l'un des deux résultats qu'on en attendait : celui d'empêcher le général condamné de rentrer en France.

Pour le reste, sa popularité, diminuée par la conduite de ce qu'on appelait si justement « la bande », restait encore très grande et n'était pas atteinte par le verdict de la Haute-Cour.

Quant à Henri Rochefort, s'il ne pouvait plus habiter Paris, ses articles y étaient publiés, le lendemain comme la veille de la condamnation, et il n'en était que plus à l'aise pour attaquer accusateurs et juges.

Mais l'absence du général eut pour conséquence d'accroître les prétentions du Comité dit national, de laisser le champ libre à ses intrigues et de fournir des prétextes presque légitimes à une entente avec la Droite.

Cette entente, insupportable à une foule de républicains, amena une scission dans l'état-major boulangiste, qui se sépara en deux camps, l'un hostile aux monarchistes, l'autre poursuivant leur alliance.

Dans le premier étaient MM. Turquet, Turigny, Vacher, Vergoin, Michelin, Susini, Planteau.

Dans le second se trouvaient les hommes les plus influents du Comité, MM. Laguerre, Naquet, Déroulède, Laisant, Le Hérissé, et, naturellement, M. Dillon.

M. Constans favorisa cette scission par les moyens dont il disposait et les relations qu'il avait dans le camp boulangiste. C'était encore un service qu'il rendait au boulangisme, involontairement sans doute, car en dégageant ce parti des alliances et compromissions réactionnaires, si on pouvait faire perdre à ses candidats des appoints de suffrages, on lui rendait du moins les sympathies démocratiques.

Mais les dissidents préoccupés avant tout de leurs chances électorales, et quelques-uns aspirant à voir se rouvrir pour eux la caisse, revinrent au Comité, y compris M. Martineau qui remit sa défection à une époque ultérieure... c'est-à-dire après son élection.

CHAPITRE XII

LA QUESTION D'ARGENT

L'Exposition du centenaire s'était ouverte, et pour le public, faisait diversion et trêve à la politique.

Pendant que la foule courait aux spectacles des fontaines lumineuses et de la rue du Caire, le Comité national et celui de la Droite se préoccupaient des prochaines élections législatives.

M. Naquet, qui, lors des poursuites, s'était caché, déguisé en vieille femme, m'a-t-on assuré, était venu s'installer à Londres, dans une rue voisine de Portland-Place, où habitait le général; et là, il se livrait en chimiste expert à l'élaboration d'une savante combinaison de liste électorale, dans laquelle entraient les éléments les plus variés, et qui aurait pu s'appeler du boulangeo-républicate d'orléanisme cléricalisé. Le discours de Tours était la mixture propre à relier ces éléments dans une stabilité temporaire.

Malgré les événements accomplis et la sensible décroissance que, pour tout observateur sérieux, le boulangisme avait subie, les monarchistes, avec une étonnante candeur dans la rouerie, s'imaginaient qu'il leur suffirait, pour n'être pas reconnus et pour obtenir la majorité, de s'affubler d'un faux-nez boulangiste. Beaucoup même auraient fait, au besoin, une déclaration républicaine, n'en étant pas à une déclaration près.

Mais pour mener cette campagne (ou cette mascarade), il fallait des ressources. La caisse de M. Dillon était vide. Il fournissait l'attirail, les comparses, les allumeurs, la publicité; mais il fallait qu'on lui fournît des fonds. Il dût s'entendre à cet égard avec MM. Arthur Meyer, de Mackau et de Breteuil. Quelle fut l'entente? Je l'ignore, parce que le général l'ignorait et qu'il n'a pu me renseigner à cet égard.

Si je le savais, je le dirais avec la même sincérité que le reste. Comme on le verra par sa correspondance, il n'ignorait pas qu'une personne, qu'il est inutile de nommer, jouissant d'une fortune considérable, faisait des sacrifices auxquels le général était en quelque sorte habitué, après les dons qui lui avaient été adressés par les donateurs, parfois anonymes, dont j'ai déjà parlé.

C'est entre M. Dillon et M. Arthur Meyer, représentant de cette personne, que se passaient les arrangements relatifs à ces sacrifices, dont le général ne connaissait pas exactement le montant, ne pouvant le calculer par les dépenses faites, parce qu'une partie de celles-ci lui étaient dissimulées. Mais ce qu'il en savait pouvait le renseigner sur la voracité besoigneuse de son entourage [1].

[1]. Dans son interview du *XIXᵉ Siècle*, 9 septembre, madame la duchesse d'Uzès a déclaré avoir remis l'argent à des intermédiaires, jamais au général, si ce n'est une seule fois pour acheter « quelqu'un »; et que ce « quelqu'un » a été acheté « pas cher » pour les grands services qu'il a rendus.

Ne voyant pas que quelqu'un ait rendu de grands services, je ne sais à qui il est fait allusion, à moins que ce ne soit à l'un des policiers qui travaillaient à la fois pour le boulangisme et pour l'administration, récompensés par l'une et par l'autre et les trahissant tous deux.

La plupart des membres du Comité, à qui ne suffisaient pas leurs traitements de députés, recevaient des appointements mensuels, sans parler, bien entendu, des libéralités qu'ils sollicitaient de l'amitié, ou qui devaient payer des services considérés comme des extra. Et ces services n'étaient pas toujours commandés, il s'en faut, par le général.

J'aurai d'ailleurs à revenir sur ce sujet, pour montrer combien fut exploitée la crédule bonté de cet homme, qui, en matière de spéculations et de rouerics mercantiles, était resté un soldat.

ILLUSIONS DE PROSCRIT

J'avais continué à écrire au général, mais toujours avec plus de tristesse.

Ayant entretenu sous l'Empire des relations épistolaires avec des proscrits, j'avais appris combien ces derniers perdent vite à l'étranger la notion exacte des choses qu'ils ne peuvent plus ressaisir, et quelles illusions ils se font, vivant dans leur rêve, et ne pouvant toucher la réalité.

Il était à craindre que le général, déjà si peu préparé aux intrigues politiques, entouré uniquement désormais de courtisans intéressés et d'intrigants, n'étant plus instruit, retenu par le contact constant avec les citoyens, bien légitimement irrité contre des proscripteurs dont il avait à se venger, ne cherchât sa revanche dans des moyens qui ne feraient que rendre la défaite irrémédiable.

Quelles lettres je lui ai écrites! Et qu'il fallait qu'il eût d'indulgence, de patience et d'amitié pour ne pas m'envoyer à tous les diables! Il ne se plaignit qu'une fois, parce que le porteur, au lieu de transmettre discrètement l'épître, l'avait lue, et avait cru bon d'y joindre ses commentaires.

Je me lassais pourtant, je l'avoue, de ce rôle de Jérémie inutile, quand M. Saint-Martin m'informa, vers le mois de juillet, que le général voulait me voir. Pour être sûr que je viendrais, il me faisait offrir les frais du voyage, qui devaient m'être remis le lendemain au siège du Comité, transporté alors rue Turbigo.

J'y allai donc.

Le local était plus que modeste. Quelques chaises de paille attendaient les visiteurs absents. Les belles cravates avaient disparu. Deux ou trois agents subalternes formaient toute la foule. Quelle différence avec la rue de Sèze ! Les choses ont leur éloquence. La rue de Sèze donnait le spectacle des appétits du succès, la rue de Turbigo celui de l'abandon des défaites.

UN VOYAGE A LONDRES

J'arrivai seul à Londres, un dimanche matin, un jour de courses à Ascott, paraît-il, sans avoir avisé personne, et inexactement renseigné sur la maison qu'habitait le général, mais ayant l'adresse de M. Naquet. N'ayant pu découvrir l'habitation du premier dans Portland, je me décidai à aller me renseigner chez le second. Encore couché, celui-ci me fit prier de revenir, et donner par sa bonne française, aimant à voir des Français, des renseignements sur la demeure du général, qui était au coin de la rue. Je m'y rendis aussitôt.

Je le trouvai installé dans une maison louée certainement toute meublée à un Anglais — ce qui se devinait à son confortable du mauvais goût le plus bourgeois. Il faut que M. Naquet, qui pourtant a dîné chez M. de Breteuil et dans quelques maisons aristocratiques, en compagnie de M. Laguerre, ait bien peu de notions de luxe, pour avoir osé plus tard parler du « luxe princier » des habitations du général.

Je revois toujours trois portraits photographiés, de dimensions énormes, plus grands que nature, représentant sans doute le propriétaire du lieu et ses deux fils, qui étaient bien ce qu'on pouvait voir de plus laid au monde. Les meubles emportés de Paris, consistant surtout en sièges, étaient accumulés dans une pièce, qu'ils remplissaient si bien que, dans son incessante promenade de fauve en cage, le général était forcé de faire toutes sortes de détours pour ne pas s'y heurter.

Il me reprocha amicalement de ne pas l'avoir averti de mon arrivée, parce qu'il avait accepté une invitation pour aller aux courses, ce qui, pour les Anglais, est une affaire des plus sérieuses, presque un culte, et qu'il ne pourrait ce jour-là me garder et me donner plus d'une heure.

UN GÉNÉRAL SANS ARMÉE

On se mit à causer. Je le trouvai indécis, voulant avoir plus confiance qu'il ne l'avait en réalité, et, pour me servir de l'une de ses expressions, dans l'état d'un général qui ne voit plus le champ de bataille et ne tient plus les troupes dans sa main.

On reparla de la chute du ministère Floquet, amenée par ses amis, et il avoua avec regret que c'était une faute. Lui rappelant que j'avais prévu l'arrivée au pouvoir de M. Constans, en l'avertissant qu'il pourrait être un adversaire redoutable, j'en fis le portrait, disant qu'avec lui on aurait pu pourtant, sinon s'entendre, du moins avoir l'apaisement; et je lui dis :

— Vous ne connaissiez donc pas M. Constans ?

— Mais si, me répondit-il d'un air un peu humilié. Je le connaissais si bien, que c'est lui qui, le premier, a songé à m'appeler au ministère de la guerre, et que c'est parce qu'il m'avait désigné que j'y suis venu. C'est même par moi qu'il a connu cette canaille de Buret, que j'avais eu occasion de rencontrer en Tunisie, et que je lui avais envoyé pour le remercier.

— Comment ! m'écriai-je, vous connaissiez à ce point M. Constans, et vous êtes parti en guerre contre lui, ou vous y avez laissé partir, quand vous pouviez lui procurer le facile honneur d'une suspension d'armes qui vous aurait permis d'attendre tranquillement le moment des élections ?

— Que voulez-vous ? répliqua le général, gêné par l'observation ; on ne peut pourtant pas se laisser donner un coup de poing sans le rendre.

— Si. En politique, il faut n'avoir pas de ces emportements. Il faut tuer son ennemi d'un coup ou ne rien faire, et ne pas le menacer ni l'injurier. D'ailleurs, ce n'était pas à vous que s'adressait le coup de poing, si coup de poing il y a, mais à M. Déroulède et à sa Ligue. La riposte de M. Laguerre n'a pas fait grand mal à M. Constans, mais elle vous a valu la condamnation de la Haute-Cour. Je ne comprends vraiment pas qu'on entreprenne cette guerre au couteau, quand l'adversaire tient la lame et que l'on n'a que le manche.

— Vous avez raison, répondit le général. Mais ce qui est fait est fait. Les récriminations n'y peuvent rien changer. N'en parlons plus.

Tout en causant, il était allé vers la fenêtre, ayant perçu un bruit qu'il reconnaissait. Comme machinalement, il souleva le rideau et m'appela :

— Venez voir les beaux hommes !

Un escadron de *horse guard* passait, revenant du

palais de la reine, superbes dans leur habit rouge vif, leur haute taille, grandis encore par leur casque d'acier poli, droits sur leurs grands chevaux. Quoiqu'il les vît tous les jours à la même heure, il les contemplait gravement dans une admiration muette, et ne reprit la causerie que lorsqu'ils furent passés.

Il me parla alors de la scission qui s'était produite parmi les membres du Comité et que M. Constans travaillait à entretenir, en s'ingéniant à faire grouper les dissidents dans un nouveau comité ou un journal.

— Il faut laisser faire, lui dis-je. Et je lui expliquai que les dissidents invoquaient et invoqueraient des prétextes, sincères ou non, de républicanisme qu'il fallait respecter; qu'il serait à souhaiter même que le boulangisme ne fût qu'une variété d'opinion républicaine, et la plus réformatrice; que le plus grand service qu'on lui pût rendre était de le faire tel, et que s'il plaisait à M. Constans de faire entreprendre cette campagne et d'en payer les frais, il n'y avait qu'à en profiter.

Quoiqu'il n'eût pas de raisons à m'opposer, le général ne pouvait consentir à admettre cette espèce de duplicité. Son honnêteté militaire et sentimentale s'y refusait; ce n'était pas un politicien.

On peut juger par là ce qu'il y a de vrai dans les intrigues qu'on lui a prêtées et qui étaient le fait de ses calomniateurs mêmes.

Il ne restait plus que peu de temps pour la causerie ce jour-là. Je dus rapidement lui faire part de mes appréhensions en lui indiquant les principales causes, qui étaient les attitudes ridiculement et grossièrement tapageuses des boulangistes outranciers et l'espèce de protection de plus en plus compromettante des députés et journaux de la Droite.

— Il faut que nous causions de cela longuement, me dit-il. Venez demain à deux heures. Je tiens à ce que

Dillon soit là, il doit venir ; je vais le faire prévenir pour qu'il ne manque pas.

M. NAQUET

En quittant le général j'allai chez M. Naquet, que je trouvai en famille, et qui, lui aussi devait se rendre aux courses d'Ascott.

Je ne savais encore exactement quel rôle il jouait, ne pouvant juger s'il agissait inconsciemment, pourrait-on dire, en vertu des penchants de sa race, ou s'il poursuivait un plan prémédité ; j'étais plus disposé, alors comme aujourd'hui encore, à admettre la première hypothèse que la seconde.

M. Naquet n'a pas de conception personnelle, et conséquemment pas de conviction. Ses opinions sont celles que lui inspirent les circonstances, et qui ont pour objectif le succès. Il se persuade lui-même de leur valeur par ses sophismes, à l'aide desquels il essaie de persuader les autres, si bien qu'il est dans une certaine mesure de bonne foi dans son pharisaïsme.

Étranger à nos sentimentalités latines ou germaniques, il n'en tient aucun compte, et s'imagine que les convictions ne sont que des arguments qui s'arrangent, avec de la patience et de l'habileté, comme les éléments d'une combinaison chimique. D'ailleurs studieux et laborieux, doué de faculté d'assimilation, il avait l'âpre envie de parvenir au pouvoir, non pour l'exercice du pouvoir même, mais pour ses avantages, ce qui explique combien il avait éprouvé de fière satisfaction à être admis avec déférence dans des salons et à des tables aristocratiques.

Nous nous connaissions depuis longtemps, quoique nos relations eussent été très intermittentes ; et j'aurai à en raconter au moins un incident, si jamais j'écris des *Mémoires* complets de trente ans de vie politique.

Il me demanda quelle impression j'apportais de France; je le lui dis; et il trouva que, ayant raison dans mon mécontentement, j'exagérais les difficultés de la situation.

Il comptait que trois cents boulangistes entreraient à la Chambre aux élections prochaines. Il préparait les listes de candidatures avec soin pour en assurer le succès; mais il dut avouer que, pour plus de deux cents circonscriptions, il manquait de candidats et qu'il faudrait bien prendre ou laisser passer des candidats de l'opposition réactionnaire.

Comme je me plaignais vivement du langage, de l'attitude et de la conduite des députés boulangistes, sur lesquels je supposais qu'il pouvait avoir une action, et qui, comme M. Le Hérissé se compromettaient ouvertement avec la Droite, il s'exclama :

— Mais il faut dire tout cela au général.

— Je suis venu ici tout exprès pour le lui dire.

Seulement il ne servirait à rien que je dise, si l'on n'écoutait pas. J'informai M. Naquet que l'entretien du lendemain ne serait pas confidentiel, puisque M. Dillon devait y assister, et que je ne serais pas fâché que lui, vice-président du Comité, fût présent afin que la conduite à tenir pût être précisée et exécutée sans qu'il y eût désormais d'équivoque.

M. Naquet était visiblement gêné par cette proposition. Il s'en défendit avec humilité et invoquant des scrupules de discrétion.

J'insistai en lui disant :

— Venez, comme par hasard; j'y serai; c'est moi qui vous retiendrai et qui vous demanderai votre avis.

Je ne pus jamais le décider.

Le lendemain, j'allai chez le général à l'heure convenue. M. Dillon n'y vint pas. L'entretien fut donc tout intime, et le général me laissa parler, écoutant en homme las d'une trop longue lutte indécise, et qui fait d'amères réflexions. Pourtant, en nous quittant, il me dit :

— Envoyez-moi des notes comme autrefois, c'est clair, c'est net; je comprends et je mets cela dans ma tête.

Quelques jours après mon retour, je reçus une lettre de M. Naquet, disant que je voyais les choses trop en noir. J'y répondis par la lettre suivante qui prouve tout au moins que ce ne sont pas les avertissements qui ont manqué à ceux qui ont prétendu n'avoir rien vu, et que je n'imagine pas aujourd'hui des opinions ou sentiments que je n'aurais pas eus alors.

Paris, août 1889.

Cher Monsieur Naquet,

Tout récemment vous m'écriviez que j'assombrissais le tableau. Je suppose que vous commencez à vous apercevoir que je ne l'assombrissais pas assez en prévoyant pour le lendemain des élections une dissolution du boulangisme qui déjà s'effectue avec une effrayante rapidité.

Il en est parmi vous qui se sont imaginés que le boulangisme était une idolâtrie avec laquelle on pouvait tout se permettre et qu'on pouvait donner M. de Cassagnac pour porte-drapeau à des républicains qui reprochent à M. Clémenceau d'avoir failli à son radicalisme. Il fallait que ceux-là fussent fous.

Il est parmi vos collègues certains que je ne connais pas qui sont de bien grands coupables. Ils ont perdu une des plus étonnantes fortunes que l'histoire ait connues et amené ce malheureux général qui semblait avoir une si belle destinée et un si beau rôle à un exil qui pourrait bien n'être pas près de finir.

Le boulangisme n'avait de chance qu'à la condition d'être une forme nouvelle de la Démocratie et de la République. Il n'a pu être cela. Après avoir inspiré un moment confiance à tout le monde, il inspire maintenant à tout le monde une égale méfiance, justifiée par le langage et les procédés des agitateurs boulangistes qui ont su se rendre insupportables même aux premiers, aux plus sincères et plus ardents adhérents du boulangisme.

Vos collègues et peut-être vous-même vous avez cru que le peuple français était un troupeau d'imbéciles prêts à perdre la raison, à oublier ses convictions et ses intérêts en voyant un portrait de militaire, comme si nous étions une nation de pédérastes. Vous avez eu le tort de croire que les citoyens étaient si bêtes qu'il n'y avait pas à se gêner avec eux, qu'ils allaient prendre MM. Arthur Meyer, Cassagnac et Dugué de la Fauconnerie pour les modèles des républicains « honnêtes, » qu'ils allaient renoncer à toutes leurs revendications pour avoir le bonheur de porter en triomphe le sac révisionniste où l'on avait fourré le chat réactionnaire sans qu'ils demandassent à voir ce qu'il y avait dedans. C'est là un genre d'injure que la Démocratie ne pardonne pas.

Alors qu'un parti nouveau doit être indulgent, tolérant, charitable, le boulangisme s'est fait provocateur, insulteur, proscripteur en expectative, exclusif et avide, compromettant les gens en les abandonnant ensuite, en s'imaginant qu'ils seraient trop heureux d'être sacrifiés aux fantaisies de rastaquouères improvisés personnages politiques et aux prétentions d'un état-major de courtisans. Tout cela devait avoir une fin. La fin vient avant l'avénement.

Je n'ai pas de responsabilité dans l'aventure puisque j'ai toujours donné des avis différents des vôtres et de ceux qui ont été suivis et puisque je n'ai rien à renier près des républicains et des socialistes de ce que j'ai écrit publiquement ou confidentiellement. Mais vous, mon cher Naquet, qui, à raison de votre situation, portez une part de responsabilité dans cette entreprise et dans sa ruine, votre vie politique est finie si vous ne parvenez pas à faire cesser toutes les illusions et toutes les équivoques, à rompre avec la politique qui produit de tels résultats.

Que vos collègues, politiciens de province, dissidents du radicalisme dans lequel ils n'ont pu se faire une célébrité et auxquels se sont joints quelques intrigants et quelques toqués aient pu croire qu'ils allaient escamoter le pouvoir comme une muscade, en exploitant une popularité à laquelle ils n'ont rien su comprendre, il n'y a pas à s'en étonner, quand on sait qu'il n'y a rien de plus bête qu'un député.

Mais vous qui avez vingt ans de vie politique, qui devez connaître les choses parlementaires et leur vanité, qui avez vu tant d'événements et pu suivre le développement de l'opinion démocratique en France, comment avez-vous pu croire que la bourgeoisie et les masses populaires, pour les deux tiers républicains autant par intérêt que par idée, allaient se livrer d'enthousiasme aux réactionnaires du 16 mai, objets de la haine et du mépris du pays?

Comment n'avez-vous pas compris que la Démocratie jalouse n'acclamait le général que parce qu'elle voyait en lui l'instrument de sa vindicte et de ses volontés, mais qu'elle l'abandonnerait et le lapiderait même dès qu'il deviendrait l'instrument de domination de ses ennemis? Comment un homme de science tel que vous, qui devez savoir qu'il n'y a pas un fait dans le domaine historique aussi bien que dans le domaine scientifique qui ne soit dominé par la logique implacable de lois rigoureuses, avez-vous pu croire aux miracles de l'absurde et du hasard?

L'heure est grave, on peut dire décisive. La partie est perdue comme les faits vous en convaincront avant peu. J'ai fait près de vous le suprême effort. Vous écouterez ou vous n'écouterez pas le vieux pilote qui a déjà vu tant de naufrages et qui vous avertit que vous allez au gouffre. »

Il serait intéressant de joindre à cette lettre la réponse qu'y fit M. Naquet. Mais M. Naquet n'y a pas répondu.

CHAPITRE XIII

CONSEILS INUTILES

Je repris comme autrefois l'envoi des notes que le général m'avait demandées, confiées à des courriers sûrs. Pourtant l'une d'elles fut portée chez M. Dillon qui était un modèle d'inexactitude et dont les bureaux étaient un modèle de désordre. Elle a été publiée dans un volume diffamatoire édité par la maison Savine, à mon insu, je n'ai pas besoin de le dire, ainsi qu'une lettre adressée à un député boulangiste qui, lui, l'avait reçue puisque j'ai sa réponse. Cette lettre avait été vendue quinze francs, m'a-t-on assuré. Pour compléter le renseignement, je dois dire que le destinataire était M. Laisant.

Les notes semblables à celle qui a été par hasard publiée auraient bien formé trois volumes si elles avaient été réunies; elles contenaient outre les appréciations et conseils le récit des incidents quotidiens. Il en est dont je regrette la destruction telle que celle contenant le récit du banquet de la salle Wagram décorée de drapeaux français et russes, embellie par la présence de dames parmi lesquelles se distinguait la séduisante Marie Queue-de-Vache, et où M. Déroulade monté sur la table, emporté par l'ardeur oratoire, renversait les bouteilles et marchait dans les plats.

On ne manquera pas de se demander comment en recevant ces notes, le général n'en tenait pas compte. On se l'expliquera si l'on songe que leur auteur était un artiste, journaliste par occasion, sans réputation et sans titre, seul à tenir ce langage, alors que des députés plus ou moins renommés ou populaires et des directeurs de journaux importants en tenaient un tout contraire. Avec le doute inspiré par le bon sens, le général disait à ce moment à quelqu'un cette phrase qu'il m'a répétée depuis à moi-même.

— Je ne puis pourtant croire que Denis a raison contre tout le monde.

Tout autre homme dans sa situation aurait pensé de même.

Mais si MM. Henri Rochefort, Laguerre, Naquet, Laisant et les autres lui avaient parlé ainsi, comme il les aurait écoutés! Et ce qui le prouve c'est l'étroite intimité, qui, depuis, nous a unis.

Le conseil que je donnais alors au général était de se désintéresser absolument sinon des élections, du moins de toutes les candidatures, de ne mettre ce qu'il lui restait de popularité au service de personne, et d'ordonner au Comité de cesser toute agitation irritante, même de se séparer afin de ne pas provoquer les adversaires à prendre des mesures de prévoyance électorale.

En laissant la démocratie boulangiste libre de son initiative, je supposais qu'on trouverait dans les urnes des suffrages au nom de Boulanger en quantité assez considérable non pas pour lui donner le pouvoir mais pour faire cesser la proscription.

Il est inutile de dire que le conseil ne pouvait être du goût de l'état-major formé de députés et de candidats qui auraient perdu en cette affaire les subventions et des voix. Ils n'eurent pas d'ailleurs à faire de résistance. Le général gardait pour lui seul les conseils que je pouvais donner et ne proposait rien au Comité, lui laissant l'initiative et la direction d'une action dont il portait pourtant la responsabilité. Plus que personne, si militaire qu'il fût, il justifia le mot fameux : « J'étais leur chef, il fallait bien que je les suive ». C'est même pour qu'il le suivît que l'état-major l'avait pris pour « chef ».

LE PETIT PLÉBISCITE

Le général fit-il quelque ouverture plus ou moins précise à quelques-uns des membres du Comité pour connaître leur avis au sujet de la conduite que je conseillais? Je ne sais. Ce qui est certain, c'est que ce Comité eut l'idée colossalement saugrenue de prétendre transformer en « petit plébiscite » les élections pour le renouvellement des conseils généraux qui se trouvaient avoir lieu. C'était bien le moyen le plus infaillible d'empêcher une manifestation électorale de se produire spontanément en faveur du proscrit et de provoquer la majorité parlementaire à prendre des mesures efficaces contre leur tentative plébiscitaire.

Le résultat de cette entreprise fut un lamentable échec que les directeurs du Comité expliquèrent par les raisons qui auraient dû les détourner d'entreprendre ce « petit plébiscite », ayant été assez fous pour y songer.

En effet la majorité parlementaire pour se défendre contre une organisation électorale à l'existence de laquelle elle croyait, rétablit le scrutin d'arrondissement, d'ailleurs favorable aux réactionnaires, et, sur la proposition de M. Sigismond Lacroix, elle vota la loi sur les candidatures multiples rétablissant la disposition des lois impériales sur la déclaration préalable des candidats.

LES CANDIDATS

Les élections législatives approchaient.

La meute des candidats était en mouvement. La fameuse liste de M. Naquet, qu'il avait mis tant de mois à préparer, n'existait pas. Le dossier électoral, classé par départements était à peu près vide. Les compétitions se manifestaient. Le général ne demandait qu'une chose, c'était que les candidats fissent une déclaration républicaine et il laissait au Comité le soin de faire les choix.

Celui-ci était entré en relation officielle avec le Comité de la Droite, afin de supputer en commun les chances de chacun des candidats. Naturellement c'étaient pour la plupart les candidats du dernier qui se trouvaient avoir le plus de chances.

Une circomscription de Paris, celle de Clignancourt avait donné au général une majorité considérable dans l'élection du 27 janvier. Les membres du Comité s'attribuaient naturellement les circonscriptions où ils paraissaient avoir des avantages personnels, et qui, en même temps, s'étaient montrées favorables au boulangisme. Mais celle de Clignancourt était particulièrement convoitée, parce qu'il semblait que l'élection du candidat boulangiste, quel qu'il fût, y était sûre.

On sait que dans la Cène, Jésus dit cette parole tristement prophétique : « Celui qui mettra la main à ce plat avec moi est celui qui me trahira. »

La circonscription de Clignancourt était le plat électoral réservé au général Boulanger, auquel d'autres depuis ont prétendu. Personne des membres du Comité n'osait donc s'y présenter. Il y eut quelqu'un pourtant qui le tenta : ce quelqu'un est M. Mermeix.

Dans l'une de mes notes au général, — celle qui fut soustraite et publiée, je racontais le fait en ces termes :

Dans une récente réunion du Comité révisioniste républicain socialiste du XVIII°, la formation des deux camps apparaissait d'une manière bien curieuse.

M. Mermeix, qui avait donné à dîner à sept ou huit membres qu'il croit les plus influents, se présentait avec eux en toilette de dîner, l'œillet rouge à la boutonnière, le cigare aux dents, assisté de deux ou trois collaborateurs et entouré de huit ou dix membres nouveaux, la plupart de la Ligue, qu'on avait fait inscrire pour la circonstance.

Tous étaient ensemble, tandis que les socialistes, de condition laborieuse et modeste, se groupaient tous à gauche. Il y avait là deux sociétés, deux mondes, deux camps: le camp des habits et le camp des blouses, comme disait autrefois Blanqui ; le monde du boulevard et le monde du faubourg ; les gens de noce, et les gens du travail ; les premiers parlant, manœuvrant, proposant des motions, les seconds, silencieux, s'abstenant, mais ressentant la jalouse colère des démocrates pour les politiciens.

Quoique la note contenant cet avis eût été soustraite, le général n'en fut pas moins informé et se fâcha. D'ailleurs le Comité de Clignancourt fit à la candidature du futur auteur des *Coulisses du boulangisme*, un accueil qui ne lui permit pas de persister dans ses prétentions, — ce qui lui a fait affirmer sans qu'il mentît, qu'il avait été candidat non à Clignancourt, mais aux Grandes Carrières d'où le délogea son ami

M. Luisant. Il ne fut pas en effet candidat dans la première de ces circonscriptions, parce que le comité de Clignancourt, dont j'étais l'un des membres, repoussa sa candidature.

LES ALLIÉS

Les rapports des préfets et les renseignements de députés et de sénateurs qui parvenaient au ministère de l'intérieur, étaient si défavorables au boulangisme, que M. Constans, dans son scepticisme, n'y voulait pas croire, craignant d'être abusé par le zèle des uns ou les illusions des autres.

Les informations que recueillait le Comité de la Droite étaient, sans doute, semblables; car les réactionnaires commençaient à ne pas se gêner avec leurs alliés électoraux, et montraient même trop, dans leur propre intérêt, que, si l'opposition, suivant l'euphémisme employé, l'emportait, ils seraient la majorité de cette majorité.

J'avais écrit au général que si, par impossible, cette opposition triomphait, les réactionnaires se garderaient bien de lui rouvrir les portes de la France; qu'ils l'inviteraient, pour ne pas créer de complications nouvelles, à se tenir tranquille, et à prendre patience jusqu'au moment où, ayant corrompu les députés boulangistes corruptibles, ils seraient assez maîtres du pouvoir pour n'avoir pas à le craindre.

D'autres informations du même genre lui parvenaient lui apprenant que les prétendus « ralliés » en prenaient à leur aise avec la République et les républicains. C'est alors qu'il résolut de voir le comte de Paris.

Il raconte lui-même, dans une de ses lettres, l'entrevue qui eut lieu dans le salon d'une dame amie, et dans laquelle il se plaignit que les candidats n'observaient pas la clause de déclaration républicaine, et dans laquelle il fut convenu que si l'on avait la majorité, les lois d'exil seraient rapportées [1].

Pauvre général! qui croyait aux déclarations de candidats et aux paroles de prétendants!

Ayant constamment combattu, comme on l'a vu, l'alliance avec les réactionnaires, qu'ils feignissent ou non d'être « ralliés », j'ai le droit de l'expliquer sans prétendre la justifier.

Cette alliance était impardonnable de la part d'hommes politiques ou passant pour tels, connaissant l'histoire, la situation et les opinions des partis, et ne pouvant se faire aucune illusion sur les intentions des alliés. Mais tel n'était pas le cas du général qui, presque toujours absent de France, étranger aux luttes et aux passions politiques, croyait naïvement et sincèrement à la possibilité de réconcilier tous les Français dans un régime de véritable liberté où le peuple serait le juge souverain.

En outre, il avait été injustement et violemment attaqué et proscrit, et dans la lutte électorale qui devait le venger, il croyait, raisonnant en soldat, pouvoir accepter les alliés qui pourraient s'offrir, sans plus manquer à son républicanisme qu'un chef d'armée ne manque au patriotisme en marchant avec des soldats étrangers contre un ennemi commun.

Il est des pays où cette conduite paraît naturelle et légitime. En France où ce qu'on appelle la politique, est quel que soit le parti, faite de prétentions ou convoitises personnelles, d'intérêts de coteries et surtout de rancunes tenant lieu d'idées

---

1. Dans la correspondance se trouve le bref récit de cette entrevue, exactement conforme à celui que madame d'Uzès en a fait dans une interview du XIXe *Siècle*, du 8 septembre 1890.

et prévalant sur les intérêts nationaux, ces sortes d'alliances deviennent des fautes. Pourtant ceux qui ont le plus vivement reproché au général Boulanger d'avoir commis cette faute lui avaient donné l'exemple; les républicains en s'alliant aux monarchistes sous l'Empire, et les collectivistes en s'alliant à ceux qu'ils appelaient la veille avec tant de mépris « les bourgeois » et en venant s'associer dans le club de la rue Cadet à M. Clémenceau qui, quelques années avant, leur avait déclaré au cirque Fernando qu'il ne pouvait y avoir entre eux et lui rien de commun.

Quant à l'entrevue du général Boulanger et du comte de Paris, du moment où les amis ou partisans de l'un et de l'autre opéraient ce qu'on a appelé « la marche parallèle, » elle était aussi naturelle que la rencontre de deux chefs de troupes dont les unes sont étrangères aux autres, opérant contre un même ennemi, à l'effet de veiller à ce que les unes ne tirent pas sur les autres.

La moralité n'a rien à voir dans ces sortes d'affaires. Si je blâmais, comme on l'a vu, cette alliance, ce n'est parce qu'elle était immorale; c'est parce qu'elle ne pouvait rien produire et que, en supposant qu'elle eût pu donner une victoire électorale momentanée, elle n'aurait pu servir à rien fonder puisque les alliés de la veille seraient devenus fatalement des ennemis le lendemain.

COMPLOT ROYALISTE

Pour renseigner le général, j'avais dû me former un service d'informations.

J'appris, par des confidences émanant directement

du personnel employé par les princes, que les monarchistes doutaient de leur succès dans la situation telle qu'elle était faite, et que, pour l'assurer, il faudrait un événement qui soulevât le pays.

Quel pouvait être cet événement? On le devine. Ce ne pouvait être que le retour du général Boulanger. Mais ce retour, qui avait ses avantages, avait aussi ses inconvénients.

La rentrée du général en France pouvait ressusciter le boulangisme et lui rendre toute sa popularité. Les candidats de la liste d'opposition en profiteraient et obtiendraient la majorité. Mais les monarchistes se trouveraient dans cet embarras, d'avoir à réviser le procès de la Haute-Cour, ou à prononcer l'amnistie; et dans ce dernier cas, ils auraient un redoutable rival, étant moins en situation encore que les républicains pour le combattre.

Ces diverses conséquences avaient été examinées par les chefs de la Droite, et elles entraînèrent cette conclusion, qu'il faudrait que le général rentrât, — et qu'il mourût. La rentrée du général devait troubler profondément l'opinion publique, le pays tout entier. Elle ravivait les espoirs des découragés, et ramenait un certain nombre d'électeurs dont le vote est déterminé par les circonstances.

Mais la mort du général était bien autre chose. Elle supprimait tous les embarras, elle faisait disparaître toute crainte de dictature militaire, le dictateur n'étant plus; et l'immense majorité du pays, indignée, n'obéissant qu'à un sentiment spontané, votait comme un seul homme pour la liste d'opposition, qui devenait la liste vengeresse. C'était l'histoire d'Octave se faisant acclamer en montrant les blessures de César.

Pour que le général rentrât, il fallait son consentement. Pour qu'il mourût, c'était autre chose. On croyait pouvoir compter sur la colère des parlementaires républicains qui, surpris, rendus impitoyables par la peur, n'hésiteraient pas à le mettre hors la loi, et à le faire fusiller, s'il était pris dans une bagarre. Et pour qu'il fût pris, il n'y avait qu'à le livrer.

Pour un beau projet, c'était un beau projet.

Il s'agissait de l'exécuter ni trop tôt, ni trop tard, juste à temps pour qu'il produisît tout son effet et que les électeurs n'eussent pas le temps de revenir de leur émotion. Un retour trop brusque eût pu faire échouer la partie la plus importante du projet. Il fallait que les éléments militants ou tapageurs du boulangisme fussent mis en mouvement et tenus dans l'attente de façon à produire la bagarre nécessaire. Il fallait aussi que les adversaires fussent suffisamment avertis et menacés pour être prêts à prendre des mesures extrêmes.

On me raconta alors, et je répète que les informations étaient prises autour d'un comité de la Droite — qu'un yacht appartenant à M. M... devait transporter le général d'Angleterre en France, qu'un asile lui serait donné à proximité de l'Ecole militaire, là où les nombreuses et larges avenues ordinairement désertes permettent une facile concentration d'hommes, et qu'on se mettrait ensuite en marche pour l'Elysée, relativement proche.

Qu'y avait-il de vrai dans ce projet qui aujourd'hui paraîtra sans doute fantaisiste et auquel on ne voudra pas croire? Il est bien difficile de le savoir, car ses auteurs ont tout intérêt à n'en rien avouer. Ce qui est certain, c'est que, à ce moment, des fractions de la Ligue des patriotes reçurent des convocations en vue d'un but resté mystérieux et que l'affirmation du retour du général leur fut donnée; c'est qu'il parut dans la *Cocarde* deux notes successives apportées par M. Le Hérissé, exigeant leur insertion, faisant allusion à ce retour, en « yacht ou en ballon, » disait l'une d'elles ; c'est que de son côté la *Bataille* annonçait également ou plutôt dénonçait le projet en termes très précis, et naturellement en menaçant le général de la fusillade, s'il le tentait.

Il y a là, on l'avouera, un concours de circonstances attestant que le complot des monarchistes, pour si machiavélique et odieux qu'il pût paraître aujourd'hui, n'en existait pas moins.

Enfin, vers le 12 ou le 14 septembre, une personne dévouée au général qui lui avait été attachée, m'annonça que, au siège du Comité, était venu un émissaire de M. de Mackau, déclarant que le général avait formellement promis par lettre à MM. de Mackau, Jolibois et Dugué de la Fauconnerie de rentrer avant les élections. En même temps l'émissaire remettait à un agent de M. Dillon un pli en lui demandant décharge d'un chèque de 40,000 francs.

Emu, comme on le pense, j'écrivis à la hâte au général, le suppliant de revenir sur sa promesse de rentrée dans ce moment et dans ces conditions, le menaçant même, en lui disant qu'il allait à un piège, et que en se faisant tuer, il se déshonorerait du même coup.

Je ne reçus pas de réponse. Mais plus tard, quand je rappelai ce souvenir au général, il me dit :

— Quand je reçus votre lettre, je me dis : « Est-ce que Denis devient fou ? » Je n'avais rien promis, ce qui ne veut pas dire qu'on ne m'avait rien demandé. C'est Dillon le premier qui, dans une promenade à cheval, me parla un peu évasivement de l'utilité de mon retour. Comme je lui répondis très nettement, il n'insista pas. Mais dans la journée ce fut Arthur Meyer qui vint, et qui insista si longtemps que je dus me fâcher et le mettre à la porte. Comme j'ai résisté, on ne m'a pas dit ce qu'on entendait faire.

Mais je savais parbleu bien que c'était un piège, et qu'on voulait faire les élections sur mon cadavre. Je commençais à voir clair dans le jeu des royalistes. Il n'y avait pas de danger que j'y tombe [1]. »

Depuis, M. de Cassagnac, l'un des chefs alors de la Droite, mais n'ayant pas connu le général, a exprimé pour lui parce qu'il n'avait pas su agir, un dédain dans lequel se percevait une évidente déception ; et lors de la retraite de M. de Breteuil en parlant de ce dernier, de M. de Mackau et de lui-même et de leur conduite pendant la période boulangiste, n'a-t-il pas écrit dans l'*Autorité*, cette phrase qui est un aveu : « Nous avons conspiré ferme. »

Il me semble bien en effet que c'était là une conspiration autrement ténébreuse et criminelle que le complot imaginaire pour lequel le général Boulanger et Henri Rochefort ont été condamnés par la Haute-Cour.

N'ayant pu le décider à se déshonorer en servant leurs projets et en devenant leur victime, les monarchistes, pour se venger, ont tenté de le déshonorer par leurs calomnies, en les faisant endosser par un folliculaire encore moins méprisable qu'eux après tout puisqu'il avait l'impudence d'affronter le mépris tandis que, eux se tenaient cachés derrière les coulisses.

Ce qui prouve bien que le complot existait, c'est l'amer et insultant regret que j'ai entendu exprimer plusieurs fois par des amis de M. Dillon ou de M. Déroulède reprochant au général de n'être pas revenu pour les élections. Les mêmes un peu plus tard

---

[1]. Il m'a été pourtant affirmé par des témoins oculaires que des préparatifs de départ avaient été faits au point qu'on croyait au retour en France pour le 16 septembre et que c'est brusquement que le général avait pris une détermination contraire.

se pâmaient d'admiration pour l'escapade du jeune duc d'Orléans.

On n'en a pas fini d'ailleurs avec cette histoire et avec les tentatives de ce genre qui reviendront un peu plus loin.

CHAPITRE XIV

LES ÉLECTIONS — L'ADMINISTRATION DE M. DILLON

Si le général avait eu un secrétariat personnel, il aurait pu lui-même se procurer des renseignements sur la valeur et la chance des candidats.

Mais tout était adressé au Comité ou à l'un de ses membres, y compris même des lettres destinées au général. C'était à eux, et surtout à MM. Laguerre et Naquet, que se présentaient ou se faisaient présenter les aspirants à la candidature. C'est à eux qu'étaient faites en général les demandes d'argent pour les frais électoraux, transmises ensuite à M. Dillon ; et ce n'est guère que lorsque les solliciteurs n'étaient pas satisfaits qu'ils s'adressaient au général, pour lui démontrer l'urgente nécessité d'une subvention. Il serait lamentablement fastidieux de produire ces comptes électoraux dont je n'ai sans doute, je l'avoue, qu'une faible partie, mais qui attestent d'un désordre inimaginable, et dans lesquels les réclamations abondent.

Le Comité avait ses agents, M. Dillon avait les siens ; le général n'en avait pas. Parfois les premiers et les seconds cumulaient, parfois ils étaient indépendants les uns des autres, et se plaignaient que leurs frais n'eussent pas été acquittés, tandis que des fournisseurs ou hôteliers se plaignaient de n'avoir pas été payés par eux.

Un journal boulangiste avait été créé dans l'Aisne, où le général avait obtenu la majorité, et où M. Turquet, qui n'était pour rien d'ailleurs dans l'organe en question, avait encore une sérieuse influence. Tandis que les fondateurs du journal faisaient des demandes renouvelées de subsides, les autres réclamations allaient leur train et une gargotière réclamait le paiement d'une note de dépenses faites par les typographes, quoique ces dépenses ne pouvaient regarder que les typographes eux-mêmes. Je cite le trait justement pour faire remarquer à quelles incroyables demandes la caisse boulangiste était en butte.

Jamais parti ne fut et peut-être ne sera exploité comme le fut celui-là. Ce ne sont pas seulement quelques aventuriers de la politique qui firent payer plus ou moins cher les maladresses et intempérances de leur prétendu dévouement ; une foule de gens, industriels de toute catégorie, s'ingénièrent à trouver soit un produit que le boulangisme pourrait mettre à la mode — ce qui peut passer pour naturel ou légitime, — soit des publications ou procédés plus ou moins extraordinaires servant de prétexte à une demande de subvention, petite ou grande. Jamais pareille mendicité ne s'exerça près d'une entreprise ni surtout près d'un homme, qui en fut harcelé jusqu'au dernier moment.

M. Dillon avait, paraît-il, des manières de faire qui excitaient à la fois ces réclamations et les mécontentements.

L'administration d'un grand journal avait négocié avec lui la vente d'une grosse partie de ses actions pour deux cent mille francs, et vingt mille francs avaient été délivrés à titre d'arrhes. Après avoir temporisé, quand il fallut régulariser la convention et procéder à son exécution, M. Dillon voulut s'y soustraire en offrant une subvention mensuelle qui fut refusée. Les arrhes ayant été gardées par le vendeur comme pénalité résiliatoire, et le journal ayant repris son indépendance, le général qui ignorait les formes de cette transaction y vit une manœuvre qu'il qualifiait durement.

Comme j'eus à lui expliquer comment les choses s'étaient passées, afin qu'il les pût justement apprécier, il me dit :

— Ce que vous me racontez ne m'étonne pas. Dillon ne m'en a jamais fait d'autres. Si des journalistes ou d'autres venaient le trouver, et, après lui avoir exposé leur affaire, lui demandaient mille francs pour l'entreprendre, il leur répondait : « Mille francs ? ce n'est pas assez : c'est au moins deux mille qu'il faut. » Il les promettait ; les individus commençaient à entreprendre ; alors il leur offrait cinq cents francs, en disant qu'on verrait plus tard. C'était de l'argent perdu, des entreprises avortées, et des gens mécontentés. »

Pourquoi laissait-il faire ? dira-t-on. La raison est bien simple. Il ignorait. J'en vais donner un exemple entre cent. Alors que le général était encore à Paris, un journaliste du Midi, croyant que dans son département il existait une clientèle boulangiste, voulut offrir de fonder un organe, en demandant bien entendu un concours pécuniaire. Il ne savait au juste à qui s'adresser ; il connaissait M. Laguerre, qui avait été son défenseur dans une affaire de presse. Un ami lui proposa de le faire présenter par moi au général. Il demanda à réfléchir, alla chez M. Laguerre qui le recommanda à M. Dillon, lequel lui fit des promesses inexactement tenues; et jamais il ne vit le général. Aussi publiait-il dans son journal, bien plus les projets de constitution de M. Naquet et les éloges de M. Laguerre, que les opinions du général, qu'il ne connaissait pas plus que le général ne le connaissait lui-même.

LES ALLIANCES ÉLECTORALES

M. Naquet a prétendu en plusieurs circonstances, notamment dans une lettre à l'*Éclair* du 7 octobre 1890, que le Comité avait subi l'alliance avec la Droite après l'avoir combattue ou que même il ne l'avait pas connue. Pour savoir ce qu'il faut penser à cet égard, il suffit de lire cette lettre adressée à M. Dugué de la Fauconnerie avec lequel M. Naquet entretenait des relations étroites et qui ne pouvait passer à ses yeux pour un membre de l'Extrême gauche.

Paris, le 8 mars 1889.

Mon cher ami,

Il y a deux choses dans le parti conservateur: le programme monarchique ou impérialiste et le programme simplement conservateur, visant l'orientation politique d'un gouvernement quelconque.

Or, si le parti conservateur tient plus à son programme qu'à la forme du gouvernement, il en est à peu près de même du parti républicain. De là des difficultés sans nombre et c'est à ce côté de votre lettre et non au programme de politique pure que je faisais allusion.

Le travail de fusion exige : 1° L'abandon de l'hérédité monarchique par les conservateurs et l'acceptation de la République plébiscitaire par les républicains, sur ce terrain-là rien à répondre à votre article.

2° Il exige encore que les républicains acceptent un temps d'arrêt dans le développement de leurs programmes et que les conservateurs prenant modèle sur ceux d'Outre-Manche, se contentent d'enrayer, mais ne cherchent pas à retourner en arrière, à revenir sur ce qui a été fait.

De là l'obligation de ne pas parler comme vous l'avez fait « de la loi scélérate », car c'est la seule qu'ait faite la République, la seule à laquelle viennent les républicains, la seule à laquelle nous ne pouvons pas déclarer la guerre sans perdre toute notre clientèle.

Je suis prêt pour ma part, à faire sur l'article 7, sur les décrets, sur la soi-disant application stricte du Concordat, les déclarations les plus libérales et les plus nettes, mais sur la loi scolaire c'est autre chose, et le général me disait l'autre jour qu'il ne voudrait pour rien au monde qu'on élevât la discussion sur un pareil terrain. Ce serait rompre fatalement l'union.

Voyez le danger, cher ami. Que reproche-t-on au général ? d'être le remorqueur des droites ? Les républicains de Paris n'en ont tenu nul compte.

Mais, supposez que, même avec un programme républicain, le général arrive non seulement avec une majorité de boulangistes de droite, mais encore avec une majorité se réclamant du programme conservateur, parlant de la loi scélérate.

En trois jours, l'opinion publique parisienne sera retournée et le quatrième jour, Paris n'étant plus à nous, nous serons tous fructidorisés.

Il y a là un danger immense ; pour l'éviter, il faut d'une part que les conservateurs ralliés n'accaparent pas tous les sièges, qu'ils en laissent au moins une bonne moitié aux boulangistes de gauche, et ensuite que de part et d'autre on évite de parler des questions qui divisent pour ne parler que de ce qui unit. Nous causerons du reste plus complètement de cela samedi.

Cordialement à vous,

A. NAQUET.

Il me semble que ce n'est pas le général, dont on ne pourrait, je crois, produire une pareille lettre, qui traçait là les conditions de l'alliance avec les réactionnaires.

Par l'aveu même de M. Naquet, on voit que le général non seulement refusait de prendre aucun engagement réactionnaire, mais qu'il ne voulait pas même qu'on portât la discussion sur ce terrain.

Malgré les énormes fautes commises, ce qu'on appelait le boulangisme aurait pu l'emporter dans un certain nombre de circonscriptions tant à Paris qu'en province où domine l'esprit démocratique et l'élément populaire s'il avait produit un programme républicain et réformateur très net. Des comités locaux se mirent à l'œuvre pour formuler leur mandat et naturellement choisir leurs candidats. Parmi eux se trouvait le comité de Clignancourt qui avait adopté la candidature du général Boulanger, voulant prendre la place qu'avait tenue Belleville vingt ans avant.

Mais les directeurs du Comité dont la *Presse* était l'organe se prononcèrent contre ces programmes qui précisaient les aspirations démocratiques, voulant que l'on restât dans le vague et dans l'équivoque pour gagner les suffrages des conservateurs et ceux des socialistes, transformant le boulangisme en une duperie universelle, ce qui amena la dislocation des comités locaux auxquels on prétendait désigner les candidats.

Pour programme un mot « la Révision » devait suffire. La lettre de M. Naquet qui vient d'être citée indique clairement dans quel but on tenait à ne pas parler de ce qui pouvait diviser, pour ne parler que de ce qui pouvait unir, suivant le mot de M. Thiers, en se trompant mutuellement.

La Révision, c'était la « tarte à la crème » de tous

ces aventuriers et intrigants politiques. Il y eut même une parodie grotesque du serment du Jeu de Paume, qui fut donnée par les candidats et meneurs, jurant de faire la Révision s'ils étaient élus ou de donner leur démission dans les six mois. Ceux qui ont été élus n'ont pas fait la Révision et ils n'ont pas davantage démissionné.

Le Comité qui avait eu la prétention d'entreprendre une campagne électorale semblable à celle des 363, n'avait pas de personnel. Non seulement il lui fallait prendre l'argent de ses alliés, mais encore il lui en fallait accepter les candidats, ne pouvant dans beaucoup de circonscriptions, en trouver d'autres.

Les membres de ce Comité étaient constamment sur le chemin de Londres, allant recommander sans cesse de nouveaux candidats ou demander leur changement de circonscription, au gré de leurs intérêts, sans tenir compte des vœux des électeurs.

Enfin le Comité publia, par morceaux successifs, à la stupéfaction générale, sa liste de candidats dits « investis », divisés en catégories de républicains anciens et de « républicains ralliés, » mêlant les noms d'ex-radicaux à ceux d'hommes du 16 mai, de monarchistes et de cléricaux, baptisés pour la circonstance « républicains » comme Gorenflot baptisait carpe son oie, le vendredi pour n'avoir pas de scrupules. Non seulement le boulangisme trahissait la démocratie, mais encore il se moquait d'elle.

Tous les républicains sincères convaincus, firent en province défection.

LES RÉSULTATS

Les scrutins du 22 septembre ne furent pas déci

sifs quoiqu'il fut possible de deviner l'échec. Un assez grand nombre de candidats boulangistes avaient la majorité relative, mais il était certain que la concentration se ferait contre eux. C'est ce qui arriva. A peine vingt-cinq de ces candidats pouvaient-ils l'emporter, quoique malgré tant de fautes, le boulangisme, proprement dit, disposât encore d'un million et demi d'électeurs. Et ce qui est remarquable, c'est que ce furent les candidats à peu près inconnus la veille, sans passé politique, tels que MM. Dumonteil, Barrès, Gabriel, Boudeau, Goussot, Paulin-Méry, qui furent élus.

Dès le premier scrutin, le général comprit que la partie était perdue, et il le dit à M. Naquet, qui le lui a rappelé dans sa lettre du 14 mai 1890.

Mais comme il fallait des subsides pour soutenir les candidats du Comité en ballottage, ceux qui devaient plus tard exagérer la défaite, s'efforcèrent de lui rendre confiance dans les résultats du scrutin définitif qui devait avoir lieu quinze jours après, le 7 octobre, et qui ne fut en définitive un échec électoral aussi considérable que par la jactance de matamore avec laquelle les membres et journaux du Comité avaient annoncé une éclatante victoire.

L'opposition républicaine sous l'Empire avait commencé par n'avoir que cinq députés. Les socialistes gagnent des sièges un à un, sans désespérer. Un parti nouveau qui voit élire vingt-cinq de ses représentants à la première épreuve électorale n'a pas à se plaindre. Il n'a qu'à attendre et à persévérer. Mais pour qu'il persévère, il faut qu'il ait des opinions; il n'y avait là que des appétits et des vanités.

Les plus mécontents de cette aventure électorale étaient les orléanistes qui, en ayant voulu exploiter et duper le boulangisme, étaient eux-mêmes dupes, croyant l'être des boulangistes quand ils ne l'étaient que de leurs illusions, de leurs intrigues, de leur machiavélisme ridiculement naïf et criminel à la fois.

Irrités contre le général, qui n'avait pas voulu venir se faire tuer en insurgé pour leur fournir le moyen « d'étrangler la gueuse », suivant l'expression de M. de Cassagnac, et leur donner le pouvoir, ils adressèrent à leurs alliés de la veille par l'organe de M. Arthur Meyer dans le *Gaulois* un « Bonsoir, messieurs ! » qui était une rupture impertinente et formelle.

Si grave que fût l'échec, on pouvait après cette rupture le réparer, s'en relever à la condition de confesser ses erreurs et de suivre une nouvelle politique, sage, prudente et absolument démocratique. Mais les députés boulangistes continuèrent malgré le « Bonsoir, messieurs ! » de se montrer empressés auprès de la Droite, se confondant avec elle, dans les interpellations et les scrutins, invoquant en toute occasion le discours de Tours, tandis que la presse boulangiste poursuivait plus violemment que jamais sa campagne de grossières et répugnantes invectives.

La majorité gouvernementale s'était, dès le début, engagée dans une mauvaise voie, commettant de lourdes fautes dont d'habiles tacticiens, des Gambetta ou des Parnel auraient su profiter.

Elle se fit un malin et puéril plaisir d'invalider les élections de la plupart des députés boulangistes, à l'exception pourtant de celle de M. Mermeix. A Paris, les invalidés furent naturellement réélus, ce qui leur donna le prétexte de célébrer leur succès comme un triomphe.

L'élection de Clignancourt où le général Boulanger avait été élu avec plus de 8000 voix de majorité fut l'occasion d'une scandaleuse et impolitique iniquité. A raison de l'inégibilité de l'élu on pouvait l'annuler. La majorité parlementaire préféra déclarer élu M.

Joffrin qui n'avait obtenu qu'une minorité relativement infime. C'était outrager bien gratuitement l'arithmétique et le suffrage universel. C'est là ce que le gouvernement impérial n'aurait osé faire.

Et ce sont les inspirateurs ou auteurs de tels actes qui reprochent au général Boulanger de n'avoir pas été un homme politique, tout en l'accusant d'avoir prétendu à la dictature.

CHAPITRE XV

APRÈS L'ÉCHEC

On a vu par ce que j'écrivais à M. Naquet avant la période électorale, que les résultats n'étaient pas de nature à me surprendre. Si j'éprouvai quelque étonnement, c'est que la minorité boulangiste fût demeurée si considérable.

J'estime que, pour un parti l'important n'est pas d'avoir, ce qu'on appelle la majorité, c'est-à-dire l'adhésion électorale du plus grand nombre relatif d'électeurs passifs, qui ne savent faire autre chose que d'aller périodiquement au scrutin voter pour un candidat; mais que ce qui importe, c'est de réunir une minorité active, fidèle, consciente, disciplinée, sachant ce qu'elle veut, le voulant fermement et se livrant à une incessante propagande. Et j'estime même que la valeur de ce parti n'est pas en raison de son nombre, mais en raison des convictions, de la capacité, du caractère et de la condition sociale des membres qui le composent et conséquemment de l'influence qu'ils peuvent avoir. Une petite armée faite de soldats aguerris, fortement encadrée et disciplinée, commandée par des chefs actifs et habiles, peut battre une armée numériquement bien supérieure qui n'est qu'une bande sans cohésion.

C'est inspiré par cette opinion qu'au lendemain des élections, j'écrivis au général Boulanger, une lettre par hasard brève, dans laquelle, alors que les membres du Comité exagéraient la défaite, je lui disais que non seulement rien n'était perdu, mais que la victoire n'était qu'une question de temps et de conduite, puisqu'on n'avait été battu qu'à raison de ses propres fautes, par l'effort d'une coalition qui ne pouvait toujours persister, et enfin sur le terrain électoral le plus perfide de tous.

Un parti, disais-je, qui dispose encore malgré tant de fautes commises, tant de pression officielle et de calomnie, d'un nombre aussi considérable d'adhérents, est une force. Il ne manque plus que d'accroître cette force par la valeur morale, par les idées, la discipline et d'imaginer pour elle une stratégie nouvelle.

Enfin j'ajoutai que j'avais confiance dans le succès futur si le général était capable de patience et s'il voulait renoncer résolument à la politique passée et adopter celle que j'avais toujours indiquée.

Le général Boulanger me répondit par quelques lignes en me disant : Après avoir bien réfléchi, j'accepte.

Le 31 octobre je lui écrivis de nouveau une longue lettre dont il m'est par hasard resté une copie et dont je crois bon de reproduire les plus importants passages, pour prouver que je n'imagine pas après coup, — ce qui est toujours facile, — et pour que le public juge la conduite que je conseillais et que le général voulait désormais suivre.

Voici donc cette lettre :

31 octobre 1889.

Mon cher général.

Je vous remercie de votre lettre, non seulement

pour moi, mais pour vous-même. J'étais presque sûr qu'il y aurait un jour où vous reconnaîtriez que j'avais raison contre presque tout le monde, étant instruit par l'expérience. Mais je me demandais s'il serait temps encore. Heureusement il est encore temps. Si nous sommes prudents, patients, modestes, et si nous avons la foi, rien n'est perdu.

Vous me permettrez de conserver ma franchise parfois excessive. Mais quand on veut le succès il ne faut ni vanité ni flatterie, et il vaut mieux s'exagérer l'importance de ses fautes que la diminuer.

Vous vous souvenez qu'au lendemain même du vote sur l'urgence de la révision qui renversa le ministère Floquet, je vous écrivis, non sans émotion et regret, pour vous dire qu'une faute capitale venait d'être commise, et pour en indiquer les funestes conséquences. Mes prévisions se sont malheureusement justifiées. Depuis j'ai dû rester à l'écart de ceux qui se disent vos amis et qui ont même prétendu que je faisais défection parce que je ne partageais ni leurs erreurs ni leurs illusions. Qu'ils reconnaissent aujourd'hui les unes et les autres, il importe peu. Ce qui importe c'est que vous les constatiez et que, ayant la ferme volonté de prendre votre revanche, vous fassiez pour la reprendre, ce qu'il faut faire.

Le mouvement boulangiste ne reviendra jamais plus ce qu'il fut au début. Il devra être autre chose. Il a perdu sa virginité dans la bagarre, et il ne peut plus compter sur ce talisman. Pourtant il faut ramener le boulangisme à ce qu'il fut primitivement, c'est-à-dire à une aspiration vers une rénovation sociale ou nationale, ce qui est tout un.

Dans une note qui a dû vous parvenir, j'ai fait remarquer que les élections du 22 septembre ont permis de constater l'existence d'un parti que j'appelle l'opposition démocratique, comprenant d'anciens radicaux, socialistes et boulangistes ou patriotes, de plus de trois millions d'électeurs, auxquels dans une action future pourra se joindre une partie de l'opposition conservatrice, sans qu'on s'allie à elle et sans qu'on fasse même rien pour acquérir son concours. C'est ce parti d'opposition démocratique qu'il faut tout d'abord organiser en lui donnant la cohésion, une conception et une formule communes.

Il faut amener un apaisement devenu nécessaire et la réconciliation entre les masses radicales ou socialistes boulangistes et non boulangistes. Quand l'apaisement sera fait, la réconciliation opérée, les boulangistes pourront dire qu'ils étaient de sincères républicains, l'ayant prouvé. Quand la majorité parlementaire aura recommencé ses bêtises, attesté son incapacité, provoqué de nouveau le mécontentement, les boulangistes pourront dire : « Vous voyez que nous avions raison; que ces gens-là ne feront aucune réforme et que c'est la Démocratie qu'ils combattaient dans le boulangisme. »

Je connais assez mal le personnel des députés boulangistes, surtout les nouveaux. En ce qui concerne les anciens membres du Comité, responsables des fautes commises, déconsidérés dans le public qui sait trop quel prix a coûté leurs convictions, il n'y a rien à faire qu'à désapprouver publiquement leurs sottises. Pour les autres c'est autre chose : il faut savoir s'ils peuvent recevoir votre inspiration.

S'il y avait un groupe de députés boulangistes tolérants et dignes qui au lieu de porter à la tribune des attaques personnelles, y apporteraient des critiques justes, non pas des actes du gouvernement, mais des institutions politiques et sociales, affirmant une doctrine sociale évangélique et des principes généraux comme ceux de la Révolution française en faisant comprendre par quelles réformes principales les aspirations populaires pourraient être satisfaites, il est certain qu'il se ferait en faveur du boulangisme un retour d'opinion considérable [1].

Il faut bien comprendre que, moins on parlera de

---

1. Il est, je crois, inutile de faire remarquer combien a été différente de ces conseils approuvés par le général Boulanger, la conduite des députés boulangistes.

vous et du boulangisme, plus on vous servira. L'important n'est pas d'en parler, mais de triompher. Si on paraissait vouloir continuer une campagne boulangiste personnelle, on fournirait des prétextes à des attaques et à des mesures qu'il vaut mieux éviter. Ce qu'il faut opposer à la majorité parlementaire, c'est le socialisme, non pas sectaire, mais démocratique, anonyme, national, insaisissable, contre lequel les parlementaires seront impuissants.

Dans des notes ultérieures je reparlerai de la conduite à tenir. Pour aujourd'hui je me borne à une indication générale. Il faut dissoudre le Comité et laisser toute indépendance aux députés boulangistes. Il faut de même abandonner la politique électorale et interdire aux députés de se constituer en grands électeurs. Aux prochaines élections municipales il y aura certainement des candidats boulangistes; il les faut laisser se produire sans les appuyer afin de n'avoir pas la responsabilité de leur échec. L'élection est un thermomètre. Il faut le laisser marquer le degré de popularité qu'on a atteint sans s'efforcer de le faire monter par des procédés quelconques qui ne peuvent que donner de funestes illusions. Il est même bon d'appuyer de ses sympathies tous les candidats capables, estimables, profondément démocrates et socialistes, ne fussent-ils pas boulangistes. S'ils ne le sont pas, ils le deviendront.

Laissez-moi vous le dire amicalement, il faut vous mettre à l'école, c'est-à-dire à l'étude. Vous pouvez en savoir pour être un député, un chef de groupe comme M. Clémenceau ou M. Ribot, même pour être un soliveau présidentiel comme M. Carnot, mais non pour jouer le rôle de réformateur, le seul duquel vous puissiez prétendre. Il faut que vous connaissiez la société française comme le médecin connaît son malade de façon à savoir quel régime et quel traitement il lui faut donner. Et les sociétés comme les malades ne savent pas elles-mêmes ce qu'il leur faut.

On a dépensé beaucoup d'argent, beaucoup trop même pour une campagne électorale tapageuse dont les résultats sont loin d'être en rapport avec les sacrifices faits. Après ce gaspillage, il faut que vous redeveniez le soldat pauvre en qui tous les pauvres, qui sont la majorité, pourront avoir confiance.

Comme suivant un proverbe populaire, il n'est que celui qui ne fait rien qui ne fait pas de fautes, il faut ne rien faire et profiter de toutes les fautes des adversaires contraints d'agir et mis aux prises avec les difficultés. Mais il faut bien se garder de dire qu'on profitera de leurs fautes et de leurs divisions. Ce serait leur enseigner la sagesse.

Ce dont je ne saurais trop m'efforcer de vous convaincre, c'est que désormais, moins vous et vos amis vrais ou prétendus, parlerez de vous-même, et plus le retour de l'opinion en votre faveur s'effectuera ; plus on vous considérera comme une victime, plus on oubliera les fautes dont vous portez la responsabilité pour ne se souvenir que des espérances que vous avez fait naître. Pour triompher, il vous suffit de vivre et d'attendre.

Laissez-moi vous dire en terminant qu'il faut se féliciter de tout ce qui est arrivé, loin de le regretter, quoiqu'il est des fautes qu'il aurait mieux valu ne pas commettre. Vous n'étiez pas préparé à jouer le rôle auquel vous êtes destiné. Il vous fallait cette épreuve. De plus grands succès eussent été inutiles et n'auraient profité qu'à des ennemis qui s'étaient faits vos alliés et à des incapables plus ou moins besoigneux qui s'étaient attachés à votre fortune pour l'exploiter. Vous n'eussiez rien fait que de perdre votre popularité sans retour. Il vous fallait l'expérience faite et celle qui va se faire. Vous avez bu ou respiré le poison qui amena la folie de Masaniello et le tua. Vous n'en êtes pas mort. J'espère qu'il servira d'antidote pour l'avenir. Ayez autant de confiance que de patience et dans trois ou quatre ans nous nous retrouverons à Paris où vous pourrez travailler à la rénovation de la France.

A vous cordialement et avec une invincible espérance.

P. D.

C'est à cette lettre que le général répondit le 10 novembre en m'écrivant :

> Mon cher ami,
>
> J'ai lu avec la plus grande attention votre dernière lettre. Je n'y ai pas encore répondu, désirant attendre pour le faire, la réunion qui vient d'avoir lieu ici avant-hier et hier.
>
> Nous sommes d'accord, vous et moi, sur plusieurs points. Il en est d'autres, au contraire, sur lesquels nous différons quelque peu d'opinion.
>
> Ainsi je suis d'avis qu'il faut cesser une politique d'obstruction et de boucan, tant au Parlement que dans la rue. Je suis d'avis que nous devons profiter des fautes de nos adversaires et que toute la population républicaine nous reviendra en nous voyant honnêtes et républicains.
>
> J'estime encore que je ne dois pas faire trop de bruit et entretenir le public de ma personnalité.
>
> D'autre part, je crois qu'il ne faut pas me faire oublier tout à fait et qu'il y aurait une faute commise si, grâce à une disparition par trop complète, le peuple pouvait penser qu'il est facile de faire du boulangisme sans Boulanger.
>
> Mon avis est que je ne puis, au moins pour le moment, dissoudre le Comité, comme vous me le proposez. Je ne tiendrai compte de ses avis que dans la mesure qui me conviendra ; mais je suis certain que la dissolution du Comité, dans les circonstances actuelles, aurait une signification désastreuse. Ce serait alors qu'on crierait que le boulangisme est mort. Tant mieux ! allez-vous me répondre ; car il n'y a aucun mal à ce qu'on le croie mort, s'il est vivant. Là nous différons un peu...
>
> Inutile de vous dire combien je suis avec vous pour nous appuyer d'une façon exclusive sur la Démocratie et le socialisme. Je l'ai répété bien des fois même avant de vous connaître, ce sont les questions sociales qui doivent primer les questions politiques ; et je serai

bien heureux si vous voulez bien m'envoyer de temps en temps un travail sur les premières.

La réunion du Comité à Jersey a été fructueuse ; elle donnera plus d'unité, de cohésion au parti, aussi bien au dehors du Parlement qu'en dedans. J'y ai prêché le calme, le maintien de notre programme sans provocations. J'y ai fait adopter que chaque semaine un ou deux membres viendraient ici afin de recevoir mes instructions et de rapporter là-bas mes impressions[1].

Quant à moi, croyez bien que je suis heureux de pouvoir tranquillement me replier sur moi-même. L'exil et la solitude mûrissent. Plus j'y réfléchis, plus je crois que la non-réussite a été un bien. Notre arrivée au pouvoir, amenée par les réactionnaires ne menait à rien, car nous n'aurions pu nous y maintenir dans de telles conditions.

On voit que le général Boulanger qui avait peu de goût pour les résolutions brusques et extrêmes était partisan d'une politique sage que ne pratiquaient guère les députés boulangistes qui toujours agirent sans le consulter même quand ils l'appelaient si insupportablement « chef ».

Quant à sa crainte qu'on ne fît du boulangisme sans Boulanger, elle était justifiée par les prétentions de ceux qui allaient tenter d'exploiter le « révisionnisme » pour leur compte, sans parler de M. Constans qui devait jouer au Napoléon civil, favorisant les réactionnaires pour en avoir l'appui.

LES ÉLECTIONS MUNICIPALES

Dès les premières séances, à propos d'une invalidation, M. Laguerre, avec la manière violente et in-

---

1. Cette disposition adoptée ne fut jamais pratiquée.

tempestive qui le distingue, avait déclaré que le boulangisme aurait sa revanche aux élections municipales, et qu'il aurait quarante représentants à l'Hôtel de Ville. C'était donc une nouvelle campagne que les directeurs du boulangisme allaient entreprendre et qu'ils annonçaient.

Les élections municipales devaient avoir lieu, malheureusement, à Paris. Les hommes du Comité, après s'être faits les alliés des réactionnaires de la droite, avec lesquels ils continuaient à se confondre, se proclamèrent tout à coup bruyamment socialistes, sans d'ailleurs expliquer plus leur socialisme qu'ils n'avaient expliqué ce qu'ils attendaient de la révision, et faisant montre d'un charlatanisme trop grossier pour tromper personne.

Après l'échec des élections législatives, le général avait quitté Londres, et était venu habiter l'île de Jersey, refuge de tant de proscrits, où la vie est simple, tranquille et peu coûteuse. Provisoirement, il s'était installé à l'hôtel de la Pomme d'Or, à Saint-Hélier.

Quels arguments avaient employés les directeurs du Comité, pour le persuader de l'utilité de cette nouvelle campagne électorale ? Je ne sais au juste.

Sans doute, avaient-ils exploité ce sentiment de soldat que j'ai précédemment indiqué, qui ne veut pas rester sur un échec. Les renseignements qu'ils lui donnaient étaient certainement les plus propres à lui inspirer confiance.

Voici, d'ailleurs, ce qu'il écrivait à ce sujet le 26 janvier.

« Je le sais, vous me l'avez dit souvent, vous n'avez jamais été pour les batailles électorales, et je comprends par cela même que vous ne voyiez pas d'un œil favorable celle qui va être menée pour les élections municipales de mai,

» Je ne puis cependant m'empêcher de remarquer que votre lettre, bien que reçue seulement avant-hier, est datée du 13. Vous veniez d'apprendre le résultat des élections législatives de la veille ; votre mauvaise humeur en a été doublée.

» Je ne suis pas de votre avis dans la circonstance. Je veux bien, si vous croyez la chose préférable, laisser à l'écart ma personnalité. Mais, franchement, mon parti ne peut se désintéresser des élections du 16 février, dans lesquelles se représentent nos amis invalidés, ni des élections de mai, que celles-là préparent, si, comme je l'espère, elles sont un succès.

» Ne soyez pas découragé parce que la province terrorisée n'a pas compris ce qu'on attendait d'elle. Paris, lui, plus intelligent, plus indépendant, rendra justice aux défenseurs du suffrage universel, et saura répondre dignement aux provocations des parlementaires.

» Si, sur six réélections à Paris, nous avons quatre succès, et j'en espère cinq, ne pourrons-nous donc aborder avec de grandes chances la lutte en mai? Cette lutte ne sera pas exclusivement portée sur le terrain boulangiste. Nous chercherons à rallier les vrais républicains, les socialistes nuance Roche et Granger, et, avec les blanquistes, ne pensez-vous pas que nous pouvons avoir la majorité au conseil municipal? Si oui, n'est-ce pas un coup à risquer?

» Certes, votre raisonnement me toucherait beaucoup, si, dans cette campagne, nous devions faire du boulangisme pur. Mais, tout au contraire, nous ferons ce que vous-même m'aviez invité à faire, et nous réparerons de la sorte les erreurs d'autrefois, que vous m'avez maintes fois signalées.

» Tenez, voulez-vous faire une chose? Dans cet ordre d'idées, voulez-vous me faire tenir d'ici quelques semaines, une liste des candidats que vous jugez avoir le plus de chances de réussir dans tel ou tel arrondissement? Je ne puis pas vous garantir de les prendre tous, mais j'en prendrai certainement un bon nombre, présentés qu'ils seront par un homme tel que vous, connaissant bien l'esprit de son Paris. »

Je crois qu'il suffit de lire ces lignes, dont il n'est pas besoin de faire remarquer le caractère essentiellement confidentiel, pour qu'on juge quelle était la bonne foi un peu naïve de cet homme, accusé de duplicité par ceux qui l'ont dupé.

Je n'aurais certainement jamais donné la publicité à ces témoignages d'une amitié si intime, si le général n'avait tant été calomnié. La nécessité de défendre sa mémoire a levé tous mes scrupules. Il faut que le public et l'histoire sachent la vérité, et la vérité est justement dans les confidences que celui qui les a faites croyait ne jamais devoir être divulguées, et qui ne l'eussent jamais été, s'il n'avait été l'objet de l'une des plus honteuses diffamations qu'on ait connues.

A l'offre qui m'était faite, je répondis que, reprochant à d'autres de se substituer aux électeurs dans leur choix, ce n'était pas pour m'y substituer moi-même; que je ne serais probablement jamais candidat; mais que, si j'avais envie de l'être pour ces élections de mai, je le serais contre le Comité national et sa politique, plutôt que de vouloir être agréé par lui.

Trois semaines après, le 14 février, dans une lettre sur divers sujets, le général m'écrivit :

« Je vous l'ai déjà dit, je vous le répète, je ne puis briser avec le Comité avant les élections de mai. Après ces élections, je suivrai l'avis du suffrage universel. Je sais bien que vous allez me répondre : « Pourquoi ne l'avez-vous pas fait après le 22 sep-
» tembre? » Mais, tout simplement, *parce que j'ai*

reconnu, *même avant le scrutin, que notre partie était menée en dépit du sens commun* ; que nous nous efforcions de mettre tous les atouts dans les mains de nos adversaires ; et que, par cela même, nous ne nous trouvions pas en face du véritable verdict du peuple. En mai, Paris parlera ; j'ai le ferme espoir qu'il enverra, sinon une majorité, au moins une forte minorité des nôtres à l'Hôtel de Ville. Nous verrons alors. C'est encore trois mois qu'il faut m'accorder. »

Le 17 février, nouvelle lettre, plus longue, sur le même sujet, et qui permet de juger à la fois la sincérité de l'homme, et ce qu'il faut penser des projets de dictature qu'on lui a prêtés :

« J'ai voulu attendre, pour vous répondre, que je connusse les résultats de l'élection d'hier.

» Non point que je veuille en triompher vis-à-vis de vous, cher Cassandre que vous êtes ; mais pour vous démontrer qu'il n'y a pas si bon prophète qui ne se trompe.

» Avouez-le maintenant : vous ne croyiez pas plus hier au succès des députés invalidés que vous ne croyez aujourd'hui au succès des élections municipales. Moi, j'ai toujours cru à l'un ; aujourd'hui je crois plus que jamais à l'autre.

» Voyez, en effet, les phrases de vous que j'ai sous les yeux [1] : « Que vous soyez à Jersey ou à Lisbonne, » c'est chose bien indifférente pour le sort électoral » des invalidés de la Seine, puisque vous ne pouvez » être à Paris, pour leur prêter votre concours ». Et plus loin : « Après avoir subi des échecs électoraux

---

[1]. La prise de possession par les Anglais d'un territoire aux Portugais venait d'avoir lieu ; et le général avait projeté, dès les élections municipales passées, d'aller à Lisbonne encourager les Portugais à la résistance, et en organiser les forces. La soumission du gouvernement du Portugal l'empêcha de donner suite à ce projet. Je l'avais engagé à l'exécuter immédiatement.

» successifs, etc., etc. » Cela ne veut-il pas bien signifier que nous devions subir un lamentable échec?

» Mais, je vous l'ai déjà dit plus haut, je ne veux pas triompher. Je voudrais seulement vous persuader que le pessimisme n'est pas toujours l'*ultima ratio*, et vous faire convenir que, si nous savons les préparer et les diriger, les élections de mai peuvent être pour nous un nouveau succès. « Et après? » me dites-vous... Après? Eh bien, nous verrons. A chaque jour suffit sa peine. Après, je me rangerai peut-être à vos idées, prenant, en partie au moins, vos bons avis, et dépouillant le vieil homme pour devenir le socialiste démocrate convaincu que vous aurez fait.

» Si, dès aujourd'hui, je ne change pas brusquement de voie, c'est que j'estime qu'en politique, surtout, il faut chercher le juste milieu. C'est pour cela que, quoi que vous en pensiez, je ne suis, je n'ai suivi, et je ne suivrai jamais ni la politique césarienne, ni celle des politiciens désirant arriver au pouvoir.

» Je suivrai désormais une politique à moi, pas celle d'un chef de parti, mais celle qui peut réconcilier tous les bons patriotes, tous les sincères républicains, qui, quand ils ne se défieront plus, reviendront à moi plus et mieux que jamais. Si je me trompe, si c'est une illusion, dans tous les cas, c'est une belle illusion...

» Dans ma dernière lettre, je vous disais que jamais, au grand jamais, je ne renouerais une alliance, quelle qu'elle fût, avec les réactionnaires, qui nous ont assez dupés, et que je m'appuierais désormais sur le peuple, qui seul ne trompe pas. »

A ce propos, le général ajoute quelques lignes m'informant qu'il va écrire à M. Laguerre, qui venait de faire une conférence sur le cas du jeune duc d'Orléans, et au directeur d'un journal passant pour boulangiste, qui se montrait également favorable à ce prince, afin qu'ils ne commissent plus « de bévues » semblables.

Il en était encore à croire à des étourderies.

ENCORE DES INVESTIS

Comme on le voit par les réponses, j'avais vivement conseillé au général, sinon de dissoudre le Comité, du moins de lui interdire d'intervenir dans les élections municipales, et de laisser toute l'initiative aux comités locaux et aux électeurs.

J'ajoutais que si on ne suivait pas cette conduite, il y aurait à peine six conseillers boulangistes élus.

On a vu que le général était pour les solutions tempérées, voulant et croyant être pratique et sage. On va le voir encore.

Le 30 mars, il m'écrit :

« Les rapports que je reçois concernant les élections municipales me prouvent que ça va bien. Les difficultés de la première heure s'aplanissent, et, sans être trop optimiste, je ne puis m'empêcher de croire à un bon résultat. J'espère que nous ferons de la bonne besogne avec le Comité, qui se réunit ici dans quelques jours, et je ferai bien tous mes efforts pour inculquer à ces messieurs les idées et les principes sur lesquels vous et moi nous sommes mis d'accord.

» Toutes les fois que des candidatures multiples seront en présence, et que je ne pourrai pas discerner le plus ou moins de chances des concurrents, j'opinerai pour que nous laissions le suffrage universel départager les candidats, qui, au deuxième tour, devront reporter leurs voix sur celui qui aura eu le plus de suffrages au premier.

» Cela me semble rationnel, bien que j'y voie un inconvénient. Si la lutte n'est pas suffisamment courtoise, les électeurs ne suivront-ils pas l'exemple de ceux de Delombre, qui, dans l'élection de Naquet, n'ont jamais voulu voter pour Bourneville ? »

» Je ferai tous mes efforts pour inculquer à ces messieurs les idées et les principes », dit le général.

Il n'inculqua rien du tout. Les cinq ou six membres influents du Comité, pour conserver leur influence, voulaient une liste « d'investis », et ils voulaient que leurs agents fussent candidats.

ÉTRANGES CANDIDATS

M. Déroulède en demandait à peu près la moitié pour lui seul, au nom de la Ligue. On confectionna ainsi une liste dans laquelle figuraient les noms, non seulement d'individus sans influence, mais encore déconsidérés et méritant de l'être, gens vivant d'expédients, pour ne pas dire plus, ivrognes, aigrefins, bien entendu ignorés du général, et recommandés par l'un des directeurs du Comité.

Les comités locaux protestaient dans des adresses collectives, dont je possède quelques-unes. On ne les écoutait pas, pas plus qu'on n'avait tenu compte de l'opinion du général exprimée plus haut, et dont on ne se doutait pas qu'il subsistait une preuve.

Une campagne électorale, même municipale, ne se fait pas sans argent, surtout quand on prétend imposer des candidats, et quand ceux-ci ont si peu de considération, d'influence et de surface.

C'est naturellement au général qu'on s'adressa, M. Dillon ayant disparu après les élections législatives et le : « Bonsoir, messieurs ! » du *Gaulois*. Le général réunit toutes ses ressources disponibles, et paya pour les frais électoraux 220,000 francs, dont 172,000 francs pour le premier tour, et 48,000 francs pour le second.

Chaque candidat reçut, ou dut recevoir une somme déterminée, sur laquelle quelques-uns payèrent leurs dettes criardes.

Il y en eut qui prétendirent n'avoir point reçu intégralement la somme qui leur était allouée, et sur laquelle le membre du Comité, chargé de la transmettre, avait pris sa part. A titre de commission, sans doute.

Le résultat dépassa mes prévisions les plus pessimistes. Deux des candidats boulangistes seulement furent élus. Encore l'un d'eux, M. Girou, au scrutin de ballottage, avait-il changé son titre d' « investi », en celui « d'indépendant », déclarant n'être pas l'homme d'un homme, et ne connaître que les principes.

Il oubliait totalement les subsides.

CHAPITRE XVI

PARAITRE OU DISPARAITRE

Le premier tour de scrutin ne pouvait laisser d'espoir. Le parti national, transformé en parti révisionniste pour les élections municipales, s'effondrait à Paris. Ses directeurs ne pouvaient plus songer à vendre à un parti quelconque une influence dont l'inanité venait d'être démontrée, et qu'il fallait s'efforcer de faire renaître. Ils eurent alors, dans ce but, la pensée, d'aller sommer le général de revenir, non plus cette fois pour se mettre à la tête d'une insurrection, mais pour se livrer au tribunal révolutionnaire, suivant l'expression de M. Clémenceau, qui l'avait condamné, et qui, naturellement, le recondamnerait d'autant plus facilement qu'il serait seul en cause.

Ceux qui avaient cette ingénieuse et belle pensée supposaient, non sans quelque apparence de raison, que, si le général revenait purger sa contumace, il s'ensuivrait, quand il serait à l'île Nou ou à la Guyane, une vive émotion, qui se changerait en grande pitié, dont bénéficieraient ceux qui passaient pour ses amis, qui se prétendraient ses vengeurs, et qui se feraient une grande popularité dans les agitations provoquées par la compassion, sans qu'ils fussent embarrassés par la présence de la victime.

C'était un projet presque aussi beau que celui des monarchistes. Si beau qu'il fût, il échoua.

D'après un récit publié par le *Gaulois*, c'est au siège du Comité, où se trouvaient réunis sept ou huit membres sur quarante environ, que, le 18 avril, M. Déroulède prit l'initiative de la proposition dans les termes suivants, dit ce journal :

« — Allons le chercher, faisons une dernière tentative, dit Déroulède. Allons lui poser l'alternative : Nous suivre ou nous quitter. Paraître ou disparaître.

« La proposition adoptée, les quatre chefs du Comité (ainsi les nomme-t-on), MM. Déroulède, Laisant, Laguerre et Naquet, qui s'adjoigniront en route M. Le Hérissé, partirent pour Jersey et revinrent comme ils étaient partis. »

Un peu plus loin, je donnerai sur cette démarche le récit du général, sans doute plus véridique que les racontars intéressés publiés à ce sujet.

Le lendemain du scrutin, M. Naquet avait publié dans la *Presse* un article : *La Défaite*, qui criait le « Sauve qui peut ! »

Après le retour des cinq émissaires du Comité, celui-ci délibéra sans pouvoir se résoudre à rien. Les modestes, dont quelques-uns, je l'avoue, étaient des dévoués sincères, demeuraient attristés.

Les anciens et les importants songeaient à accaparer les débris des forces électorales qu'on pouvait encore exploiter, et en même temps à se débarrasser du général, rendu responsable de tout, quand il ne l'était de presque rien, traité de « cadavre » par M. Laguerre dans ce billet :

« Merci, mon cher B..., de votre bon souvenir ; je vais tout à fait bien. Ne craignez rien, je reste fidèle au programme, mais vous ne pouvez pas me demander de galvaniser un cadavre.

Bien à vous,

» A. LAGUERRE. »

Il n'était pas difficile de rester fidèle au programme, puisqu'il n'y en avait pas, à moins d'entendre par là le pacte d'alliance avec les monarchistes.

A peu de temps de là, en juillet, dans un entretien avec M. Bonard (d'Angoulême), l'un des plus fidèles et des plus dévoués partisans du général, à qui M. Déroulède devait en grande partie son élection, le même M. Laguerre essayait de persuader son interlocuteur de la nécessité de passer par un régime mixte, qui serait encore la République, puisque les institutions parlementaires seraient conservées, mais qui placerait celles-ci sous l'égide d'un prince d'Orléans.

On sait que M. Laguerre avait fait au boulevard des Capucines, un peu avant, une conférence sur le jeune duc d'Orléans, qui avait cru se rendre très populaire en venant en France demander à tirer au sort comme conscrit.

L'intrigue, sinon la conspiration orléaniste, est permanente. Et il est assez étrange que ce soit le général Boulanger et Henri Rochefort qui aient été accusés et condamnés pour complot contre la République, alors que les meneurs de l'intrigue ou de la conspiration orléaniste et leurs agents ou complices, n'ont pas même été dénoncés.

Le diplomate du Comité, M. Naquet, se chargea de démontrer au général la nécessité d'abdiquer, en même temps qu'il lui faisait faire la même démonstration par l'« enfant de chœur » M. Mermeix, — ce qui résulte de la concordance des deux dates, et de fait que c'est M. Mermeix qui avait été chargé par

M. Naquet de remettre aux candidats du VII° la somme qui leur était allouée pour leurs frais électoraux.

Quoique la lettre du premier soit très longue, je crois devoir la donner entière, pour qu'on ne suppose pas que j'en dissimule les parties importantes, en faisant remarquer que l'auteur prête insidieusement au général des opinions et des projets qui ne sont pas les siens, comme on l'a vu déjà, et comme on le verra encore par la suite.

LE RENIEMENT DE M. NAQUET

Paris, le 14 mai 1890.

Mon général,

Depuis notre départ de Jersey, je n'ai plus rien reçu de vous. Mais il me revient de plusieurs côtés que vous êtes très irrité contre Laguerre, Laisant, Le Hérissé, Déroulède et moi; que vous vous servez volontiers à notre endroit du mot de « lâcheurs »; qu'en un mot vous ne nous considérez plus comme des amis.

Pour ma part, après l'absolu dévouement que j'ai eu pour votre cause — dévouement qui a peut-être été excessif, car si j'avais été moins dévoué et par cela même plus ferme, j'aurais pu éviter certaines fautes qui ont tout perdu — je ne puis me faire à cette idée que l'amitié même ait disparu en un jour, qu'une heure de conversation [1] ait pu supprimer deux années de luttes et de sacrifice [2].

C'est pourquoi, convaincu que vous interprétez mal ma pensée et celle de mes amis, je me décide à vous écrire.

1. Quel euphémisme!
2. Les sacrifices de qui?

Vous êtes dans l'erreur, si vous croyez que nous abandonnons l'homme, l'ami ; que nous nous retournons contre vous. Nos sentiments à votre égard ne nous en empêchassent-ils pas que le souci de notre dignité s'y opposerait d'une manière absolue.

Vous pouvez donc être certain que *je ne vous attaquerai jamais*, et que, dussé-je, comme il y a trois mois Laguerre, Laisant et Déroulède, encourir l'expulsion, *je ne laisserai jamais passer sans protestation une injure à votre adresse*, que j'affirmerai toujours ma sincère amitié pour vous, que *je déclarerai toujours me faire gloire* d'avoir donné deux ans de ma vie, dans sa plus grande intensité, à un mouvement qui, mieux conduit 1, aurait sauvé la France.

Mais cela dit, mon général, j'estime qu'à cette heure la lutte est impossible, et je ne veux pas la continuer. Dans l'intérêt de nos idées, dans votre intérêt même, je juge qu'il faut l'interrompre.

Cette idée a été un instant la vôtre, lorsque le 22 septembre au soir, à mon arrivée à Londres, vous m'avez dit : « C'est fini ; moi, je suis absolument battu, je pars pour l'Amérique 2. » Et, cependant, la défaite n'était pas alors ce qu'elle est aujourd'hui. Nous tenions encore Paris, et nous l'avons perdu depuis.

Je suis profondément convaincu que les masses françaises veulent le calme, le repos, après trois ans d'agitation sans précédents, et qu'elles se retourneraient même avec colère contre ceux qui voudront les empêcher de goûter le repos souhaité.

Je suis convaincu que votre agitation — que Constans désire — maintiendrait unis les parlementaires, lesquels, en présence de votre attitude actuelle commencent à se désunir.

Je suis convaincu que le gouvernement à poigne continuerait, *enthousiasmant le pays*, dont les neuf dixiè-

---

1. Et qui donc le conduisait sinon le Comité, présidé par M. Naquet ?

2. J'expliquerai plus loin cette phrase.

mes ne cherchaient pas en vous autre chose, et que la stérilité parlementaire elle-même ne produirait aucun effet, parce qu'on l'attribuerait à votre obstruction.

Je suis certain, par contre, que si nous faisions les morts, si nous nous effacions, nos adversaires se diviseront; leur impuissance ne rencontrera plus d'excuse, partant plus de complaisants; le pays se dégoûtera d'eux; et, par un mouvement de réaction naturelle, il se souviendra de nous; il nous reviendra d'autant plus, que nous ne l'aurons pas troublé, et que nous aurons montré plus de dignité dans la défaite. C'est au moins la seule chance qui nous reste : avec l'attitude contraire, nous en arriverons de la défaite matérielle à la défaite morale, de l'écrasement à la déconsidération.

Cette manière de voir de ma part est-elle erronée? C'est possible; car je n'aspire pas à l'infaillibilité. Mais c'est une conviction profonde, bien puissante, et il serait dur, parce que je prends une attitude expectante, conforme avec l'idée que je me fais de la situation, que vous me considériez comme ayant renié une amitié qui m'est chère entre toutes.

Je sais bien que, comme tous les proscrits, vous êtes mal renseigné, et renseigné surtout par des hommes qui veulent continuer l'action.

Les personnes qui nous donnent raison, n'écrivent pas. L'abstention, l'expectative ne sont pas choses passionnantes qui mettent la plume à la main. Au contraire, les personnes passionnées et irréfléchies, qui ne veulent pas même consentir un armistice, écrivent tout de suite et crient volontiers à la trahison. Moi-même, dans le petit nombre de lettres que je reçois, je reçois par ce motif plus de critiques que d'éloges, mais cela ne m'étonne pas.

Les braves gens qui ont combattu, qui ont lutté, voudraient pouvoir continuer la lutte; c'est très légitime. Ne voyant que leurs comités, leurs quartiers, ils le croient possible; et leurs regrets ne s'élevant pas jusqu'aux généralisations de la politique et aux intérêts généraux de la République et de la patrie [1], ils s'indignent et écrivent des lettres enflammées.

Mais notre rôle, à nous, est de nous placer plus haut, de voir plus loin, et de nous laisser guider par des raisons politiques, au lieu de nous laisser entraîner par quelques exaltés [2].

On nous a parlé des 140,000 voix qui vous restent, à supposer qu'elles n'aient pas déjà subi un déchet à cette heure.

Mais les conservateurs ont aussi 100,000 voix dans Paris. Où cela les conduit-il ?

Ah ! s'il s'agissait d'imiter le prince Victor, d'organiser de temps à autre un banquet, une cérémonie commémorative, et de pousser quelques hourras devant des œillets rouges, ce serait facile, et cela suffirait aux membres du Comité, autour des lettres que vous recevez et que je reçois.

Mais ce n'est pas pour arriver à créer ce que j'appellerai volontiers « le victorisme boulangiste, » que j'ai lutté à vos côtés [3] ; et ce jeu puéril me fait horreur.

Or, à cette heure, vous ne pouvez songer à rien autre. Vos 140,000 voix sont inextensibles. Vous ne ramènerez pas de républicains, et vous ne reprendrez pas *un de ces conservateurs que, peut-être, vous avez trop allègrement séparés de votre armée, alors que leur appoint était nécessaire* [4].

La politique préconisée par nous, en créant l'apaisement, peut permettre, à un moment donné, de recruter des soldats dans les révisionnistes actuellement hostiles. Avec la continuation de la lutte, nous nous

1. C'est pour ces intérêts que M. Naquet s'alliait aux conservateurs.
2. Il était bien temps d'y songer.
3. Pourquoi était-ce donc ? Puisque c'est là justement ce que je reprochais dans ma lettre à M. Naquet d'avoir fait, et puisque tout à l'heure il disait que les neuf dixièmes n'avaient vu en lui qu'un futur gouvernement à poigne ?
4. Quels regrets ! Et plus tard M. Naquet prétendra qu'il ignorait l'alliance avec eux.

plaçons dans l'impossibilité de rien gagner, dans la quasi-certitude de perdre. C'est pourquoi nous sommes bien décidés, mes amis et moi, à ne pas nous laisser aller à cette politique de casse-cou.

Si même j'avais pu, et Laisant, Laguerre et Déroulède comme moi, nous aurions quitté la Chambre. La confraternité existant entre nous et nos collègues nous en a seule empêchés. Nous avons obéi aux supplications du Comité, dont tous les membres n'avaient pas une indépendance [1] qui leur permit de se démettre, et dont la dignité aurait souffert, si, nous partant, ils avaient dû rester. Mais, en dehors de cette considération, je ne serais plus à la Chambre, ce qui aurait accentué plus encore mon opinion sur l'attitude qui s'impose à notre parti.

Quand nous sommes allés à Jersey, nous ne sommes pas allés, ainsi que vous l'avez écrit, vous poser un ultimatum. Nous sommes simplement venus vous dire :

« Il y a deux politiques possibles : celle de l'expec» tative, de la suspension d'armes et celle de l'agita» tion maintenue.

» Mais, pour cette dernière, le terrain nous man» que. Nous sommes tout prêts à la continuer, si » vous le voulez. Seulement, il nous faut les éléments » qui, seuls, nous permettraient de la rendre fé» conde.

» Rentrez en France. Cela ne modifiera pas les élec» tions municipales, mais l'intérêt que la France pren» dra aux débats de la Haute-Cour nous fournira les » moyens de reprendre par tout le pays une agitation » dans laquelle nous serons suivis [2].

» Trouvez-vous cela insensé ? Craignez-vous que » cette galvanisation nouvelle ne puisse pas durer, » se prolonger assez pour nous conduire à la prochaine

---

1. Comme c'est flatteur pour les collègues !
2. Quand je le disais. L'aveu est-il assez net ? Et ce repos, dont tout à l'heure le pays avait si grand besoin, comme M. Naquet l'oublie !

» consultation nationale[1] ? Êtes-vous résolu à ne pas
» nous donner ce levier ?

» Il est possible que vous ayez raison. Mais alors
» c'est la première politique, la politique d'absten-
» tion[2] et d'effacement qui s'impose et qui seule peut
» produire des fruits. »

Nous ne vous avions donc pas apporté un ultimatum, mais un dilemme.

Et je suis convaincu que, si ce que j'ai fait dans la *Presse*, ce que vous vouliez faire le 23 septembre, vous l'aviez fait vous-même, la détente sur notre propre action en partie[3] aurait été immense et complète, et que vous vous seriez fait là une assise solide sur laquelle on aurait pu bâtir plus tard.

En un mot, il y avait, selon nous, deux solutions politiques, entre lesquelles on pouvait choisir. Il n'y en avait pas trois.

Trompé par les écervelés, mis par l'exil dans l'impossibilité de voir par vous-même, vous vous êtes prononcé pour cette troisième solution, qui n'existe pas.

Vous auriez voulu qu'on continuât à se conduire comme si rien ne s'était passé. C'était le moyen certain de se réduire avant peu à l'état où sont les bonapartistes. Que dis-je ? Un état moindre encore, parce que les partis dynastiques demeurent au moins appuyés sur des traditions, et que les traditions nous font défaut.

En présence de cette divergence d'opinions, nous vous avons dit loyalement que nous ne nous voyions pas les éléments voulus pour vous suivre, et que nous allons nous réfugier dans cette attitude expectante, laquelle aurait été plus féconde, si vous l'aviez voulu vous-même, mais qui, même prise par nous seuls, aura encore d'excellents effets.

1. Où serait le général pendant ce temps-là ? M. Naquet néglige de le dire et même d'y penser.
2. Pourquoi donc avoir tant protesté quand je l'ai soutenue ?
3. Quelle effronterie ! Quand on vient de voir plus haut que ce sont les amis de M. Naquet qui ont voulu persister pour les élections municipales.

Est-ce à dire que la froideur doive s'introduire entre nous? Est-ce à dire qu'une amitié scellée par tant de luttes et d'épreuves communes puisse être atteinte? Je ne l'ai pas pensé, et il m'est douloureux de croire que vous le pensiez vous-même.

Je voudrais que des circonstances favorables nous permissent de vous montrer par nos actes que rien n'est changé dans nos sentiments. Vous reconnaîtrez alors que nous sommes toujours les mêmes hommes, et que les meilleurs amis ne sont pas toujours ceux qui flattent nos désirs.

J'espère, mon général, que vous comprendrez les motifs qui nous ont fait agir, et que vous croirez à notre amitié bien vive et bien persistante.

A. NAQUET.

Ouf! Un document est un document. Le morceau est long. Mais il est vrai que, s'il n'y a qu'une signature, il est écrit pour cinq. Je ne l'allongerai pas par des commentaires; ce serait faire injure sans doute à l'intelligence du lecteur d'en ajouter.

Pourtant, je dois faire remarquer que, de son propre aveu, ni M. Naquet, ni ses quatre amis n'avaient reçu de communication du général; qu'ils en ignoraient donc les intentions, et que celles qu'ils lui prêtent sont toutes gratuites et imaginées pour les besoins du « dilemme », et que, enfin, la conduite sage était celle vers laquelle penchait le général, comme on l'a déjà vu et comme on le verra encore, — tandis que, d'une manière diverse, ce sont les amis au nom desquels parlait M. Naquet qui persistaient dans la politique d'obstruction et de *boucan*.

VARIATION SUR LE MÊME AIR

Maintenant à *l'autre*, qui traduit en l'abrégeant la

missive précédente, en y mettant moins de diplomatie, livrant ainsi les secrètes intentions des cinq ambassadeurs.

Après avoir lu ce qui va suivre, écrit le même jour, développant la même idée dans le même ordre, il est visible qu'on s'est concerté, et M. Laguerre n'aimant pas écrire, employant presque toujours des secrétaires, c'est son collaborateur qui tient la plume, comme il l'a tenue pour les *Coulisses* :

Paris, le 14 mai 1890.

Mon général,

Je profite de l'occasion qui m'est offerte par le départ de Castelin pour vous écrire cette lettre, dans laquelle je veux vous dire ce que je crois la vérité.

Après notre grand désastre, si nous voulions continuer l'agitation, il fallait qu'un nouvel élément de polémique nous fût offert.

Votre rentrée en France, le procès qui s'en serait suivi, *votre emprisonnement*, auraient été des bases d'opération admirables. *Vous auriez été victime, martyr* [1]! La légende aurait regagné tout ce que la calomnie [2] lui a fait perdre — et même plus.

Mais vous avez jugé inutile de *vous livrer à vos ennemis*.

Vos amis se sont donc trouvés réduits à *leurs seules forces*, c'est-à-dire, après une défaite comme celle que nous venons de subir, à rien.

C'est pourquoi ils ont dû se résigner au désarmement.

On vous dira, mon général, que ce désarmement implique de notre part un « lâchage » de vous.

Il n'en est rien. En ce qui me concerne, *je ne peux pas oublier que c'est vous qui m'avez ouvert la vie politique, et je*

---

1. Celui-ci au moins ne dissimule pas les conséquences.
2. C'est l'auteur des *Coulisses du Boulangisme* qui écrit.

n'aurai de cesse que les injustices dont vous avez été frappé n'aient été réparées.

Tous ceux de nos amis que j'ai vus sont dans les mêmes sentiments. Vous n'avez donc perdu, mon général, aucun de vos amis. Tous vous sont, et vous resteront fidèles.

Mais pour pouvoir utilement vous défendre, pour que les injustices soient effacées, quelle tactique fallait-il adopter ?

Continuer à tout propos à crier : Vive Boulanger ! C'eût été insensé.

En effet, nous avons des troupes qui, quoi qu'on fasse, nous resteront fidèles. C'est à nos adversaires que nous devons songer. C'est aux républicains, et non pas aux réactionnaires auxquels le duc d'Orléans a rendu confiance, qui nous ont traités comme leurs pires ennemis aux élections municipales, et avec lesquels vous ne devez plus penser à faire de coalition 1 même passagère.

Pour gagner des républicains 2 jusqu'ici anti-boulangistes, il faut que l'épouvantail cesse d'être en vue. Pour que nous puissions refaire une armée révisionniste 3, en débauchant les forces de l'ennemi, il faut, mon général, que vous rentriez sous votre tente.

Vous présent, nous conserverons nos cent mille électeurs parisiens — nous en avons autant que les orléanistes — mais nous ne ferons aucune conquête 4. Dans le pays même, avec le temps, perdrons-nous quelques-uns des nôtres qui se débanderont.

Nous, dans l'ombre, nous reprenons contact avec les républicains 5. Le parti révisionniste grandit pendant que les partis parlementaires, n'étant plus ser-

---

1. On en avait donc fait une ? Et, dans les *Coulisses du Boulangisme*, l'auteur prétendra qu'il l'ignorait.
2. Pour les gagner à quoi ?
3. C'est-à-dire refaire des dupes.
4. L'argument électoral de M. Naquet, abrégé.
5. Il aurait fallu qu'ils ne fussent pas dégoûtés.

rés l'un contre l'autre par la peur et la haine de Boulanger se divisent et se déchirent [1].

Vous voyez, mon général, tout le parti que l'on pourra tirer de cette situation qui, probablement, se produira dans quelques mois, si vous vous rendez à vous-même le service de désarmer.

Des amis imprudents vous donneront sans doute le conseil d'agir tout autrement. Ne les écoutez pas [2], mon général. Ils gaspilleraient en vain les restes de votre popularité; ils vous perdraient à jamais, *vous condamneraient au perpétuel exil* [3], en consolidant vos adversaires, dont vous êtes présentement le seul lien et que notre opposition violente affermit au pouvoir.

Veuillez croire, mon général, à mon amitié qui, elle, ne *désarmera jamais*.

MERMEIX.

Je ne sais pas si Judas a écrit, mais si les amateurs d'autographes ont pu trouver de ses lettres, elles doivent ressembler aux deux qu'on vient de lire.

Pour que le lecteur, qui n'est pas familiarisé avec tout ce qu'il y a de viles spéculations et de basses intrigues dans la politique, comprenne le véritable sens de ces lettres et l'esprit qui les a dictées, il faut ajouter quelques courtes explications, qui, d'ailleurs, résument cette triste histoire qui est une page de celle de notre pays.

PARTI A VENDRE

Quand le général était apparu, et s'était fait une si

1. Encore, on le voit, l'argument de M. Naquet en même place.
2. Même conclusion que M. Naquet. L'élève copie le maître.
3. Cette phrase, dans l'original, est surajoutée. Sans doute sur le conseil de quelqu'un.

rapide et si grande popularité, un homme, je l'ai dit, ancien officier de cavalerie, enrichi dans les affaires ou prétendant l'être, avait songé à faire de cette popularité l'objet d'une grosse spéculation, rendue facile par la confiante amitié de l'ancien camarade d'armes.

En même temps, quelques autres politiciens aux ambitions diverses avaient vu dans ce général et sa popularité une force puissante, presque invincible, qui les pouvait porter au pouvoir, s'ils en pouvaient disposer, et s'ils la dirigeaient. La capter, l'accaparer, et s'en servir, avait été l'objet de tous leurs efforts.

Ce qu'ils en firent, on le sait. Mais il se trouva que les partis réactionnaires eurent la même illusion et les mêmes intentions. Pour disposer de cette force, il fallait l'acheter à ceux qui l'avaient accaparée. Elle le fut; on sait à quel prix.

Quand la popularité, l'argent et les suffrages eurent été gaspillés, les meneurs de l'intrigue se trouvèrent réduits « à leurs seules forces », — c'est-à-dire « à rien », comme le dit M. Mermeix. Il restait 140,000 électeurs à Paris, demeurés fidèles au général, tandis que les orléanistes disposaient de 100,000 voix.

Si le général abdiquait, renonçait à toute revanche sur la destinée, les 140,000 électeurs passaient, on le supposait du moins, comme un héritage, à ses prétendus amis ou lieutenants, qui, en intriguant, flirtant près des républicains, auraient essayé d'en accroître le nombre, et, au moment opportun, auraient vendu de nouveau le concours du parti révisionniste à celui qui leur aurait assuré un appoint de suffrages, tout en payant leurs frais électoraux et en leur donnant quelque argent de poche.

Je n'examine pas si la combinaison était réalisable. Ce que je constate, c'est que, sans être exposée avec cette clarté et cette netteté, elle est écrite dans toutes les lignes des deux lettres qui précèdent. Et avec quelle impudence grotesquement suppliante et hypocrite, les intéressés disent au général : « Faites cela pour nous, et nous vous aimerons bien! »

On raconte que Harel, qui fut autrefois directeur du théâtre de la Porte-Saint-Martin, réduit aux expédients par ses prodigalités, exploitait la vanité d'amateurs dramatiques riches, leur imposant des conditions d'usurier juif pour mettre leurs œuvres à la scène.

Ce dépouillement d'un auteur qui avait vu des exigences nouvelles succéder à celles subies, venait de s'accomplir, quand Frédérick Lemaître, qui y avait assisté silencieux, se leva et, montrant la victime au directeur, avec un geste d'une dramatique ironie, lui dit, comme Robert-Macaire aurait pu dire à Bertrand : « Il a encore sa montre. »

Les amis, au nom desquels écrivaient MM. Naquet et Mermeix, n'avaient pas besoin qu'on le leur dise. Balzac, qui a tout imaginé, tout deviné, n'a pas imaginé ni deviné cela. Et si l'histoire abonde en intrigues et en trahisons, je ne crois pas qu'elle ait rien connu de semblable, même dans l'aventure dont l'infortuné empereur Maximilien fut victime.

CHAPITRE XVII

DISSOLUTION DU COMITÉ

Le Comité, procédant à la manière parlementaire avait, après les élections, remplacé son président, M. Naquet, par un autre des cinq, M. Laisant. Il s'était grossi des nouveaux élus, qui ne peuvent avoir de responsabilité dans ses actes, pas plus d'ailleurs que quelques membres déjà nommés, tels que MM. Vacher, de Ménorval, Elie May, Planteau, sans influence sur leurs collègues.

Le siège en avait été transporté rue de l'Arbre-Sec. Il fallait aviser à la conduite que l'on allait tenir. On récrimina beaucoup. Les nouveaux élus ne voulaient s'engager à rien. Les anciens partisans sincères n'avaient que des regrets, et voulaient rester fidèles à celui qui avait été leur espoir. Les habiles voulaient reprendre leur liberté et leurs manœuvres, sans perdre la clientèle boulangiste qui était leur fonds de commerce. Ces divers sentiments se traduisirent dans un ordre du jour qui fut signifié au général par M. Laisant :

Le Comité républicain national, considérant qu'il ne saurait abandonner dans la défaite les 144,000 vaillants électeurs de Paris et du département de la Seine qui viennent de se grouper une fois de plus autour du parti républicain national,

Déclare que, sans vouloir troubler le pays par des agitations momentanément stériles,

Il maintient dans son intégrité son programme de réconciliation française et de réformes sociales.

Vive la révision !
Vive la liberté !
Vive la République nationale !

De mon côté j'avais écrit au général.

Toutes mes prédictions s'étaient malheureusement réalisées. J'avais le triste avantage d'avoir raison. Il fallait, dans le désastre, sauver l'honneur, et se préparer à prendre une revanche sur la destinée ; et pour cela il fallait rompre avec le passé, adopter une nouvelle attitude, profiter de l'expérience, se mettre à l'étude, et prouver par sa conduite qu'on avait renoncé à toutes les anciennes erreurs. C'était une épreuve ; il la fallait dignement subir pour être capable de jouer encore un rôle dans son pays, et en tous cas pour mériter l'estime du peuple.

Je reçus la lettre suivante, que je donne tout entière, parce que dans ses détails, insignifiants pour le lecteur, elle indique la précision du chef de corps se préoccupant des voies et moyens :

« Jersey, Saint-Brelade's villa ;
vendredi 9 mai.

» Mon cher ami,

» J'ai reçu votre lettre du 3 ; je l'ai lue et relue ; je l'ai méditée.

» Le résultat de mes réflexions est celui-ci :

» Il faut absolument que vous veniez me voir, et que nous puissions conférer ensemble, ne fût-ce qu'une heure. La résolution que j'ai à prendre est trop grave pour que je ne la discute pas avec vous depuis A jusqu'à Z, et il m'est de toute impossibilité de le faire par lettre.

» Voici donc ce que j'attends de l'affection que vous m'avez toujours témoignée, et qui m'est nécessaire aujourd'hui plus que jamais.

» Prenez un billet de Paris à Jersey, aller et retour, avec aller par Saint-Malo, et retour par Granville. Cela vous coûtera quatre-vingts et quelques francs. Vous partirez pour Saint-Malo lundi soir, 12, à huit heures quarante-cinq du soir, et vous y arriverez à six heures quarante-cinq, le lendemain matin. Le bateau part ce jour-là mardi 13, à onze heures quarante-cinq du matin et vous débarque ici vers une heure et demie. Je serai sur le quai à vous attendre.

» Vous pourrez repartir de Jersey le mercredi 14, pour Granville, et être à Paris à quatre heures du matin le jeudi 15.

» Vous le voyez, ce n'est en somme qu'une absence de deux jours que je vous demande, mais j'ai absolument besoin de vous.

» Soyez assez bon, au reçu de cette lettre qui vous arrivera dimanche matin, pour me télégraphier « Général Boulanger, Jersey » ce simple mot : *Entendu*, sans signature. Cela voudra dire que tout est bien convenu.

» A mardi donc. Bien affectueuse poignée de main et merci à l'avance.

» Général BOULANGER. »

Au reçu de cette lettre, j'en exécutai les prescriptions.

Au départ de Saint-Malo, la mer était grosse. Pour n'avoir pas le mal de mer, je restai seul sur le pont désert, que les lames, passant par dessus les bordages, couvraient d'eau. Quand le quai de Saint-Hélier fut en vue, j'aperçus la silhouette du général, reconnaissable à son attitude si personnelle, du plus loin qu'on put voir. Dès qu'on eut abordé, étant seul sur le pont et sans bagage, j'avais vite rejoint le général. En me donnant l'accolade, il mit les mains sur mon épaule toute mouillée :

— D'où diable sortez-vous donc?
— Du pont. Autant dire de l'eau.
— J'ai fait faire du feu, montons en voiture.

Dès qu'on fut monté, et que la voiture roula, comme il me demanda des nouvelles, je m'excusais de ne guère répondre, étant transi de froid.

— Eh bien! c'est moi qui vais parler, dit le général. Avant d'en venir à ma résolution, j'ai beaucoup de choses à vous raconter, et il faut que je vous dise et que vous sachiez tout.

Et pendant deux heures, durant le trajet de Saint-Hélier à la baie de Saint-Brelade, puis dans le salon de la villa où, muet, je me séchai près du grand feu qu'il avait fait allumer, il me fit la narration rapide, dont ces mémoires ne sont que le développement, et dont je vais répéter des passages gravés dans mon souvenir comme si je les avais entendus hier :

— J'ai été abominablement trompé. J'ai eu le tort de ne pas vous croire; mais je ne pouvais vraiment supposer que vous aviez raison contre tout le monde.

» Je n'étais pas un homme politique, je le savais; mais je croyais que ceux qui m'entouraient en étaient, et qu'ils étaient des républicains. Ce n'étaient que des ambitieux. Etant ambitieux, ils auraient pu être plus prévoyants et plus habiles. Ils m'ont associé aux réactionnaires pour en avoir les suffrages d'abord, ensuite l'argent. J'ai eu tort, je l'avoue, et je le vois bien maintenant, de suivre cette voie. Mais j'étais injustement frappé, persécuté; je voulais prendre ma revanche; il me fallait pour cela des alliés; j'ai pris ceux qui offraient de l'être, d'autant plus que, parmi eux, beaucoup auraient abandonné leurs princes en qui ils n'ont plus confiance, pour me suivre, si je l'avais emporté.

» Ceux qui, aujourd'hui, n'ont pas assez d'invectives contre moi, n'auraient pas eu assez de leur langue pour lécher mes bottes.

» Quand vous m'avez écrit la première fois, pour me supplier de ne pas revenir, en me parlant du complot monarchiste, je me suis dit : « Denis devient-il fou? » Je n'avais rien promis. Depuis, j'ai encore vu que vous aviez raison. Les royalistes ne pouvant se servir de ma popularité, voulaient mon cadavre, pour s'en faire un tremplin. Aussi, vous n'aviez pas besoin de m'exhorter à ne plus me compromettre avec eux. Jamais, entendez-vous bien, *jamais*, dussé-je toujours rester proscrit, je ne m'associerai à eux. On ne peut rien faire avec eux sans être leur dupe.

» Vous avez toujours combattu le Comité. Ah! je dois vous rendre cette justice. Je persiste à croire, comme je vous l'ai écrit, qu'il y avait dedans de braves gens, peut-être pas très forts, mais sincères et dévoués. Vos raisons ne m'avaient pas convaincu. Je craignais, restant seul, de paraître faire de la politique personnelle, alors qu'on m'accusait de vouloir la dictature. Puis je vous le répète, je n'étais pas ce qu'on appelle un homme politique.

» Il y avait là des hommes qui étaient venus à moi et pour qui j'avais de l'amitié. Je croyais qu'ils voulaient servir leurs idées, ce qui est bien légitime. Maintenant, après avoir pesé le pour et le contre, *je comprends bien qu'il aurait mieux valu ne pas avoir de Comité*. Je ne sais pas où nous en serions; mais nous n'en serions pas, je crois, où nous en sommes. »

Nous étions arrivés. Par extraordinaire, il s'était

assis, au lieu de marcher à travers le salon. Il continua :

UNE MACHINATION AVORTÉE

— Ils sont venus cinq ici, au nom du Comité, me demander de revenir en France à la veille du second tour des élections municipales, quand mon retour ne pouvait rien changer au résultat du scrutin.

« Pourquoi faire ? Pour me faire condamner une seconde fois, car ceux qui ont osé me condamner, sans raison, quand nous étions à craindre, auraient encore moins hésité quand nous étions battus, et quand ceux qui auraient pu rendre un peu de courage aux nôtres criaient plus fort que les autres le *sauve qui peut*. Revenir dans de telles conditions était insensé. Je leur ai dit : « Donnez-moi une bonne raison, une seule, et ce soir je pars avec vous. »

En disant cela, le soldat s'était retrouvé.

Il parlait avec une fière sincérité, et son attitude, dans sa simplicité, avait grand air. Il poursuivit avec une douloureuse amertume, contrastant avec sa bienveillante impassibilité ordinaire :

— Ils ne m'en ont donné aucune, parce qu'ils n'en avaient pas à me donner. Ils protestaient de leur dévouement. Laguerre, en avocat, m'a dit : « Je vous défendrai ». Ils avaient besoin de moi, pour avoir des prétextes d'agitation, pour se refaire une fortune politique et une clientèle électorale. Les royalistes voulaient mon cadavre pour se faire un tremplin ; *eux voulaient ma peau pour en faire une grosse caisse.* Mes yeux se sont tout à coup dessillés, la vérité m'est apparue ; ils se sont mis nus devant moi. Ah ! mon ami, c'était un vilain spectacle ! Je ne croyais pas que des hommes pussent être ainsi.

Rien ne pourrait rendre ce qu'il y avait de tristesse et de dégoût dans le ton avec lequel furent prononcées ces dernières paroles, dont j'affirme l'absolue exactitude.

Le général reprit :

— Ah ! je les connais maintenant, ces politiciens, et je les connais bien, allez ! Je serai peut-être encore trompé, car on peut toujours l'être. Mais je ne le serai plus par ceux-là. Et quand je dis *ceux-là*, je ne veux pas dire les mêmes ; je veux dire tous leurs pareils.

» Pendant qu'ils me parlaient, je voyais leur plan : faire du bruit avec mon nom, apitoyer sur mes malheurs, se représenter comme mes amis et mes défenseurs, comme inspirés par moi, alors que je ne pourrais les désavouer, étant enfermé je ne sais où, et se faire une popularité sur mon dos. C'est fini avec ceux-là et bien fini. Si je les ménage encore, c'est que je ne veux pas, aux yeux du public, trompé comme je l'ai été, paraître un « lâcheur ». Mais ce sont eux qui me lâcheront.

» En me quittant, ils me dirent qu'ils retournaient en France, regrettant de n'avoir pas pu me décider.

» Mais j'appris presque aussitôt qu'ils avaient frété un bateau pour aller en Angleterre, où ils voulaient faire une tentative près de Rochefort, supposant qu'ils le convaincraient et que je serais bien forcé alors de les suivre.

» Ils devaient prendre la route de France, et, une fois au large, hors de vue, mettre le cap sur l'Angleterre. C'est ce qu'ils firent.

» Pour que Rochefort ne fût pas surpris, je lui envoyai un télégramme pour l'avertir. Il n'avait pas besoin de mon avertissement pour ne pas donner dans le piège.

» Il les reçut amicalement. Mais, dès qu'ils abordèrent le sujet de leur voyage, il leur dit : « Est-ce

» que vous êtes venus exprès de France pour me dire
» des bêtises? »

Le général en vint enfin à la lettre que lui avait adressée Laisant au nom du Comité, et dit :

— Je veux répondre à cette lettre comme elle le mérite. Je veux dissoudre ce Comité, ou du moins je ne veux plus qu'il se serve de mon nom. Je suis plus résolu peut-être qu'il ne faut. Le premier mouvement, quoi qu'on dise, n'est pas toujours le bon. Je vous ai fait venir pour que nous examinions cela ensemble. »

Ayant regardé l'heure, il s'interrompit lui-même pour dire : « Vous allez prendre une tasse de thé. » Et il se leva. Je l'imitai. J'étais, tant bien que mal, à peu près séché. Il me conduisit dans une salle voisine, où des dames étaient réunies, et me présenta, en disant : « Mon meilleur ami. » Les dames étaient assises autour d'une table. Il ne les nomma pas.

L'une, qu'à son âge, je devinais être la mère du général, vint me prendre les mains, en me disant :

— Vous êtes l'ami de mon fils, vous êtes le mien.

Le général fut charmant, comme, d'ailleurs, je l'ai toujours vu en ces circonstances. Jamais personne n'aurait pu deviner qu'il venait de remuer tant de tristes et amers souvenirs, ni qu'il songeait à une grave résolution. Car il y songeait; je le vis dès que nous nous retrouvâmes seuls.

Combien cette apparence d'indifférence aimable ou gaie a dû tromper de gens ! Quel admirable conspirateur il eût fait !

Dès que nous fûmes de nouveau seuls ensemble, il me mena à sa table :

— Voici ma réponse, dit-il, mais, avant, il faut que vous lisiez la lettre de Laisant.

Je l'avais lue dans les journaux, sans y attacher autrement d'importance. Des détails qu'il ajouta, sur la forme de l'envoi et sur la publication, la caractérisaient davantage. A l'ordre du jour, assez insignifiant qu'on a lu plus haut, était jointe une lettre d'un ton dédaigneux et comminatoire de M. Laisant, vice-président du Comité commençant par les mots qui, dans la circonstance, étaient une impertinence : « Monsieur le Général. » Et c'est cette impertinence qui avait le plus irrité le général.

Quoique la réponse de ce dernier différât peu de celle qui a été publiée et qu'on va lire, je lui trouvais une forme un peu trop personnelle et dure. Je le fis observer au général, et, sur son invitation, je proposai certaines corrections. Il trouvait à son tour le ton trop mou.

Enfin, on tomba d'accord sur un texte, auquel, après réflexion, le lendemain, il fit deux corrections pour des raisons très justes ; et, à cette occasion, je pus apprécier combien il avait, quand il voulait s'en préoccuper, le sens net de ce qu'il fallait dire et des conséquences que pouvaient avoir les expressions.

Il m'avertit qu'à table, en famille, on ne parlait pas de politique ; ce que je n'eusse pas fait d'ailleurs, sans y être provoqué.

Des dames que j'avais vues, et qui se retrouvèrent au dîner, l'une était sa mère, l'autre, madame de Bonnemains ; les deux autres, des parentes. Il fut enjoué, comme s'il n'eût eu aucune préoccupation. Et pendant qu'il plaisantait, il repassait dans sa tête le texte de sa réponse.

Le lendemain il y avait réfléchi, puisqu'il fit deux corrections. Il la recopia, me donna ses instructions pour la publicité, en me recommandant bien qu'aucune communication n'en fût faite avant que j'eusse la certitude que M. Laisant l'avait reçue.

Dans son itinéraire, il avait compté sans l'inexactitude du bateau. Je ne pus prendre que le train du matin, et être à Paris dans l'après-midi. J'allai aussitôt à Passy chez M. Laisant. Il était dans son jardin ; un domestique à la porte m'interpella.

Je n'ai jamais posé pour l'élégance ; en outre, je venais de faire la traversée et le voyage en chemin de fer. Je devais être fortement fripé.

Le domestique me toisa, prit la lettre que je lui remis en la déclarant pressée. Et, avec cet air de haute protection qui est le propre des concierges de célébrités, il me dit un : « Bien, mon garçon », digne de l'illustration de Daumier.

Ma mission était remplie. Le lendemain, les journaux publiaient le document suivant :

« Cher monsieur Laisant,

» Je vous accuse réception de l'ordre du jour du Comité républicain national que vous m'avez adressé, en y joignant les réflexions qu'il m'inspire et qui me sont dictées par les faits.

» Je ne considère pas l'échec électoral de la liste de candidats élaborée par le Comité comme aussi grave que l'a dit ce dernier, pour l'idée républicaine démocratique et réformatrice dont les partisans m'ont fait l'honneur d'affirmer sur mon nom leurs revendications et leurs espérances.

» Toutefois, je crois, comme vous, qu'il serait au moins inutile de troubler le pays par des agitations stériles ; je crois, comme vous encore, qu'il faut rendre confiance à cette foule de citoyens qui ont conservé leurs sympathies à une cause dont les circonstances m'ont fait le représentant.

» Pour ceux-là, touché de leur attachement, je demeure dévoué à une cause qui est la leur, bien certain du triomphe définitif de leurs revendications et de leurs espérances.

» Ce triomphe, il faut savoir l'attendre du temps et de la propagande des idées ; mais je désire qu'il n'y ait plus désormais d'intermédiaire entre ces citoyens et moi, car personne ne peut, mieux qu'eux-mêmes, manifester leurs sentiments.

» La tâche du Comité dont je suis le président me semble donc terminée et je vous prie de faire connaître à nos collègues que ceux d'entre eux qui le désirent peuvent désormais consacrer un concours, qui jusqu'ici, m'avait été précieux, aux opinions qui leur sont personnellement chères.

» Pour moi, j'ai à me recueillir, à méditer sur les leçons que contiennent les faits accomplis, et à étudier d'une façon sérieuse les questions qui intéressent le peuple laborieux, pour mieux mériter encore les sympathies qu'il m'a témoignées.

» Ce faisant, je reste le soldat de la France et celui de la démocratie, toujours prêt à les servir et à donner pour elles ma vie, si la patrie avait un jour besoin du fils qui a versé son sang pour elle.

» Recevez, cher M. Laisant, l'assurance de mon affectueux dévouement.

» Général BOULANGER. »

Les chefs du Comité, tout d'abord, n'y voulurent pas croire. Ceux qui recommandaient une politique d'expectative étaient désolés que le général l'adoptât, parce qu'il ne laissait pas subsister d'équivoque. Bon nombre des nouveaux députés n'étaient pas fâchés qu'on leur offrît de reprendre leur liberté et de se débarrasser ainsi de toute solidarité avec leurs collègues et prédécesseurs.

Six jours après la réception de la lettre à M. Laisant, le Comité dit National, qui avait été si funeste, prononçait sa dissolution.

On n'en avait pourtant pas fini avec les intrigues. Et de cette grande fortune politique ruinée par leurs gaspillages et leurs agissements, les chefs du Comité allaient se disputer à qui prendrait le reste.

TROISIÈME PARTIE

L'EXIL

CHAPITRE XVIII

SAINT-BRELADE

En quittant le général, il avait été convenu que je reviendrais au plus tôt passer plusieurs jours à Jersey, pendant lesquels nous examinerions quelle conduite à l'avenir il faudrait tenir, quel plan général il faudrait suivre, sauf à les modifier suivant les circonstances. Je repartis donc de Paris presque immédiatement.

En arrivant à la villa de Saint-Brelade, située à l'extrémité de la commune qui longe la baie du même nom, le général me conduisit à la chambre qui m'était destinée en me disant : « Vous êtes ici chez vous ».

Comme la journée était avancée, il m'offrit de faire, le lendemain seulement, une promenade dans l'île. On resta donc à bavarder soit dans le salon, soit au jardin.

La villa de Saint-Brelade était une habitation assez bizarre, appartenant à un marchand de curiosités de Paris, qui devait être lui-même un homme quelque peu étrange, puisqu'il avait fait construire à grands frais, pour ne pas l'habiter, ce châlet sur un terrain dont il n'était possesseur, suivant la coutume de Jersey, que pour vingt-sept ans, étant étranger. Il l'avait meublé et orné d'objets curieux à des titres très divers, dont l'architecte, un Français de ses amis, avait tiré le meilleur parti, ce qui en faisait un séjour agréable, dont le prix de location, à raison même de ces bizarreries, était relativement modeste.

Des rosiers grimpants tapissaient les murs, presque adossés au rocher sur l'une des faces, longtemps fleuris dans cette île, où des plantes exotiques poussent en pleine terre, tant le climat y est doux. Le jardin, au lieu d'être en longueur comme tous les jardins, est en hauteur, montant presque jusqu'au sommet des roches, qui forment une large ceinture à la baie. S'y promener, c'était grimper ou descendre. Un bout de pré reliait, en pente douce, l'habitation à la plage, très longue, large et belle, faisant face aux côtes de France.

MADAME DE BONNEMAINS

Je pus faire ce jour-là plus ample connaissance avec madame de Bonnemains, la compagne fidèle et dévouée du général, dont je ne parlerais pas, si le drame d'Ixelles n'avait autorisé à parler sans indiscrétion d'une situation délicate, et ne lui avait valu ce genre de célébrité faite à celles qui ont été beaucoup aimées, plus encore qu'à celles qui aimèrent beaucoup.

Elle apparaissait comme une personne douce, affectueuse, un peu grave, très simple, d'un tact très délicat, sympathique, intelligente, et surtout bonne. La bonté semblait être sa qualité dominante, donnant à sa physionomie souriante une légère teinte de mélancolie.

Appartenant à une famille de marins et de militaires, elle était habituée au sacrifice et à cette sorte de fatalisme de ceux dont la vie est toujours livrée au hasard. Aussi, comme j'ai pu m'en convaincre plus tard, n'avait-elle été pour rien dans le départ de Paris. Elle n'avait pas entraîné; elle avait suivi. Si elle n'avait écouté que son intérêt de femme, elle aurait plutôt empêché ce départ. A Paris, sa liaison avec le général était secrète, et le secret lui conservait sa situation mondaine. Le départ dans les conditions où il s'effectuait était une révélation éclatante, presque scandaleuse, qui entraînait la rupture de presque toutes ses relations, la perte du genre de considération à laquelle les femmes tiennent le plus. Il la vouait non seulement au blâme de son monde, mais encore aux outrages d'adversaires sans scrupules.

Le général la consultait certainement, non pour les choses de la tactique politique, auxquelles elle restait étrangère, n'ayant à cet égard ni opinion, ni volonté, mais pour les choses où le tact et l'expérience de la vie et du monde étaient nécessaires et dans lesquelles son avis était toujours celui d'une indulgence conciliante, si bien qu'à la très grande bonté du général s'ajoutait encore cette bonté excessive et d'un caractère presque maternel.

LA MÈRE ET LE FILS

Ce ne serait pas assez dire que la mère du général

aimait son fils, son Georges; elle l'adorait, et d'autant plus qu'il restait pour elle, ce fier soldat qui un moment avait fait battre d'espérance le cœur de la France et inquiété l'Europe, l'enfant doux, docile et caressant, passant des heures à tenir ses mains dans les siennes, comme on a représenté saint Augustin et sainte Monique, mais avec plus d'humain enjouement.

Je ne parlerai pas par discrétion des autres personnes, qui se chérissaient mutuellement et qui semblaient lutter entre elles d'affection et de dévouement, si bien que dans ce milieu hospitalier on éprouvait l'impression d'une famille patriarcale d'un autre temps, de ces réformés proscrits qui ont fondé les États d'Amérique.

On avait parlé tout d'abord de la traversée; c'était là toujours pour le général l'occasion de manifester son horreur des voyages en mer, si courts qu'ils fussent, parce qu'il était toujours malade, et malade comme on ne l'est pas, — ce qui ne l'avait pas empêché pourtant de faire de nombreuses et très longues traversées, pour lesquelles il lui fallait plus de courage que pour aller au combat, puisqu'il ne craignait pas la bataille, et qu'il avait le tourment du mal de mer.

Au dîner, il eut son enjouement grave habituel. En servant le potage, le groom commit une maladresse; le général fronça le sourcil. Madame de Bonnemains, qui s'en était aperçue, excusa le domestique en disant:

— Général, il faut lui pardonner, c'est la première fois qu'il sert.

— Il vaudrait mieux que ce soit la seconde, répondit impassiblement le général.

Là se bornait, dans l'expression, la sévérité de ses réprimandes, qui suffisaient à rendre confus ceux auxquels il les adressait, bien plus que n'auraient pu le faire des reproches plus vifs.

Un autre jour, en montant en voiture, il vit une légère avarie; il interrogea Le groom s'en excusa en invoquant la participation d'un autre domestique : « Vous vous mettez à deux pour faire une bêtise », dit le général, toujours du même ton imperturbable. Et ce fut tout.

Je suppose qu'il était de même avec ses officiers et ses soldats. Aussi, comme il était obéi et aimé!

A table, on causa de la visite des cinq ambassadeurs du Comité, mais comme s'il se fût simplement agi de celle de convives mondains. On plaisanta légèrement les prétentions apollonesques et don-juanesques de M. Naquet. Jamais un auditeur n'aurait pu deviner, à la légèreté inoffensive des plaisanteries, les sentiments du général, qui ont été exprimés plus haut.

RÊVE BUCOLIQUE

La conversation avait pris une tournure un peu plus grave, et l'on parlait du bonheur dans la vie. A un moment, et avec un profond accent de sincérité, le général dit :

— Quelle destinée est la mienne! Je n'étais pas fait pour être ce que je suis. Mon rêve aurait été d'être un bon fermier, vivant au milieu des paysans, et cultivant ses terres.

Comme on se récriait en plaisantant, il répliqua, avec une charmante bonhomie, mais avec le même ton de sincérité :

— Je ne dis pas que j'aurais voulu m'éreinter à travailler. J'aurais travaillé comme un autre, suffisamment, pas trop. J'aime les paysans; je me serais toujours entendu avec eux. Pourvu que j'aie eu un cheval pour me promener dans mes terres, j'aurais été heureux.

Connaissant le général aussi intimement que je l'ai connu, je suis sûr qu'il disait vrai. Malgré sa brillante fortune militaire, il n'était pas fait pour nous, pas plus que nous pour lui. Il était fait pour être un colon américain; et, s'il l'avait été, avec ses éminentes qualités, son charme, son sens pratique et l'autorité qui était attachée à sa personne, il aurait certainement joué un rôle et laissé un nom à l'histoire de la République d'Amérique.

TERRE DE FRANCE.

Le lendemain, nous devions faire une promenade dans l'île; il tenait à me montrer une église portant cette inscription : *Edifice à louer*, ce qui exprimait pour lui, en un fait, le vrai régime de la liberté religieuse dans un pays. « C'est là ce qu'on ne verra peut-être jamais en France, disait-il; et pourtant les Anglais sont plus religieux que les Français. »

Pour pouvoir causer plus librement, les dames prirent place dans une voiture découverte, tandis que nous deux, nous montâmes dans un buggy que le général conduisait; et, en route, il me raconta brièvement l'histoire de Jersey, écrite avec tant de verve par Auguste Vacquerie dans les *Miettes de l'Histoire*, y joignant des renseignements sur les coutumes légales, l'administration, les revenus et la culture, qui est celle de pommes de terre précoces et du chasselas en serre. Un propriétaire de l'île, sous l'Empire, fournissait annuellement aux Tuileries pour 25,000 francs de ces raisins.

L'île de Jersey, où une chaleur printanière est entretenue par le courant chaud du gulf-stream, présente au sud, du côté qui regarde la France, l'aspect des bords méditerranéens. Les plages sur lesquelles viennent, comme sur celle de Sorrente, se dérouler lentement les flots apaisés sur un fin sable d'or, sont longues, unies, et de pente insensible.

Au nord, en face : Guernesey et l'Angleterre ; l'aspect est tout différent. La roche y est chauve, abrupte, à pic, battue furieusement par les vagues, avec ce bruit qui ressemble à la rumeur de la colère des choses. Au centre, les paysages qui se déroulent, sur un terrain onduleux, sont ceux de la verte Erin, de la Suisse sans ses glaciers, de notre Poitou, mais avec plus d'intensité végétale encore.

Comme j'admirais, le général me dit, avec une sorte de fierté dans laquelle il cherchait une consolation : « C'est de la terre française ! » On sait que, en effet, Jersey est un des restes des côtes neustriennes, submergées dans un cataclysme.

Le spectacle de cette nature printanière et luxuriante était si enchanteur, qu'à un moment je dis au général : « Je ne vous plains plus ; vous habitez le paradis ! »

— Si, plaignez-moi, répondit-il en me prenant la main ; ce n'en est pas moins l'exil, et le paradis lui-même n'est pas la France !

Cette France, comme il l'aimait ! Comme d'ailleurs il a aimé tout ce qui était l'objet de son affection : patrie, peuple, soldats, paysans, compagnons et amis ! Il aima. Là fut le secret de sa popularité et peut-être aussi celui de sa destinée.

LE PROBLÈME SOCIAL

J'avais commencé depuis quelque temps tout exprès pour le général auquel je l'envoyais par chapitres, une étude sommaire mais complète, ayant pour titre *Le Problème social*, indiquant assez la nature et l'objet de l'ouvrage formant un très gros volume.

C'eût été imposer à l'ex-ministre de la guerre un travail trop pénible, long et peu efficace que de lui indiquer plus de cent volumes dans lesquels les divers aspects de la question sont traités. J'avais cru mieux faire de lui donner un résumé des termes mêmes du problème en indiquant quelle réorganisation pouvait être accomplie d'une manière positive, pratique, sans convulsions ni bouleversements, en employant des solutions expérimentées du passé ou du présent.

Il avait déjà plusieurs chapitres de ce *Problème social* dont il parle dans sa correspondance, les attendant impatiemment. Il m'en avait bien fait des compliments; mais je craignais qu'il ne les eût faits par amabilité, et je préfère les observations aux éloges.

Je lui demandai donc, puisque nous avions le temps de causer, quelles observations il avait à faire.

— Aucune, répondit-il.

— Ce n'est pas assez. Vous allez me faire croire que vous n'avez pas lu.

— Si, et avec beaucoup d'attention et d'intérêt. Quand vous m'avez annoncé que vous alliez faire et m'envoyer ce travail, comme je comprenais la nécessité d'étudier et de connaître ces questions, je vous avoue que je me suis dit : « Mon ami, tu ne vas pas t'amuser; mais il le faut. » Je croyais que ce serait très aride. Quand j'ai lu, j'ai trouvé ça aussi intéressant qu'un roman. C'est très clair; et vraiment, je ne vois aucune observation à faire. J'ai toujours attaché plus d'importance aux questions sociales qu'aux questions politiques. J'avais pensé à beaucoup de choses dont vous parlez, à d'autres, moins, et je me suis aperçu en vous lisant que j'en savais plus et que j'étais plus socialiste que ceux qui étaient autour de moi et qui prétendaient l'être. »

Je n'invente rien, pas un mot. Qu'il s'agisse d'un travail de moi, qui n'est, d'ailleurs, qu'un résumé, ou du travail d'un autre, il importe peu. Mais que pense-t-on de cet homme qui, à cinquante-deux ans, ayant été chef de corps et ministre de la guerre, dont le cerveau était déjà rempli de toutes les connaissances spéciales, techniques — et Dieu sait s'il en faut — nécessaires au grand commandement, se remet patiemment, comme un écolier, à l'étude de la sociologie, l'une des sciences les plus compliquées qu'il y ait, alors que ceux qui font profession de légiférer sur cette matière, l'ignorent?

Par ce fait, on peut juger comme auraient été écoutés MM. Laguerre, Laisant, et ceux qui entraînèrent le général Boulanger dans la politique, s'ils étaient venus lui dire :

— Général, vous êtes peut-être le meilleur, même le seul ministre de la guerre que la France puisse avoir. C'est déjà beaucoup. Mais il vous manque la connaissance de la politique et celle des questions sociales, devenues en ce temps les plus importantes. Profitez des loisirs que vous donne votre internement à Clermont pour acquérir l'une et l'autre. Nous ferons tous nos efforts pour vous y aider, et quand l'heure reviendra pour vous d'être ramené au pouvoir, vous pourrez prétendre à la direction des affaires et opérer des réformes non plus seulement militaires, mais sociales.

Si ceux qui furent ses funestes conseillers lui avaient tenu ce langage, celui qui repose au cimetière d'Ixelles serait encore vivant; la France aurait parmi ses défenseurs le soldat qui avait su réveiller son enthousiasme et son espérance, et peut-être l'ère de la rénovation sociale serait-elle ouverte pour elle.

Ah! comme je les maudis ces hommes, avec toute l'amertume des regrets de l'amitié et le désespoir du socialiste et du patriote! Et le pays n'aura jamais assez de malédictions pour ceux qui ont entraîné dans leur fange d'intrigues, ce Duguesclin, de la même race que l'autre, qui pouvait lui rendre ses provinces perdues et mener le peuple à la conquête de la Terre promise!

GUERRE IMPIE ET GUERRE LÉGITIME

C'est en causant de ces questions sociales qu'il me dit son opinion sur la grève de Decazeville, que j'ai citée dans la première partie de cet ouvrage. Nous fûmes ainsi amenés à parler de l'insurrection du 18 Mars, dont je lui expliquai sommairement les causes multiples et le caractère, en lui disant quel rôle j'y avais joué.

En l'entretenant de la lutte des derniers jours, je lui avais raconté comment, marchant seul, en éclaireur, j'avais rencontré au coin de la rue Vavin, les troupes versaillaises, suivant le boulevard Montparnasse, disposées en tirailleurs, rasant les maisons, et commandées certainement par un chef prudent; et je m'interrompis tout à coup pour lui dire :

— Mais c'est vous qui commandiez là! Si vous m'aviez fait fusiller ce jour-là, vous auriez fait un beau coup.

— Oui, c'était moi, répondit-il. Je vous écoutais avec attention à cause de cela, et tout ce que vous dites est exact. Mais je ne vous aurais pas fait fusiller, parce que je n'ai fait fusiller personne.

Parlant de ce pénible sujet, il ajouta : « Que voulez-vous, mon ami ; je croyais ce qu'on disait, que les insurgés étaient un ramassis de malfaiteurs. J'ai toujours été partisan de la légalité, et c'était mon devoir de soldat de défendre la représentation nationale. Je croyais bien faire à ce moment-là. Je ne savais pas ce que c'était que les parlementaires. Et dire que je me suis battu et fait blesser pour eux ! Aussi, depuis ce moment, j'ai horreur de la guerre civile. »

Plus tard, dans les derniers temps, à Bruxelles, à propos, je crois, de l'épouvantable énormité des nouveaux moyens de destruction, il en vint à me dire :

— Maintenant que je n'y suis plus, il faut avouer que c'est bien bête, la guerre !

— Il y a pourtant une guerre nécessaire, légitime, presque sainte, lui répliquai-je. C'est la guerre civile, parce qu'elle est le seul moyen pour le peuple de défendre son droit et de se faire rendre justice.

— Philosophiquement, vous avez peut-être raison, reprit le général. Néanmoins, c'est bien horrible de penser que ceux que l'on combat sont des concitoyens.

» Je me souviens toujours de l'état dans lequel j'ai retrouvé des endroits où j'avais passé, des cafés où j'étais allé autrefois et qui étaient saccagés, et cela dans notre pays, à Paris même. Non, la guerre civile est une chose affreuse et je n'aurais jamais voulu la revoir.

» Tenez, nous opérions pendant la Commune dans le quartier du Panthéon ; les insurgés, du haut du monument et des maisons, nous assaillaient d'un feu plongeant ; le capitaine T..., que vous connaissez, qui était à côté de moi, reçut une balle dans la tête ; c'est là où il a perdu l'œil. Les soldats, furieux, fouillèrent la maison d'où partaient les coups de fusil et prirent un ouvrier. Ils lui demandèrent si c'était lui qui avait tiré. Est-ce que l'imbécile ne répondit pas oui ? Ils le fusillèrent. Je ne pouvais pourtant pas les en empêcher ! Je vous assure que je plaignais ce pauvre diable, qui était un Français. Et j'aurais mieux aimé que ce fût un Prussien. Je ne dis pas que ça ne m'aurait rien fait, mais ça m'aurait fait moins. »

Un de ceux qui étaient officiers sous ses ordres à ce moment, m'a raconté que, étant entré dans une des cours martiales qui après la bataille, fonctionnaient dans plusieurs quartiers de Paris et ayant vu là des femmes et des enfants qui allaient être exécutés, il s'emporta et reprocha durement aux officiers de cette cour martiale le métier de bourreaux qu'ils pratiquaient, ce qui n'a pas empêché les journalistes à la solde des civils qui alors faisaient fusiller, de l'accuser d'avoir participé à ces représailles qu'il réprouvait et qu'ordonnaient les Jules Favre, les Picard, les Jules Ferry et les Jules Simon.

Ayant eu l'occasion de me parler un jour de l'amiral Goujard, le général, qui l'avait connu au Tonkin, m'exprima toute l'antipathie qu'il lui inspirait à raison de sa conduite envers les indigènes et les vaincus.

— Il me répugnait, ajouta le général, parce qu'il était sanguinaire.

Comme nous rentrions, après quatre heures de cette causerie et de promenade dans l'île, il me dit :

— Il faudra pourtant parler de ce que nous allons faire.

Mais l'entretien à cet égard, devant être long, fut remis au lendemain.

PLAN DE CAMPAGNE

Je suis noctambule, travaillant jusqu'à une heure avancée de la nuit, et conséquemment peu matinal. Il le savait. A neuf heures, il venait, alors que j'étais encore couché, se promenant à travers ma chambre tout en bavardant ou s'asseyant au pied de mon lit. En veston du matin, sans cravate, il n'en avait pas moins une tenue d'une irréprochable correction.

On a dit qu'il n'y a pas de grand homme pour son valet de chambre. Il faisait mentir le dicton, car pour son valet de chambre il aurait toujours été le général Boulanger. Il aurait été impossible de faire son portrait, comme on dit, en pantoufles, parce qu'il n'y était jamais même lorsqu'il les avait aux pieds.

Le lendemain donc, pour être à l'aise, nous descendîmes sur la plage à quelques pas du châlet. C'était l'heure de la marée basse, et nous avions devant nous une grande étendue de sable à la surface élastique et résistante comme l'asphalte des boulevards, et par delà, la grande nappe verte miroitante, tachetée de points blancs — qui est la mer.

Je demande pardon au lecteur de me mettre en scène autrement que comme narrateur et témoin. Mais, pour la compréhension de ce qui doit suivre, comme de la correspondance, je suis bien forcé d'exposer, aussi sommairement que possible, avec les arguments invoqués, le plan de conduite que je proposai. Tout ce que je vais dire est attesté par les lettres du général, dont certaines expressions seraient plus qu'obscures, inexplicables, sans ce récit, qui leur donne un sens.

— Je vous ai écrit que tout n'était pas perdu, dis-je au général (je l'avais écrit quelques semaines avant, en effet), parce que depuis Napoléon, il n'y a pas eu, à part M. de Bismarck et Gambetta, de nom qui ait eu autant de retentissement que le vôtre, qui soit descendu au plus profond des couches populaires; et parce que dans les dernières élections générales, il vous restait encore, à en croire les scrutins, malgré tout, malgré la pression, malgré les fautes et le juste dégoût qu'inspirait la bande, un million et demi de partisans. Ce n'est pas assez pour sortir triomphant d'un plébiscite impossible, qui ne se fera pas. C'est assez pour provoquer, à un moment donné, une grande agitation, pour acquérir l'autorité morale, pour se venger de ses ennemis, et prendre une revanche sur la destinée.

» A supposer qu'on ne sauve pas autre chose de la défaite subie, il y a du moins à sauver l'honneur. Et pour l'honneur, il faut prouver par vos idées et votre conduite, ce que je sais, moi : que vous n'avez pas mérité les accusations dont vous êtes l'objet, que vous étiez vraiment républicain, que vous vouliez la grandeur de notre patrie, et non pas les satisfactions d'une dictature ou du pouvoir personnel; et que, enfin, vous ne méritez pas l'épithète dont se servent envers vous de prétendus amis, et contre laquelle proteste tout votre passé militaire.

» En ce moment, il n'y a rien à faire qu'à savoir attendre, ce qui est parfois la chose la plus difficile, étudier et vous préparer de façon à être toujours prêt à saisir l'occasion, à quelque moment qu'elle se présente. Les déclarations que vous pourriez faire ne seraient pas écoutées; il faut qu'elles aient pour commentaires votre conduite, vos actes, à partir de ce jour. Soyez sûr qu'insensiblement, avec le temps, la force de l'exemple triomphera, que les préventions se dissiperont et que l'opinion publique, dont la justice peut être tardive, mais prévaut toujours, finira par juger sévèrement, vos accusateurs et vos juges, et par vous être favorable.

» En politique, je vous l'ai déjà dit, c'est l'arme même dont les adversaires se sont servis qu'il faut retourner contre eux-mêmes. C'est l'histoire du fort par lequel on a été mitraillé et par lequel on mitraille à son tour quand on a pu s'y introduire. L'arme dont on s'est servi contre vous, c'est le procès de la Haute-Cour. Vos ennemis croient vous tenir avec lui : c'est vous qui les tenez.

» En demander aujourd'hui la révision serait pure folie. Vous seriez condamné de nouveau sans débats, comme une cour martiale fait fusiller. Il ne faut même pas qu'on en parle. Il y aura toujours un moment, dans les quatre ans qui vont suivre, et le plus tard sera le mieux, où les coalisés d'hier se diviseront, où des indiscrétions auront été commises, où une partie des parlementaires se seront déconsidérés, où des hostilités se seront élevées avec le Sénat; c'est alors qu'il faudra venir et dire :

« Je crois le moment arrivé de réviser mon pro-
» cès, si vous le voulez bien, hommes justes et inté-
» gres. Seulement, s'il est vrai qu'il y ait eu des con-
» cussions et des complots, je veux, comme c'est mon
» droit, que tous ceux qui y ont participé, comparais-
» sent avec moi au banc des accusés. »

» Vous verrez alors l'effarement. A gauche comme à droite, on n'aura plus qu'un souci, ce sera d'empêcher le scandale, et de trouver un ingénieux moyen d'annuler le procès pour n'avoir pas à y revenir.

» Il est bien incontestable, et je dois bien avoir la franchise de vous l'avouer, que votre départ de Paris vous a fait perdre quelque chose de l'estime du peuple, qu'il faut reconquérir. Il faudra donc effacer le souvenir de ce départ par un retour qu'il faudra effectuer au moment opportun, quand il sera de nature à émouvoir fortement l'opinion publique, soit à la stupéfier ou à l'électriser par ce coup d'audace.

» Je ne crois pas que rien de tout cela soit possible de longtemps. J'estime aujourd'hui, sauf à tenir compte des circonstances, qu'il ne faudra agir que dans deux ans, à peu près vers ce moment, six mois avant les élections, alors que les convoitises électorales divisent les partis, et que les citoyens se reprennent à s'occuper de politique, et afin que l'émotion causée ne s'éteigne pas.

» En attendant il faut agir près de vos amis pour qu'on cesse toute politique tapageuse et personnelle; pour qu'on laisse les adversaires s'endormir dans une fausse sécurité, et pour qu'on ne persiste plus à vous représenter comme un futur dictateur, pour qu'on en finisse même avec des cris de : Vive Boulanger! qui n'avancent à rien et ne servent qu'à effrayer de sincères républicains.

NOUVEAU GARIBALDI

» Comme il faut passer le temps et qu'il ne suffit pas d'étudier, de méditer et d'attendre, j'en reviens au conseil que je vous ai donné autrefois quand je prévoyais que la corde casserait. Votre tâche sera moins facile qu'elle ne l'aurait été alors, mais elle est peut-être encore possible et il la faudra tenter. Si vous n'êtes plus l'idole populaire acclamée du 14 juillet, vous êtes toujours l'ancien ministre de la guerre et le soldat de Turbigo. C'est assez pour aller, quoique proscrit, et justement étant proscrit, vous rendre compte de ce que sont les fortifications de la Meuse et faire sur place le plan de la bataille décisive, où se jouera le sort de la France et celui de l'empire allemand. C'est assez pour aller en Italie revoir le champ de bataille où vous avez reçu votre première blessure, versé la première fois votre sang pour l'indépendance d'un peuple, où votre mère vous recherchait parmi les agonisants, et pour parler aux Italiens, au nom de ces souvenirs, de l'union des deux nations sœurs.

» Soyez pour eux un autre Garibaldi, comme vous avez été un autre Gambetta pour les Français. Que les Belges et les Italiens crient : Vive Boulanger! tant mieux, ce sera une manière de crier : Vive la France ! Et nous verrons bien, quand vous viendrez vous présenter devant la Haute-Cour, apportant le secret de la victoire et l'alliance du peuple italien, s'il se trouvera des juges, même des sénateurs, pour oser vous condamner. En tout cas, vous auriez, au lieu d'avocat, le peuple français pour vous défendre.

» Voilà mon plan. Si vous l'adoptez, je suis à vous corps et âme; aucun effort ni aucun sacrifice ne me coûtera. Je défendrai mon honneur en défendant le vôtre, et je servirai ma cause et mon pays. »

PACTE CONCLU

Nous marchions à travers la plage. Le général m'avait écouté comme il savait écouter. Quand j'eus achevé, il resta quelques instants silencieux, méditatif. Enfin, gravement, lentement, il répondit :

— Pacte conclu. Ce plan, d'une manière générale, je l'adopte; il n'est rien, à première vue, que je repousse ni que je réserve. Il se divise en plusieurs points qu'il faudra mûrement étudier à part, pour rechercher les moyens pratiques d'exécution. J'y réfléchirai et nous en reparlerons. C'est là l'objectif, la ligne de conduite générale ; comme à la guerre, il y aura des dispositions particulières à prendre pour chaque affaire, et à se servir des circonstances. J'userai de l'influence que je puis avoir encore sur mes amis, sans leur rien dire de nos projets, pour qu'ils règlent leur conduite sur la mienne. Pour qu'il n'y ait ni équivoque ni malentendu entre nous, il faut que nous nous disions tout. Je n'aurai pas de secret pour vous, je vous dirai même ce qu'on m'aura dit de vous. Aussi, quoi qu'on vous dise que j'aie pu faire ou pu dire, ne le croyez que lorsque je vous l'aurai dit moi-même. Vous me donnez confiance ; la patience, je vous le promets, ne me manquera pas. »

Le pacte était conclu. S'il n'a pu être entièrement exécuté, je dois dire qu'il a été religieusement observé. Les seules divergences qu'il y ait eu entre nous, bien légères du reste, avaient pour cause son extrême bonté, sa crédulité toujours confiante dont ne l'avait pas complètement guéri l'épreuve qu'il venait de subir, son désir de conciliation et sa crainte d'être injuste ou trop sévère dans son appréciation des hommes, qu'il voulait toujours excuser jusqu'au moment où lui-même était forcé de les qualifier durement.

Il avait senti lui-même la nécessité d'un journal ; et, habitué aux comptes fantastiques des directeurs du Comité, sachant ce qu'avait coûté la *Presse*, il désespérait de pouvoir réunir ou trouver la somme nécessaire. Je lui fis remarquer qu'un grand journal quotidien n'était pas pour le moment nécessaire ni même utile ; qu'un journal hebdomadaire, qui ne serait qu'une sorte de circulaire s'adressant aux seuls amis, et faisant le moins de bruit possible, n'ayant que des frais très minces, était bien suffisant pour enregistrer, quand il y aurait lieu, ses paroles ou ses actes et indiquer ses opinions.

Il m'invita à lui faire un rapport très détaillé et

très précis à cet égard pour le lui donner s'il était possible le lendemain.

Le lendemain encore, il était dans ma chambre à neuf heures. Il avait réfléchi, médité, examiné le plan exposé la veille, quoiqu'au dîner et après, il ne parût pas avoir la moindre préoccupation, demeurant l'aimable convive et le gai causeur que tant de personnes ont connu. Il n'avait pas d'objection à faire à ces projets ; tout au contraire, il les faisait siens. Il ne cherchait à prévoir les difficultés que pour se rendre compte comment on les pourrait vaincre.

LE RÉVISIONNISME

Il fut question de la révision constitutionnelle et de la campagne entreprise, dont j'avais toujours signalé l'inanité.

— La révision, lui dis-je, est une équivoque ; ce n'est pas une solution. Certainement, il est nécessaire de réviser, non seulement nos lois constitutionnelles, mais encore tout notre système administratif, fiscal et le reste. Mais pour former un parti de révision républicain et démocratique, il faut dire par quoi on remplacera ce qui est, sinon on ne sait si on le remplacera par quelque chose de meilleur ou de pire, par une autre forme du parlementarisme, par la monarchie plus ou moins déguisée ou par la dictature. C'est cette équivoque que les chefs du comité ont voulu exploiter et que vous devez mettre votre honneur à dissiper.

« La révision telle que l'a réglée la constitution ne peut jamais être qu'une mystification. Opérée par une Constituante, suivant la formule radicale que vous aviez adoptée, elle ne peut être faite qu'au profît des parlementaires étant faite par eux, et sans qu'on puisse savoir de quel bizarre et informe régime accouchera une majorité formée au hasard du scrutin, sans idée commune.

» Pour opérer une réforme profonde des institutions, il faut qu'il existe un parti réformiste ayant un programme très net des réformes qu'il entend réaliser, du régime qu'il veut établir et décidé à employer les moyens inconstitutionnels ou extra-légaux aussi bien que les moyens légaux pour triompher. Ce n'est plus alors une révision; c'est une révolution. »

Le général se persuada si bien de ces raisons en y ajoutant les siennes, qu'il devint plus hostile que moi-même au révisionnisme.

CHAPITRE XIX

LES QUÉMANDEURS

Tout le monde à ce moment comprenait la nécessité de pratiquer l'armistice ; et l'on a vu comment les chefs du Comité, parlant par l'organe de MM. Naquet et Mermeix, l'exploitaient, en prêtant au général on ne sait quelles intentions d'obstruction outrancière.

Après la dissolution du Comité, les témoignages épistolaires de dévouement n'en étaient que plus nombreux et plus chaleureux, devant rester ignorés et n'étant pas à ce titre compromettants. Si par un hasard inattendu, le boulangisme reprenait le dessus, on pourrait rappeler cette fidélité secrète, et si l'étoile du général s'éteignait, on pourrait dire comme M. Naquet : « Je ne devais rien à cet homme et ne lui ai rien promis. »

C'est ainsi que, pendant mon séjour, le général reçut ce genre de témoignage des quelques députés et d'un nouveau conseiller municipal, M. Girou, à qui j'ai moi-même porté la réponse.

Mais avec ces attestations venaient aussi les sollicitations d'un autre genre, dont les gens ne se sont pas lassés, tant la mendicité était une habitude de ce parti, et qui ont persisté jusque dans son deuil. On le savait si bon !

Pour donner un exemple de ces sollicitations, je citerai seulement quelques lettres. A tout seigneur tout honneur.

CHAMBRE
DES DÉPUTÉS   Paris, 13 mai 1890.

Mon cher général,

Je profite du voyage de mon ami Castelin auprès de vous pour vous transmettre l'assurance de mon inaltérable dévouement, et pour vous rappeler que, malgré les promesses qui m'avaient été faites, je n'ai pas encore reçu un centime pour mes frais électoraux, qui ont été considérables.

Je me trouve, par suite, dans une situation excessivement gênée, ce qui m'oblige à vous demander de nouveau de me faire parvenir, si cela vous est possible, une somme quelconque que je vous laisse le soin de fixer.

Veuillez agréer, mon cher général, mes bien cordiales et bien respectueuses salutations.

C...,
député de...

D'autres, moins heureux, n'ont pas été élus. Leur échec les a mis en détresse. Ils s'adressent au général pour les en tirer. Il y aurait trop de cruauté à exposer leurs misères.

Un autre député, M. B..., ne demande pas pour lui, mais pour le candidat conseiller qui a échoué et qui était l'un de ses agents électoraux. C'est d'une bonne âme.

Voici la même chanson sur un autre air :

LIGUE DES PATRIOTES
Qui vive ? FRANCE

Paris, le 10 mai 1890.

Mon général,

Vous vous rappelez que lorsque la Ligue des patriotes est entrée dans le mouvement révisionniste au mois d'avril 1888, les opportunistes qui en faisaient partie s'en séparèrent en emportant les fonds et en lui laissant un fort passif [1].

Malgré bien des difficultés, nous avons réussi à faire face à cette pénible situation, en payant par mensualités les créanciers. La dissolution prononcée par le gouvernement, il y a un an, nous arrête quelque temps dans notre tâche, la majeure partie de nos ressources nous ayant subitement fait défaut.

Néanmoins, grâce à Déroulède, grâce aussi au concours de généreux donateurs, nous avons pu, depuis, diminuer encore notre dette, et faire patienter jusqu'à ce jour les créanciers de la Ligue.

Aujourd'hui, le passif s'élève à quatorze mille francs; mais ces jours-ci, nous avons pris entre camarades des dispositions, qui doivent en assurer le paiement dans le délai d'un an.

Malheureusement, il s'est trouvé parmi nos créanciers un homme qui a refusé d'attendre davantage. Si bien que, cette après-midi, l'huissier est venu place de la Bourse, opérer une saisie pour le compte de M. Chamerot, imprimeur, auquel il est dû 2,842 francs.

Cette saisie ne sera exécutée que dans dix jours. Mais, Déroulède étant parti, nous n'avons dans ce délai aucun moyen de trouver les 2,842 francs nécessaires.

C'est pourquoi nous venons, mon général, vous prier de sortir d'embarras cette vieille Ligue, qui a si longtemps combattu à vos côtés.

1. Le général m'a raconté devant un témoin que 8,000 francs avaient été payés déjà.

Nous ferons face aux autres engagements. Nous vous demandons seulement la somme réclamée par M. Chamerot, et nous sommes sûrs que vous ne voudrez pas laisser finir par une saisie humiliante cette grande association, qui fut et qui reste, pour la grandeur du pays, la Ligue des Patriotes.

Nous demeurons fidèles à notre devise : « Quand même » et nous vous prions d'agréer, mon général, l'assurance de notre dévouement le plus respectueux.

       Les administrateurs :
      Suivent trois signatures.

Le délégué de la Ligue des Patriotes,
  député de la Seine :

         E. BOUDEAU.

Le motif était certainement légitime. Mais le résultat était toujours le même.

Dans une lettre que le général m'écrivit à mon retour, datée du 25 mai, il me disait : « D... m'a écrit pour me demander des subsides. Je lui ai répondu négativement ». Dans une lettre suivante du 2 juin, il y revient, en disant : « D... ne m'a pas beaucoup trompé, et dès le reçu de sa première dépêche, j'avais flairé une jolie carotte. Aussi, je n'ai pas hésité à lui répondre ainsi que je l'ai fait. Je vois que je ne m'étais pas trompé à son endroit. A moins qu'il ne m'écrive de lui-même pour tenter de m'expliquer ses télégrammes, je le laisserai pour ce qu'il vaut. »

C'est le même, qui, quelque temps après, allait à Londres relancer le général, qui rendait visite à Henri Rochefort, pour lui demander 4,800 francs pour le sauver de la faillite. Ce ne sont pas les prétextes qui manquaient.

LES 300,000 FRANCS DE M. CLÉMENCEAU

Le général était bon, je ne saurais trop le répéter, plus qu'on ne peut supposer que le soit un homme de guerre ; sincère, et juste, même pour ceux qui s'étaient faits ses ennemis — et les pires.

On va le voir par le trait suivant. J'avais entendu raconter une tentative d'emprunt de 300,000 francs, faite par M. Clémenceau, ayant donné lieu à une lettre quelque peu dure de refus, qui aurait déterminé l'attitude hostile prise brusquement par celui qui, après avoir été l'un des familiers du général, fut avec M. Reinach, de son propre aveu, l'instigateur du « tribunal révolutionnaire », pour employer sa propre expression.

J'interrogeai à ce sujet le général. Et, comme s'il s'agissait de la chose la plus simple du monde, il me fit le récit :

— Comme dans tout ce qu'on raconte, il y a du vrai et du faux. Ce qui est la vérité, c'est que Clémenceau, alors membre de la commission du budget, et que je voyais assez souvent, vint un jour au ministère, et me demanda si je ne connaîtrais pas quelqu'un qui pût lui prêter 500,000 francs, dont il avait un besoin pressant, et pour lesquels il donnerait des garanties.

» Je lui répondis : « Mais, mon cher Clémenceau, je ne connais pas de banquiers. Seulement, si vos garanties sont bonnes, mon ami Dillon, qui est dans les affaires, et qui remue de grosses sommes, pourra peut-être vous trouver cela. Voulez-vous que je lui en parle ?

» Le lendemain ou le surlendemain, il vint me dire qu'il avait pu faire 200,000 fr., qu'il ne lui en fallait plus que 300,000, en répétant qu'il offrait de sérieuses garanties. Je lui dis que je ne pouvais les juger, ne m'y connaissant pas, et que je parlerais de son affaire à Dillon, ce que je fis, je crois bien, le jour même, en le priant de s'en occuper, s'il était possible. Il n'en fut plus question avec Clémenceau. Trois ou quatre jours après, je revoyais Dillon, à qui je demandai ce qu'il avait pu faire et qui me répondit : « Rien; il n'y » avait pas de garanties. Ton ami Clémenceau est » un *fumiste*. » Et je n'ai plus entendu parler de cette affaire. »

On avouera bien que le général aurait pu mettre plus de malveillance dans ce récit, dont je garantis l'exactitude presque sténographique, et qui n'en contenait pas plus dans le ton que dans les expressions. Quant à l'opinion de M. Dillon, le général la répétait sans l'endosser, puisqu'il ignorait de quelle affaire il s'agissait, et quelles garanties M. Clémenceau pouvait offrir.

Cette démarche sans effet pouvait n'obliger ce dernier à aucune reconnaissance. Mais il connaissait assez le général pour savoir qu'il était incapable de concussion, et pour savoir aussi qu'il ne complotait pas contre la République, et ne visait pas au césarisme.

J'ignore, comme le général, ce que valaient les garanties offertes. Mais je ne puis m'empêcher de regretter que M. Dillon les ait considérées avec tant de dédain; car s'il les avait trouvées suffisantes, celui qui les offrait n'aurait pu, après ce service rendu, se coaliser avec MM. Rouvier et de Mackau pour renverser le ministère radical, ni s'associer à M. Reinach pour livrer le général à la Haute-Cour.

Quand cette anecdote fut publiée dans le *Matin*, M. Clémenceau, alors déjà mis mal à l'aise par les révélations survenues au cours de l'enquête et du procès sur le Panama, répondit dans son journal *la Justice* par la note suivante que l'impartialité me fait un devoir de reproduire, d'autant plus que sous la forme d'une dénégation elle contient un aveu :

M. Pierre Denis raconte que j'ai demandé au général Boulanger 500,000 francs, puis 300,000, qu'il m'a refusés par une lettre très dure.

C'est un beau mensonge de plus.

Au temps où M. Boulanger était ministre de la guerre, bien longtemps avant le boulangisme, un député, que je pourrais nommer, dit à deux reprises différentes, à mon secrétaire, M. Rouanet, que M. Dillon se mettrait à ma disposition pour me fournir une somme importante si j'en avais besoin pour mon journal. Je ne donnai pas suite à cette ouverture. Quelques jours après, M. Boulanger me fit directement la même proposition et me proposa d'amener chez moi M. Dillon dont je n'avais jamais entendu parler auparavant.

Deux ou trois jours plus tard, le général Boulanger vint me voir, accompagné de M. Dillon, qui se mit à ma disposition avec une extrême bonne grâce. Je le remerciai de sa proposition et lui dis que j'examinerais la question. Il revint à quelque temps de là et je l'informai que j'avais renoncé à la combinaison.

Voilà donc un beau mensonge de plus !

G. C.

Je n'ajouterai pas de longs commentaires à cette note dont l'invraisemblance est vraiment trop évidente. Ce n'a jamais été un secret que le général Boulanger n'avait pas ce qu'on appelle une fortune, et c'est même pour cela que les coalisés du club de la rue Cadet ont demandé avec tant d'ironique insistance d'où lui venait l'argent. Il ne pouvait donc offrir à M. Clémenceau, pour son journal, une somme importante qu'il n'avait pas. En outre, il n'est pas besoin de connaître M. Dillon pour trouver extraordinaire qu'il aille, même avec le général Boulanger, offrir à un député qu'il ne connaissait pas et qui jamais n'avait entendu parler de lui, une forte somme. Quand on connaît M. Dillon, son passé et son caractère, la chose devient impossible.

En terminant, M. Clémenceau prétend qu'il refusa en informant M. Dillon « qu'il avait renoncé à la combinaison. » De quelle combinaison parle-t-il? Il y en avait donc une? Quelle était-elle? Pour qu'il pût informer M. Dillon, accompagné du général, qu'il renonçait à cette combinaison, il fallait qu'il les eût informés de son existence et qu'il eût formé une combinaison pour y pouvoir renoncer. Là est l'aveu, et le lecteur pourra juger entre les deux versions laquelle est vraisemblable et laquelle est mensongère.

Quand on sait, comme l'ont appris les débats du Panama, que c'est à cette époque que M. Clémenceau faisait escompter pour une somme à peu près pareille à celle en question le papier de la *Justice* par M. Cornélius Herz, on peut supposer quel était le genre de garanties qu'il avait à offrir, et il ne faut qu'un bon sens très ordinaire pour comprendre qu'il est plus probable que M. Clémenceau, connaissant les besoins de son journal, cherchait le moyen d'y satisfaire, qu'il n'est probable que le général Boulanger, ministre de la guerre, avait deviné comme un sorcier, ces besoins et offrait pour y faire face 300,000 fr. qu'il n'avait pas.

J'ai répondu dans le *Matin* à la note de M. Clémenceau en présentant ces observations et quelques autres et j'ai dû constater qu'il ne tenait pas à continuer la conversation.

BARNUM ÉCONDUIT

Quelque temps avant, on m'avait également raconté qu'un million avait été offert au général pour aller faire des conférences en Amérique. La lettre de M. Naquet plus haut citée, et que je lus à ce moment me rappela ce racontar; je demandai donc ce qu'il signifiait.

— En effet, me dit le général, après les élections législatives, un monsieur très correct, représentant ou correspondant d'agence américaine, vint ici et m'offrit 500,000 francs pour aller faire des conférences sur les sujets qui me plairaient en Amérique, où, disait-il, j'avais laissé de sympathiques souvenirs.

» Mon intention n'était pas d'accepter. Pourtant j'étais curieux de savoir jusqu'où on irait. Je répondis que, si l'on m'offrait un million et les frais de voyage, je verrais. La personne dit qu'elle n'avait pas mandat d'aller jusqu'à ce chiffre, qu'elle allait télégraphier en Amérique, et qu'elle me donnerait la réponse quand elle l'aurait reçue.

» Quelques jours après, ce monsieur m'annonça que mes conditions étaient acceptées. Je demandai à réfléchir encore. Bien entendu, je ne répondis pas; et, depuis, je n'en ai plus entendu parler. Je serais allé volontiers au Portugal, si le conflit ne s'était sitôt apaisé, puisque j'aurais pu y appliquer mes connaissances militaires. Mais je ne serais pas allé en Amérique faire des conférences, n'étant pas conférencier, pour me donner en exhibition. »

J'avoue que je reprochai au général de n'avoir pas accepté, non seulement à cause du million, mais parce qu'il eût été intéressant qu'il dît en Amérique ce qu'il avait dit en France sur nos institutions, nos préjugés, les réformes à accomplir, et que les succès qu'il aurait eus là-bas, auraient eu du retentissement en France.

Il convint qu'il y avait là un avantage. Mais ce qu'il aurait fait pour servir une politique, il ne l'aurait pas fait étant payé, fût-ce un million. Combien de gens pensent tout le contraire !

Des exhibitions : parbleu ! il en avait eu, dans sa mission lors de la célébration du Centenaire, lorsque dans les réceptions ouvertes, il voyait défiler devant lui les négociants de la ville, qui, après les shake hand dont il avait le soir le bras démanché, lui disaient : « Je suis M. *un tel* qui vaut *tant*. » Mais c'était sa mission de s'exhiber. Il parlait couramment l'anglais, et il avait prononcé des allocutions un peu partout, dans les écoles, dans les banquets : mais il parlait au nom de la France. « Je ne ferai jamais rien pour de l'argent », répétait-il. Et il n'en voulut pas démordre.

CHAPITRE XX

LE PLAN ADOPTÉ

Après une semaine passée dans cette île verdoyante et fleurie, dans cette famille hospitalière, amicale, souriante et paisible, je revins à Paris, et dès mon arrivée, j'écrivis au général. La confirmation de ce qui a été dit plus haut sur le nouveau plan de conduite, est dans les lettres qui suivent.

Le 28 mai, le général écrit :

« A l'heure actuelle, je ne bouge pas. Soyez donc tranquille, et préparez-vous à commencer le bon combat pour lequel nous nous sommes entendus ».

Et un peu plus loin :

« J'attends impatiemment votre lettre annoncée, et j'ai hâte de lire le programme *pratique* dont vous me parlez. Car, bien que j'aie de la patience et que je sache parfaitement qu'il faut savoir attendre, je serai heureux de voir commencer ce que je considère comme le début de l'action qui nous fera réparer les fautes commises.

» L'épreuve que je subis n'est pas au-dessus de mes forces. Je plains les lâcheurs plus pour eux que pour moi ; et je m'aperçois qu'après tout il y a bien peu de gens qui savent reléguer au dernier plan leurs ambitions ou intérêts personnels, pour ne poursuivre que la réalisation des idées qu'ils croient bonnes et justes. »

Dans une lettre du 2 juin, après avoir reçu le programme pratique dont il est parlé plus haut :

« Votre plan, je l'accepte totalement. Il est bien le même que celui résultant des conversations que nous avons eues ici. Ne craignez pas que la patience me manque. Non, j'aurai le courage d'attendre aussi longtemps qu'il le faudra, afin de frapper un jour à coup sûr. »

Dans une autre lettre datée du 9 juin :

« Je suis avec le plus grand intérêt la désorganisation de la concentration formée contre le boulangisme. Mon avis est, du reste, entièrement conforme au vôtre. Il faudra absolument, au moment d'une action décisive, ma présence en France, mais dans des conditions tout autres que celles que je pourrais avoir aujourd'hui. C'est le temps, c'est la patience qui me les donneront. »

PAS DE COMITÉ

Pendant que j'étais à Jersey, les manœuvres allaient leur train, chacun voulant profiter de la dissolution du Comité pour se partager ou accaparer l'héritage du boulangisme, en formant un Comité et un parti révisionniste.

Seuls, MM. Naquet et Déroulède s'étaient placés dans l'expectative, le premier en se consacrant à la Société de dynamite, le second en allant écrire un roman en Italie.

M. Castelin, entre autres, avait lancé une circulaire pour reformer une réunion de comités, tandis que, sous le nom d'*Alliance* tentait de s'organiser quelque chose de tout semblable, avec un programme attribué par plusieurs journaux à M. Laguerre.

En ce qui concerne le premier cas, le général, dans sa lettre du 25 mai, écrivait :

« Il ne faut pas que l'on reforme même par à peu près un Comité. Ce serait tomber de Charybde en Scylla. Je viens de l'écrire à Castelin, à qui d'ailleurs je l'avais dit expressément pendant les quelques heures qu'il a passées ici. Je n'avais, je n'ai pas besoin de vous le dire, pas la moindre idée de ces projets au moment où vous étiez à Jersey. Je les ai appris de sa propre bouche, et ne l'ai laissé marcher qu'à la condition expresse qu'un Comité, de quelque nom qu'il se déguisât, ne serait pas reformé. »

Et un peu plus loin :

« Dans le cas où vous sauriez que certains veulent encore abuser de mon nom, dites-le moi bien vite; et je n'hésiterai pas à les désavouer. Ma résolution est prise et bien prise. On ne m'en fera pas changer. »

« LA VOIX DU PEUPLE »

Le général était donc également résolu à attendre patiemment en travaillant à réparer ses fautes, mais aussi à ne pas abdiquer, ou plutôt à ne pas ouvrir son héritage, convoité par les anciens chefs du boulangisme, même par des subalternes.

Si modeste que fût le journal la *Voix du Peuple*; quelque discrétion que j'eusse mise dans sa publication, qu'on a qualifiée de « clandestine » presque avec raison, il n'en était pas moins la preuve que le général ne renonçait à aucune espérance, n'abandonnait pas la partie, et ne céderait à personne l'influence morale dont il pouvait encore disposer.

Aussi le journal fut-il des plus mal accueillis par les prétendus boulangistes qui lui faisaient une guerre acharnée. J'avais d'ailleurs prévu qu'il en serait ainsi, et cette publication n'aurait-elle servi qu'à démontrer au général, par l'hostilité dont elle était l'objet, quelles étaient les intentions et les prétentions de l'état-major boulangiste, qu'elle aurait encore été utile.

Quoique le général s'en remit à moi du soin de diriger le journal, je le consultais sur toutes choses, lui envoyant à l'avance les notes que je croyais bon de publier pour qu'il me fît connaître son avis, et m'inspirant de ses lettres pour la conduite à tenir. Aussi les attaques ou critiques des meneurs boulangistes dirigées contre le journal ou contre moi s'adressaient-elles en réalité à lui-même. Et j'avoue qu'elles n'étaient pas sans l'irriter.

Des députés lui écrivaient ou lui faisaient écrire par des agents de leur comité pour se plaindre de la *Voix du Peuple* invoquant sans cesse l'équivoque révisionniste et le programme de Tours, sans se douter que rien n'était plus ni mieux fait pour le dégoûter de l'un et de l'autre, en lui montrant comment on les exploitait contre lui-même.

Le député solliciteur dont j'ai donné plus haut la demande reprochait au général dans une lettre de ne pas avoir confié la direction de ce journal à des députés qui naturellement ne l'auraient pas consulté et auraient fait servir cette publication à leurs intérêts électoraux et à leurs propres louanges. Des agents de Comité m'envoyaient, en me demandant leur insertion d'une façon comminatoire, des ordres du jour des plus élogieux pour M. Laguerre, M. Déroulède ou quelques autres, mais que d'ailleurs je n'insérais pas.

Enfin, sachant quelle amitié liait Henri Rochefort au général, et combien ce dernier devait craindre que le rédacteur en chef de l'*Intransigeant* n'entrât en divergence d'abord et finalement ne rompît avec lui, les uns et les autres se livraient, pour amener ce résultat à d'incessantes démarches ou manœuvres, qui, je dois le dire à l'honneur de M. Henri Rochefort, restèrent toujours sans effet, même quand elles furent tentées par M. Laguerre, avec lequel il était très lié, et qui dut à cette liaison amicale déjà ancienne de n'être pas traité sévèrement par le pamphlétaire, lors de sa défection.

LES « COULISSES DU BOULANGISME »

Puisque le général ne voulait pas abdiquer, il fallait l'y contraindre; et dans ce but il s'organisa une campagne de prétendues révélations et de calomnies, dont M. Laguerre fut l'inspirateur, celui qu'on appelait « l'enfant de chœur » l'agent, le *Figaro* l'organe, et ayant pour complices les royalistes déconfits.

L'affaire fut traitée à Maisons-Laffitte chez M. Laguerre entre les deux premiers et M. Périvier, familier de la maison, représentant le journal. Elle devait avoir un triple résultat, dont aucun ne fut atteint : ruiner à jamais la popularité du général, pour permettre aux chefs de l'ancien Comité de prendre ou de se partager sa succession; satisfaire la vengeance des royalistes déçus et s'en assurer ainsi le concours; et, enfin, forcer le comte de Paris, par peur du scandale, à rembourser les sommes versées à la caisse de M. Dillon ou des deux Comités.

L'opération était trop grosse et trop belle; elle ne réussit pas.

Ne doutant de rien, les meneurs avaient songé à

se faire donner l'approbation du général lui-même au début, afin qu'il fût dans l'impossibilité de démentir ensuite toutes les calomnies dont il serait l'objet. C'était assez machiavélique.

Ayant obtenu des confidences de M. Naquet sur les exhortations au coup d'État qu'il avait faites au général, et que celui-ci avait toujours repoussées, et les ayant publiées dans le *Figaro* sous le titre les *Coulisses du Boulangisme*, l'auteur, jusque-là anonyme, écrivit au général la lettre suivante :

CHAMBRE
DES DÉPUTÉS « Paris, 19 août 1890.

» Mon général,

» Quoique vous ayez laissé sans réponse la lettre [1] que j'ai eu l'honneur de vous écrire au mois de mai dernier, j'estime qu'il est de mon devoir de porter à votre connaissance que je suis l'auteur des articles publiés par le *Figaro* sur le boulangisme.

» Mon sentiment est que je rends service à la cause que nous avons défendue à vos côtés, en publiant cette histoire absolument impartiale.

» Il s'en dégagera l'impression, — [et vous devez le désirer [2]] que vous n'avez jamais travaillé contre la République, à laquelle tous nos amis sont inébranlablement attachés. Mon livre aura pour effet certain de rendre plus définitive encore la rupture des républicains démocrates et des royalistes.

» Veuillez agréer, mon général, l'assurance de mes sentiments toujours bien dévoués.

» MERMEIX,
» 60, rue de Clichy. »

1. Celle du 14 mai plus haut reproduite.
2. Ces mots dans l'original sont en surcharge.

Quand on sait ce que furent les *Coulisses du Boulangisme*, les commentaires seraient superflus ; et il est sans doute inutile de faire remarquer au lecteur la fourberie du dernier paragraphe.

En me l'envoyant, comme il le faisait pour toutes les lettres d'hommes politiques ou d'autres offrant quelque intérêt, le général, avec sa naïve bonté, ajoutait :

« Je vais lui répondre une lettre confidentielle, point désagréable, dans laquelle je lui dirai que, s'il m'avait consulté, je l'aurais prié de ne pas produire ce travail en ce moment ; que, somme toute, je reconnais qu'il contient beaucoup de vérité, si j'en juge par le premier article que j'ai seul lu ; que je lirai les autres avec intérêt ; et que, dans une quinzaine de jours, je lui donnerai mon impression sur tout ce qui a paru à ce moment ; que, dès à présent toutefois, je puis lui dire que, en montrant à quel point je suis resté toujours attaché à la République, il rendra hommage à la vérité et à celui qui a repris pour devise : « Tout pour le peuple et par le peuple. »

Un peu plus loin il fait cette réflexion :

« Ne trouvez-vous pas extraordinaire que tout le monde, *même Naquet*, ait voulu me faire faire un coup d'État, que moi seul je leur aie opposé à tous un refus formel et que ce soit pour cela que j'aie été condamné par la Haute-Cour ? »

La candeur a du bon parfois. En cette circonstance, elle avait cet avantage, que si la réponse du général attestait d'une confiance bienveillante excessive, elle attestait aussi d'une grande sincérité, et que l'on ne pouvait s'en servir.

Aussi le 27 août m'écrivait-il :

« Au moment où je vous écris, vous lisez ma lettre de samedi dernier, et la lettre de Mermeix que je vous ai envoyée, ainsi que la réponse que je lui ai faite. Il est probable que si j'avais lu son second article au moment où je lui écrivais, ma réponse eût été tout autre. Je ne me repens pas toutefois d'avoir agi ainsi, trompé par son premier article, et ne sachant pas toutes les gredineries conçues par Naquet, Laguerre, Laisant et consorts, et exécutées par Mermeix. »

» Mermeix a touché de nombreux subsides. Nous le considérions pendant la période 87-88 comme une sorte d'employé. Il est venu souvent pleurer misère chez moi. Je l'envoyais alors chez Dillon, qui lui remettait des sommes d'argent. Si je ne me trompe, quand il est sorti de prison, on a exigé de lui un cautionnement de deux mille francs. C'est *moi* qui l'ai payé. Inutile de vous dire que jamais on ne m'a remboursé un centime.

» Quant à Laguerre, c'était un gouffre. Ce qui lui a été donné pour son journal est effrayant. Je ne lui ai jamais moi-même donné d'argent qu'une fois. C'était à Londres vers le mois de juillet 89, quarante billets de mille francs. »

Jamais on n'avait vu tant d'impudence. Jamais on n'avait vu ceux qui ont dévoré, gaspillé l'argent, reprocher à celui qui l'avait accepté pour eux, de l'avoir reçu.

Encore le général s'est-il toujours défendu d'avoir rien reçu lui-même. Il en était arrivé à le regretter, parce qu'il aurait su quelles conditions étaient proposées, quelles sommes étaient données et quel emploi il en était fait. Quand il était si sincère sur les autres points, il devait l'être sur celui-là.

Dans une lettre du 20 août, il écrit :

« Je suis peu au courant des questions d'argent, qui ont toujours été traitées entre Dillon et les intéressés. Vous comprenez la délicatesse du sentiment qui me faisait agir ainsi. »

Ailleurs, il y revient en disant :

« Je n'ai jamais voulu, je vous le répète, faire moi-même cette sale cuisine d'argent. Cela me répugnait. »

A cet égard, il n'a jamais varié. Plus tard, quand je lui parlais de la concentration de modestes fonds, recueillis près d'amis très dévoués pour une action future, il m'écrivait : « J'ai été assez trompé pour ne plus vouloir avoir désormais d'autre caissier que moi-même. »

LE PRINCE ET LE BANQUIER

J'ai déjà fait remarquer dans une note, que madame la duchesse d'Uzès, dans l'interview publiée par le *XIXᵉ Siècle*, avait confirmé les assertions du général sur ce point, en racontant que M. de Rothschild, à qui l'on s'était adressé, avait donné, mais « à l'autre côté », c'est-à-dire aux protecteurs des candidatures gouvernementales, tout comme Panama.

Puisque j'ai abordé cette question, autant vaut la vider immédiatement. Et je crois ne pouvoir mieux le faire qu'en reproduisant cette lettre :

« Mardi matin, 21 octobre.

» Mon cher ami,

» Ayant une occasion sûre pour vous faire parvenir cette lettre après-demain, et bien que je vous aie écrit avant-hier, je veux vous donner un détail qui vous prouvera que les *Coulisses du Boulangisme* ont bien été écrites pour les orléanistes. Je sais que déjà vous ne l'ignorez pas; mais il est toujours bon d'avoir des preuves.

» A la fin de l'article de samedi dernier, M. Mermeix dit que le marquis de Beauvoir alla trouver le comte de Paris à Londres; qu'il lui représenta que la caisse royaliste était vide; qu'il fallait financer ferme si l'on voulait avoir des élections favorables; et qu'enfin, après bien des hésitations, il obtint que le comte de Paris s'inscrivît pour 2,500,000 francs en tête d'une liste de souscription. Ce « royal exemple » fut suivi et on récolta cinq millions.

» Eh bien! il n'y a pas un mot de vrai dans ce récit fantaisiste. Les cinq millions dont se composait la caisse des Droites ont été fournis par le baron Hirsch : ce sont les membres les plus autorisés de la Droite qui me l'ont avoué. Le comte de Paris n'a pas fourni un sou et les demandes d'argent faites par la voie des journaux n'ont presque rien produit. On fit appel à Hirsch, que l'on flatta beaucoup, à qui l'on promit monts et merveilles, et qui consentit à se laisser arracher cette dent.

» Mais la façon dont avaient été arrangées les *Coulisses du Boulangisme* ne faisait pas l'affaire du comte de Paris. La duchesse avait donné trois millions, et lui rien. C'était ce que l'on répétait sur tous les tons. Il fit, avant son départ pour l'Amérique, faire de sérieuses représentations à la duchesse qui promit, avec le concours de Laguerre et des autres, qu'avant la fin de l'œuvre on arrangerait cela. Et voilà qui est fait grâce à un nouveau mensonge.

» Quant à ce malheureux Hirsch, il ne peut rien dire. On l'a prévenu que s'il disait un mot, on le ferait expulser, puisqu'il est étranger.

» Vous ferez, mon cher ami, ce que vous jugerez bon de ce renseignement. Peut-être penserez-vous devoir en user. Dans tous les cas, si vous n'étiez pas au courant, j'ai tenu à vous y mettre, et à soulever un coin du voile qui recouvre cette machination, qui n'a que deux buts : me tuer et préparer la place au comte de Paris, surtout au petit duc d'Orléans.

» Je pense avoir une lettre de vous aujourd'hui ou demain, et je vous serre fraternellement la main.

» Général BOULANGER. »

Après la lecture de cette lettre, on devine quel motif d'ordre non politique, n'ayant rien de « sentimental, » suivant l'expression de M. Laguerre, inspirait les auteurs des *Coulisses*. Il s'agissait bien, comme le dit le général, de préparer la place au petit duc d'Orléans, qui venait de se livrer à son escapade de conscrit; mais aussi de faire rembourser par le comte de Paris tout ou partie des fonds avancés par le baron Hirsch, et dévorés par les candidats des deux Comités.

Je tiens d'une information très certaine que, en ce qui concerne les questions d'argent et l'entrevue du comte de Paris et du général, les renseignements furent fournis à l'auteur des *Coulisses* pour qu'il les arrangeât, non pas par la personne à laquelle le général les attribua parce que seule elle aurait pu les fournir exactement, mais bien par M. de Breteuil.

Je pense que le lecteur comprendra maintenant toute la haine ou tout au moins le mépris que je professe pour la politique, pour ceux qui en font et pour ceux qui en vivent.

DIRE LA VÉRITÉ

Le récit de l'entrevue du comte de Paris et du général pouvait, devait même avoir place dans les *Coulisses*, pour faire croire à un pacte favorable à la restauration monarchique. L'entrevue de Prangins n'avait rien à y voir, puisqu'elle remontait à une époque antérieure à la formation du Comité.

Elle avait pourtant un but : c'était de détacher du général Henri Rochefort, dont on connaissait et voulait exploiter la haine à l'égard du prince Napoléon, pareille à celle que ce dernier nourrissait pour les d'Orléans; et ce n'est pas peu dire. Le coup rata. Henri Rochefort trouva le mot juste pour qualifier cette démarche étourdie et compromettante; et ce fut tout.

Trois personnes connaissaient l'entrevue de Prangins : M. Thiébaud, le négociateur, qui avait accompagné le général; celui-ci; et le prince Napoléon. Le prince n'était pas bavard. Le général, discret par nature, était en cette circonstance tenu à la plus grande discrétion. Qui donc avait pu renseigner l'auteur des *Coulisses* ?

Dès que le *Figaro* eut publié le récit de l'entrevue de Prangins, le général reçut ce télégramme :

« Saint-Aubyns A AU 28 90 Jersey. »

« Général Boulanger, Jersey,

« Naquet ayant affirmé que vous connaissiez la publication du *Figaro* et son auteur, la correction dont je ne me suis jamais départi me fait un devoir de vous demander si j'ai pareille latitude pour répondre. Votre silence vaudra acquiescement.

« Georges Thiébaud.
» 33, quai Voltaire, Paris. »

C'était encore, comme disait M. Naquet, un dilemme. Répondre de dire la vérité, c'était perdre le bénéfice de la dire soi-même. Répondre en invitant à ne la pas dire, c'était se mettre doublement à la merci du correspondant.

Le général répondit :

« Celui qui affirme que je connais la publication du

Figaro ment sciemment. Je n'en connais que l'auteur, qui s'est bien gardé de me dire quelle était cette publication. Faites ce que vous voudrez. Je ne veux me mêler en rien de cette ordure politique. »

La première pensée du général, je dois lui rendre cette justice, fut de dire la vérité. En effet, le 27 août, alors que les journaux n'avaient pu lui parvenir, il m'écrit :

« J'ai vu le prince Napoléon une fois, le comte de Paris une fois aussi. Cette dernière entrevue a eu lieu entre le 8 et le 15 septembre dernier, à Londres; il n'y a été question que de la rentrée en France des exilés; *pas d'autre chose* [1]. C'était là un point de notre programme connu de tout le monde.

» De l'interview de Mermeix avec l'*Eclair*, il ressort évidemment pour moi que ces entrevues, l'une avec le prince Napoléon, l'autre avec le comte de Paris, seront divulguées dans un prochain article. Ne vaudrait-il pas mieux les divulguer de suite et en disant ce qui n'est que l'exacte vérité?... »

En m'envoyant les documents qu'on a lus plus haut, il persiste dans cette opinion. Je ne pouvais que l'approuver. Et, avec la fière énergie du soldat qui se retrouve, il terminait :

» Dans tous les cas, maintenant, plus de doute possible sur la campagne entreprise. Ce sont bien nos ennemis et nos pires ennemis qui la mènent.

» Défendons-nous ! »

LA VRAIE VERSION

Puisque j'approuvais l'idée de tout dire pour n'être

---

[1]. Ces mots sont soulignés dans le texte.

plus en butte à aucune révélation ni à la merci de personne, et estimant que la vérité est encore la meilleure diplomatie, le général m'écrivit, à la date du 3 septembre :

« Quand vous êtes venu me trouver à Jersey, après l'échec des élections municipales, il a été implicitement convenu entre nous que, répudiant l'ancienne politique qui ne m'avait rapporté que des mécomptes, je suivrais la nouvelle politique que vous m'indiquiez, et qui devait nous mener au succès. Je ne me suis en aucune façon écarté de l'accord intervenu, vous me rendrez cette justice. Et, n'étaient de bien légères observations, nous avons toujours marché la main dans la main.

» Je vais aujourd'hui pousser encore plus loin le sentiment de confiance absolue qui m'a fait agir jusqu'ici.

» L'entrevue de Prangins m'a été proposée par Thiébaud. J'ai déjeuné et dîné avec le prince. C'était le 2 janvier 1888. Notre conversation a roulé sur l'état des partis en France. Pas une seule fois, la forme républicaine n'a été mise en cause ; et ce n'est pas étonnant, puisque j'avais trouvé chez le prince un homme beaucoup plus républicain que la plupart de ceux qui, plus tard, se sont joints à moi.

» Le prince s'est contenté de me dire : « Vous ne
» pouvez rien faire maintenant, que vous appartenez
» à l'armée. Mais vous avez une popularité énorme.
» Vous êtes une force considérable. Un mouvement
» se dessinera forcément quelque jour en votre faveur
» dans le pays. Ce jour-là, si vous voulez marcher de
» concert, je vous donnerai les troupes qui me sont
» restées fidèles, et nous irons ensemble jusqu'au
» moment où il y aura lieu de consulter le peuple pour
» la présidence de la République. Les d'Orléans n'ont

» maintenant aucune chance, il n'y aura sérieusement
» en ligne que vous et moi. Je crois que le nom de
» Napoléon me vaudra un plus grand nombre de suf-
» frages que ceux qui se porteront sur votre nom [1].
» D'ailleurs, celui qui ne sera pas choisi n'aura qu'à
» se soumettre. »

» Nous parlâmes aussi assez longuement de Napoléon Ier, de ce qui aurait pu arriver s'il fût resté con-
sul. Il me fit voir tout son musée de souvenirs, et nous
nous quittâmes, je le crois, contents l'un de l'autre.

» Il ne fut pas un seul instant question d'argent
pour la propagande, pas plus que de ce qui pourrait
être fait pour moi, si lui, prince Napoléon, devenait
président. Notre entretien se poursuivit avec une
grande hauteur, sans que des préoccupations personnelles y prissent place.

» Inutile de vous dire que la situation de la France
vis-à-vis de l'Europe fut attentivement étudiée, et
que le prince, en me disant ce qu'il pouvait faire auprès de la cour d'Italie, en profita pour me conter sa
mission en 1870 auprès de son beau-père, Victor-
Emmanuel.

» Le prince ne m'accompagna pas à Culoz ni ailleurs. Il me fit ses adieux chez lui, et l'une de ses
voitures nous conduisit, Thiébaud et moi, à la gare
la plus proche de Prangins, où nous prîmes le train
de Paris. Thiébaud m'accompagna jusqu'à la frontière,
à Bellegarde, et retourna à Prangins. Pour moi, j'é-
tais, le lendemain, à Paris.

» N'oubliez pas, mon cher Denis, qu'en racontant
cette entrevue, vous donnez à nos ennemis une arme
précieuse, car j'étais commandant de corps d'armée,

---

1. C'était là l'illusion du prince Napoléon, qui avec ses fa-
cultés, aurait été quelqu'un, s'il s'était appelé d'un nom quelconque, et qui ne fut rien qu'un prétendant déclassé, à cause
de son nom même.

et j'allais à l'étranger trouver un prince proscrit par la République. Pesez donc bien avant d'agir. Je vous le répète, je me repose entièrement sur vous. »

L'ÉPÉE DE MARENGO

J'ai pesé, et je dis la vérité, ou plutôt je la laisse dire au général, maintenant qu'il n'a plus rien à craindre des hommes.

En allant à Prangins, il commettait plutôt une imprudence qu'une faute, et il était dans son humeur, parfois très téméraire, d'en commettre. Il y avait là un danger; c'était assez pour qu'il l'affrontât, surtout si on paraissait le défier de l'affronter. M. Thiébaud eut une éloquence assez persuasive pour le déterminer ou le tenter; et, en outre, des amis du prince lui avaient tant parlé de celui-ci qu'il désirait le voir.

Dans des conversations qui suivirent cette lettre, je m'étonnais qu'il eût commis cette imprudence, qui pouvait avoir de si graves conséquences pour lui, au point de vue disciplinaire :

— Que voulez-vous, me dit-il; il m'a pris par mon faible, par l'admiration que j'ai pour Napoléon Ier comme capitaine, et par mes espérances patriotiques. Avec cela il ne serait pas difficile de me conduire au bout du monde.

» Je suis allé à Prangins, je vous assure, bien plus par entraînement de curiosité que dans un but déterminé; car il n'a rien été convenu de précis.

» Le prince m'a dit ce que je vous ai raconté; c'était une opinion qu'il émettait; mais il n'y avait pas d'engagements pris ni d'une part ni d'une autre. Il connaît admirablement les campagnes de Napoléon Ier; il savait bien qu'en m'en parlant il serait écouté.

On avait raconté que dans cette entrevue avec le prince Napoléon, celui-ci ayant mené le général dans la salle où étaient placés comme en un musée, les objets ayant appartenu à Napoléon Ier ou se rattachant directement à l'histoire du Consulat et de l'Empire, il lui avait montré dans une vitrine une épée posée sur un coussin de velours en lui disant :

— C'est l'épée de Marengo. Général, elle sera à vous le jour où vous aurez rendu l'Alsace-Lorraine à la France.

Je demandais au général ce qu'il y avait de vrai dans ce récit.

— Tout, me répondit le général.

Il serait allé à Prangins rien que pour s'entendre faire cette promesse-là.

Voilà donc la vérité très sincère puisque ce récit n'est ni fait ni arrangé pour la publicité, sur l'entrevue de Prangins. C'était, je viens de le dire, une imprudence. Mais où donc est là l'ombre d'intention de conspirer avec un prétendant, comme on l'a dit? On remarquera même que le prince Napoléon, dont le langage était si différent de M. de Martimprey, fit observer au général qu'il ne pouvait rien faire en ce moment puisqu'il appartenait à l'armée. L'agitation plébiscitaire à laquelle il faisait allusion ou qu'il entrevoyait était remise à une époque ultérieure, quand le général Boulanger aurait cessé d'appartenir à l'armée et aurait par sa conduite déterminé un mouvement en sa faveur.

Ce fut M. Thiébaud qui, moins sage que le prince Napoléon, voulut presque immédiatement, alors que le général Boulanger appartenait encore à l'armée, provoquer l'agitation qui devait amener la mise à la retraite du général et en ruiner l'avenir.

AUTRES VISITEURS

D'autres considérations que la curiosité patriotique amena à la veille du 27 janvier, M. Naquet, à Prangins où était le prince Napoléon, dans l'intention de se procurer les sommes nécessaires « pour lutter, disait-il, contre l'orléanisme ». Lui-même en a fait l'aveu dans une réunion tenue, le 14 octobre, rue de la Montagne-Sainte-Geneviève.

Après M. Naquet, MM. Laguerre et Le Hérissé, accompagnés d'une dame, pour égayer le voyage et enlever toute solennité à la démarche, allèrent à leur tour rendre une visite du même genre au prince Napoléon.

Celui-ci reçut les visiteurs à sa table, les promena en voiture et en bateau, mais n'ouvrit pas sa bourse. Il fallait, d'ailleurs, une belle dose d'effronterie pour aller demander des subsides au prince Napoléon afin de servir la politique des orléanistes et favoriser les espoirs du jeune duc d'Orléans.

ENTREVUE DE LONDRES

On vient de voir ce que fut la première des entrevues ; passons à la seconde. Dans la même lettre du 3 octobre, le général continue ainsi :

« Toute autre est la situation, si je passe à l'entrevue avec le comte de Paris. Là il y avait deux proscrits faisant des accords électoraux, et pas autre chose. Je suis donc beaucoup plus à mon aise pour l'expliquer.

» Cette entrevue eut lieu à un jour que je ne puis

exactement préciser, au commencement de septembre 1889, environ quinze à dix-huit jours avant les élections, qui furent le 22. Ce fut madame d'Uzès qui l'arrangea et elle eut lieu en sa présence, dans un salon de l'hôtel Alexandra à Londres.

» Depuis quelque temps, mes renseignements me démontraient que, dans un certain nombre de départements, les monarchistes résistaient aux instructions données, que dans leurs professions de foi ils ne prononçaient pas le mot de République, et que beaucoup ne voteraient pas pour les candidats de la liste du Comité républicain national.

» Je voulus en avoir le cœur net, et faire donner des instructions précises. Je résolus de voir le comte de Paris. J'en parlai à madame d'Uzès, alors à Londres, qui en parla au duc de Chartres. Celui-ci *dit* en avoir parlé à son frère, qui craignait que le secret fût éventé, et qui n'était qu'à demi-partisan de cette entrevue.

» J'insistai dans une lettre à la duchesse, lettre qui, si je m'en souviens bien, était assez raide et où je ne me gênais pas pour dire que nos actions étaient en baisse, paraît-il, car, quelques semaines auparavant, le comte de Paris eût acquiescé à mon désir avec empressement.

» Le résultat de ma lettre fut que, le jour même, à neuf heures et demie du soir, je me rencontrai avec le comte de Paris à *Alexandra hôtel*. Il arriva avant moi et partit le premier. L'entrevue dura au moins trois quarts d'heure. Nous parlâmes surtout de la carte électorale, entrant dans le détail des candidatures de certains départements.

» La possibilité de me faire nommer président de la Chambre, si nous obtenions la majorité, fut envisagée; et je promis formellement la rentrée en France pour tous les proscrits. Pas autre chose; pas une allusion à une forme monarchique de gouvernement ne fut faite. Nous nous quittâmes en nous serrant la main.

» Notez bien, je vous prie, que je n'ai jamais revu le prince Napoléon ni le comte de Paris depuis cette unique rencontre avec chacun d'eux, et que je n'ai jamais plus eu avec eux de relations d'aucune sorte. »

De son côté, dans une interview, madame la duchesse d'Uzès a déclaré que le comte de Paris n'avait demandé, « si la politique du général triomphait à la Chambre, que le retrait de la loi d'expulsion des princes. » Comme trois personnes assistaient à l'entrevue, et que l'assertion de deux d'entre elles est conforme et n'a pas été contredite par la troisième, il y a beaucoup plus lieu de les croire que d'accorder créance à des racontars de courtisans ou d'adversaires intéressés, faisant œuvre de scandale.

Comme on le voit, le général n'attachait pas à la seconde entrevue une grande importance ni une sérieuse gravité. En effet, le tort capital avait été de conclure avec les réactionnaires une alliance électorale doublement fautive, parce qu'elle était inutile et compromettante. Seul, le général ne l'aurait sans doute pas conclue, et n'aurait pas songé à la conclure, par cette bonne raison qu'il n'en avait pas besoin, et que, en servant les intérêts de candidats, elle ne faisait que le desservir.

Un homme politique n'a certainement pas le droit de se laisser duper et exploiter, et de compromettre ainsi sa cause et son parti. Malgré toute l'amitié que j'eus pour le général Boulanger, et à laquelle je reste fidèle, je le reconnais.

Mais le général n'était pas, en réalité, un homme politique comme on l'entend; il était capable de le devenir tout comme un autre, peut-être même mieux. Mais quand il fut poussé, entraîné dans la politique par des adversaires perfides et de faux amis, connaissant son inexpérience et en abusant, il n'était qu'un militaire de grande valeur, qui, si on l'eût laissé tranquille, pouvait rendre de grands services à son pays.

Dois-je ajouter à propos de ces entrevues que les militaires ont à cet égard des habitudes d'esprit qui ne sont pas celles des civils. Des chefs d'armée, non pas seulement en temps de paix, mais en pleine guerre, ne se font aucun scrupule pour se rencontrer avec des chefs d'alliés, même d'ennemis, sans manquer à leurs devoirs, pour régler avec eux des conditions d'armistice, de combat, de traitement des prisonniers ou des blessés.

La politique est plus perfide et plus hypocrite. Les démarches auxquelles elle donne lieu sont plus inavouables, non à cause des personnes, mais à cause des mobiles. Les débats de l'affaire du Panama ont révélé celles auxquelles se livraient les ministres près des directeurs de la Compagnie du Canal de Panama et qui étaient moins désintéressées que les entrevues du général Boulanger avec le prince Napoléon et le comte de Paris. Et ceux qui les lui ont tant reprochées se sont bien gardés d'apprécier la conduite de M. Clémenceau, allant s'entendre avec M. Henri Rochefort qu'il avait fait proscrire pour que ce dernier servît ou tout au moins ne contrariât pas ses agissements politiques.

CHAPITRE XXI

LES SÉPARATISTES

Les *Coulisses du Boulangisme* étaient l'exécution de l'*ultimatum* posé par M. Déroulède. Il s'agissait, en faisant une bonne affaire, de se débarrasser du général, de le faire « disparaître ». Cette publication donna lieu à un débordement d'égout, de torrents de calomnies, d'outrages, de caricatures insultantes, parfois obscènes, qui finit par écœurer le public ; et, quand il fut passé, on s'aperçut que c'étaient ceux qui l'avaient provoqué qui s'y étaient noyés.

Quoique la certitude fût acquise que cette publication scandaleuse avait été entreprise avec la participation de M. Laguerre, celui-ci s'en défendit par des dénégations qui avaient le tort d'être variées, et contre lesquelles protestait la collaboration de l'auteur des *Coulisses* à son journal la *Presse*.

Celui-ci avait prétendu avoir agi pour défendre l'honneur des républicains du Comité, tels que les Naquet, les Laisant et autres, et M. Laguerre mis en demeure de s'expliquer sur ses rapports avec l'auteur des *Coulisses* par le président d'un comité, lui répondait par cette lettre qui contient un aveu implicite et un aveu formel :

CHAMBRE
DES DÉPUTÉS   « Paris, le 3 septembre 1890.

» Mon cher président,

» Vous savez très bien que j'ai désapprouvé la publication des *Coulisses du Boulangisme*, que je m'y suis opposé autant que j'ai pu. Vous savez le blâme sévère que je lui ai infligé avec tous mes amis à la suite de la réunion du café Riche dont j'avais pris l'initiative.

» Mais, si j'ai énergiquement blâmé M. Mermeix, si je le blâme encore, je n'ai pas cru, d'un autre côté, devoir me priver de sa collaboration au journal la *Presse*.

» M. Mermeix n'a, en effet, diffamé personne; il n'a abusé de la confiance de personne. Tout ce qu'il a écrit est vrai dans les grandes lignes. Tous ces faits, que j'ai appris moi-même depuis très peu de temps, lui ont été répétés par des royalistes pour qu'il les répétât.

» J'ai fait ce que je devais faire pour les motifs que je viens de vous exposer.

» Je tenais à vous donner cette explication, et je vous remercie de l'avoir provoquée.

» Croyez, mon cher président, à tous mes très dévoués sentiments.

» G. LAGUERRE. »

On n'est pas plus maladroit.

M. Laguerre, en d'autres circonstances, avait affirmé avoir ignoré les intentions de l'auteur des *Coulisses*. Puisqu'il affirme ici s'être opposé à la publication, c'est donc qu'il la connaissait. Pourquoi, et de quoi a-t-il pu blâmer M. Mermeix, s'il n'a diffamé personne ni abusé de la confiance de personne ? Si ce qu'il a écrit est vrai, que désapprouve-t-il alors qu'il ne croit pas devoir se priver de sa collaboration pour cette raison ?

Enfin, il y a un aveu bon à retenir, c'est que les faits, vrais ou faux, ont été racontés par les royalistes pour qu'on les répétât. C'est donc eux que l'on voulait servir ?

La justification est plus qu'étrange. On comprend qu'en défendant ses clients de cette façon, M. Laguerre les fasse condamner.

M. LAGUERRE A GRENELLE

On croyait le général Boulanger assez écrasé par ce torrent de calomnies et de scandales pour le faire « disparaître », puisqu'il n'avait pas voulu abdiquer.

M. Laguerre entreprit cette tentative dans une réunion publique, le 2 novembre, au théâtre de Grenelle, dans l'arrondissement où il avait été élu, et où il se présenta comme un chef, entouré de son état-major, en compagnie de députés et collaborateurs de la *Presse*, qui avaient tenu à lui faire cortège, et parmi lesquels se trouvaient MM. Laisant, Barrès, Gabriel, Aimel, etc.

L'orateur fut accueilli par des huées et des cris : « Démission ! »

Devant le tumulte, il dut se retirer, et, suivi de son escorte, il alla avec quelques partisans, à la salle des Entrepreneurs, pour y prononcer son discours, dont la pensée dominante est dans le passage suivant :

« En politique, il faut regarder l'avenir et non le passé.

» Ce que l'on appelle le boulangisme n'est plus, à mon sens, qu'un fait historique; son histoire n'est à coup sûr point faite. L'impartiale histoire jugera.

» Le mouvement révisionniste, sous la forme boulangiste, a été définitivement vaincu le 22 septembre.

» Ce qui était une force devient une faiblesse, à cause des fautes des uns, des calomnies des autres.

» Sans doute, il peut être pénible pour certains de renoncer à la réalisation d'un rêve amoureusement caressé depuis deux ans.

» Il y a une politique sentimentale qui consiste à attendre paisiblement, les bras croisés, un succès impossible. C'est une politique monarchique, et une mauvaise, car elle a perdu légitimistes et impérialistes, extasiés dans l'attente des restaurations dynastiques.

» Mais les hommes politiques ne doivent pas être des hommes de sentiment. Aussi bien, n'est-ce point là une politique républicaine.

» On a parlé de créer le boulangisme sans Boulanger. Je comprends mal. Ce serait plus absurde encore que de poursuivre une campagne personnelle terminée, et contre laquelle le suffrage universel s'est prononcé.

» Abstrayons-nous des personnalités. Pour moi, je ne me suis pas présenté, je n'ai pas été élu sur le nom d'un homme, mais sur un programme.

» Le programme subsiste.

» C'est pour le défendre que vous m'avez nommé; c'est à le défendre que j'emploierai le reste de mon mandat,

» Le programme de la République nationale, ce programme qui subsiste après notre défaite, nul n'a songé à l'attaquer; on a attaqué la campagne, les moyens, on n'a pas attaqué le programme. »

M. Laguerre n'était pas plus habile ni meilleur politique pour lui-même qu'il ne l'avait été comme conseiller du général et directeur du boulangisme.

De quel programme parlait-il, alors qu'il n'y en avait jamais eu, alors qu'il avait empêché autant qu'il le pouvait qu'il y en eût un, afin de n'être pas embarrassé par lui, et que le seul qu'on ait connu est celui de Tours, contenant le pacte d'alliance électorale avec les réactionnaires.

PROTESTATIONS CONFIDENTIELLES

Un certain nombre d'anciens membres du Comité, à l'exception pourtant de M. Laisant et de quelques députés, avaient vivement, mais confidentiellement protesté dans leurs lettres au général Boulanger contre les calomnies des *Coulisses* et contre la tentative de M. Laguerre, en lui donnant l'assurance de leur amitié et de leur dévouement.

Dans l'une d'elles, et des plus sincères, M. Cunéo d'Ornano lui disait, après avoir parlé des fautes commises : « Si ceux-là seuls qui n'en ont pas commis doivent vous jeter des pierres, vous ne serez pas de sitôt lapidé. »

Dans une autre, c'est M. X... qui écrit : « Je considère comme un devoir de venir vous dire tout le mépris que m'inspire le personnage à bout de ressources qui en est réduit à vendre, à tant la ligne, en les dénaturant, les secrets qu'il a pu surprendre lorsque nous le croyions notre ami. »

La protestation, ici, se complète d'un aveu ; et l'aveu, c'est que les faits, d'ailleurs dénaturés par l'auteur des *Coulisses*, étaient connus d'une partie au moins du Comité.

La réprobation avait été telle, que M. Déroulède, qui avait posé le dilemne : « Paraître ou disparaître », se sépara de ses trois collègues, les chefs du Comité, et s'exprima sur le compte de M. Laguerre en de tels termes, qu'une rencontre, d'ailleurs sans résultat, s'ensuivit.

LES LACHEURS ET LES QUÉMANDEURS

Henri Rochefort, qu'on avait vainement tenté de circonvenir et de séparer du général, somma, dans l'*Intransigeant*, les députés dits « séparatistes » de donner leur démission. Naturellement, ceux qui étaient mis ainsi en demeure de prendre leurs électeurs pour juges, prétendirent qu'ils ne devaient pas leur situation politique au général. De ce nombre étaient MM. Naquet, Laisant et Laguerre, pourtant si mal accueilli par ses électeurs.

Dans une interview, publiée par l'*Eclair* le 31 octobre, M. Borie se défendit de rien devoir au général, en disant : « Lorsque le général Boulanger a paru sur la scène politique, j'ai été à lui, parce qu'il incarnait mes idées, mon programme. Aux élections dernières, mon programme ne contenait même pas le nom du général. »

Si le programme de M. Borie ne contenait pas le nom du général, le député lui devait pourtant quelque reconnaissance, comme on peut juger par la lettre suivante :

CHAMBRE DES DÉPUTÉS

Paris, le 6 août 1890.

Mon général,

J'ai lutté jusqu'au bout, mais je suis à bout de forces.

Lors des élections de 1889, je partis avec la promesse de recevoir 18,000 francs, dont un tiers au début de la campagne, un tiers avant la semaine des élections, et le dernier tiers la semaine suivant le scrutin.

J'ai reçu les premiers 6,000 fr.

Après l'élection, je vous fis parvenir une note, avec pièces à l'appui, s'élevant à 11,000 et quelques cents francs.

Vous me répondites qu'il n'y avait plus rien en caisse.

Ici viennent des explications sur les démarches et sur la situation pécuniairement difficile du signataire, qui se trouvera, dit-il, « dans l'obligation de se retirer du Parlement », et qui ajoute :

Je vous prie mon général, de vouloir bien m'honorer d'une réponse. Si je vous fais cette demande, c'est que je n'ai rien reçu de vous au sujet de mes lettres du 1er janvier et de l'époque où le Comité national a cru devoir suivre une nouvelle politique. L'une de ces lettres contenait mon adresse à mes électeurs, pour leur *déclarer que je marchais toujours avec vous.*

. . . .

Dans le malheur qui me frappe et qui me force à rentrer dans la vie privée, il me restera assez d'énergie pour espérer votre triomphe, qui sera celui de l'honnêteté et de l'honneur.

Daignez, mon général, croire à l'inaltérable dévouement de celui qui fut l'un des premiers et l'un des derniers lutteurs.

Votre respectueux ami,
BORIE.

JE NE CONNAIS PAS CET HOMME

Dans la même interview de l'*Eclair*, M. Mermeix se défendait également de devoir son siège au général Boulanger, et parlait en ces termes :

— On a dit que je devais tout au général Boulanger ; que je lui devais mon mandat de député. C'est une erreur.

» J'avais été tout d'abord désigné comme candidat à Montmartre, où je passais comme une lettre à la poste. On me désigna pour le septième arrondissement... Si j'ai été élu, c'est que j'ai payé de ma personne. J'ai fait une campagne de tous les jours dans la *Cocarde*, j'ai été à Mazas, que sais-je ! C'est à moi que je dois les 1,500 voix qui ont décidé la victoire. Je ne dois donc pas ma situation de député au général. »

On a vu que, dans sa lettre du 14 mai, celui qui tenait ce langage, déclarait qu'il n'oublierait jamais que le général lui « avait ouvert la vie politique. » Mais ce qu'il oubliait, c'est cette lettre :

25 septembre 1889.

Mon général,

Je m'adresse à vous sur le conseil de M. du Perrier.

Vous savez que j'ai eu à combattre M. Denys Cochin qui est millionnaire et M. le docteur Frébault, candidat officiel soutenu par le ministère.

Pour n'être pas écrasé, j'ai dû dépasser de 1,704 fr. le crédit de 4,000 fr. que vous m'aviez ouvert.

Je viens, mon général, vous demander cette somme de 1,704 fr. J'en ai absolument besoin pour régler mes dettes électorales, avant de commencer la lutte pour le ballottage, M. Cochin ne s'étant pas désisté.

Veuillez croire, mon général, à mon absolu dévouement.

MERMEIX,
60, rue de Clichy.

Et c'est le signataire de cette lettre qui s'était fait l'agent responsable des accusations portées contre le général sur la provenance de l'argent et sur son emploi. La valeur de l'accusateur montre ce que valaient ces accusations !

RESTITUTIONS

Emu par le scandale, un député résolut de rembourser les avances qui lui avaient été faites. Celui-là est M. Pierre Richard qui s'adressa au Comité; mais le Comité était dissous et n'avait plus de caisse. En désespoir de cause, il s'adressa au général dans une lettre d'ailleurs très digne et délicate, contenant un chèque. Un autre, qui n'avait accepté des subsides électoraux qu'à titre de prêt, M. Le Veillé, resté fidèle à l'amitié, s'acquitta de même un peu plus tard. La rareté du fait mérite bien qu'on le cite et qu'on nomme les auteurs.

Le général avait des répugnances presque insurmontables à accepter ces restitutions. Je dus le convaincre en lui disant : « Vous ne pouvez laisser d'honnêtes gens troublés par leurs scrupules. Vous leur devez de donner le repos à leur conscience. Ce n'est pas vous qui leur avez donné ou avancé de l'argent, sans doute ; c'est la Politique. C'est à elle, en votre personne, qu'ils le rendent. C'est à la Politique, qu'à votre tour, vous devrez le consacrer, et je vous connais assez pour savoir que vous n'y manquerez pas. D'ailleurs, si ceux-là restituent, il s'en trouvera d'autres pour réclamer encore. »

Il est un autre député qui eut l'intention d'opérer une restitution aussi bruyante que l'avait été son abjuration du boulangisme au lendemain même de son élection comme « investi ». Celui-là est M. Martineau, orateur ordinaire de réunions publiques électorales à raison de 500 francs par mois qu'il touchait à la caisse du Comité.

Pour opérer la restitution, il s'adressa à M. Constans qui demeura sourd à la sollicitation, ne sentant pas la nécessité de faire parvenir par ce canal quelques fonds à la caisse boulangiste ni surtout de faire les frais d'un revernissage de la réputation et du désintéressement de cette recrue parlementaire.

M. Martineau n'en déclara pas moins qu'il restituerait, mais plus tard, à ce moment où le perruquier légendaire rasera gratis. Ce moment n'est jamais venu.

Les républicains parlementaires se sont plu à dénoncer l'indignité de l'état-major boulangiste qui n'est que trop incontestable. Mais il ne faut pas oublier que les gens de cet état-major étaient des leurs la veille et qu'ils les sont revenus le lendemain. Ce n'étaient que des enfants prodigues.

CHAPITRE XXII

LES PROJETS

Pendant cette campagne dite des *Coulisses*, j'avais dû aller à Jersey m'entendre avec le général, comme l'avocat avec son client, demander des explications complémentaires et verbales sur les incidents relatés dans la correspondance et former le dossier dont il était convenu que j'userais au moment opportun.

Dans l'un de ces voyages, en septembre, après examen de la situation qui venait d'être faite au général par la campagne en question, nous tombâmes d'accord que, sans modifier le plan général plus haut exposé, il y avait pourtant lieu de se préparer plus activement ou plus rapidement pour déterminer une orientation de l'opinion publique.

Il n'y avait pas à agir en France, d'autant plus qu'il était devenu bien certain qu'on ne pouvait être en rien secondé par les députés boulangistes, dont la conduite était juste le contraire de celle qu'il aurait fallu tenir et dont les opinions sur presque tous les points différaient essentiellement des nôtres.

Tandis que le général s'était fait dans le recueillement un programme, eux n'en avaient aucun et n'en pouvaient même avoir, soit parce qu'ils appartenaient à des partis différents dont il leur fallait, dans un intérêt électoral, respecter les préjugés et la clientèle, soit parce qu'ils étaient politiquement des ignorants et des incapables qui n'avaient dû leur succès qu'à l'investiture boulangiste.

Le seul point qu'ils eussent de commun, c'est qu'ils étaient tous parlementaires ; et justement, c'est là ce que le général était le moins. Ennemi déjà du parlementarisme après son passage au ministère, il l'était devenu bien davantage après sa proscription. Il en avait le mépris plus que moi-même, ce qui n'est pas peu dire ; et le terme par lequel il pouvait le plus exprimer sa méfiance, son aversion ou son dédain à l'égard d'un individu était de dire de lui : — c'est un parlementaire.

Je dois ajouter que les députés boulangistes ne le consultaient jamais, qu'ils ne lui expliquaient pas davantage les raisons de leur conduite et qu'ils ne lui écrivaient guère que pour faire leur propre éloge et lui déclarer que, s'ils suivaient une politique contraire à la sienne, c'était pour mieux prouver leur dévouement toujours « inaltérable ».

Dans de telles conditions le général devait agir seul et par lui-même. Pour que sa parole fût entendue, il fallait qu'il parlât dans des circonstances qui lui donneraient du retentissement et pour que son action préoccupât dignement l'opinion publique il fallait qu'elle servît la France, et non pas lui-même. Tel était d'ailleurs son sentiment, car dans une lettre, à ce propos, il m'écrit : « La France avant tout ».

LE VOYAGE EN ITALIE

L'action possible et à peu près immédiate ne pouvait donc avoir lieu qu'à l'étranger, en entreprenant le voyage en Italie, comme il en avait été parlé tout d'abord. Mais le général ne voulait l'entreprendre, et sa correspondance en témoigne, qu'à condition de bien connaître le terrain, d'y avoir noué directement ou indirectement des relations, d'être renseigné sur les vrais sentiments populaires, sur la valeur des hommes et des partis.

Il avait songé, pour cette mission délicate et difficile, à une personne prétendant être au courant des choses extérieures. Rendu méfiant par l'expérience, il profita de la visite de cette personne à Jersey pour en scruter la valeur sans qu'il y parût et sa conclusion fut qu'on ne pouvait l'employer.

Il arriva qu'au moment où on y pensait le moins, un journal italien, le *Corriero di Napoli*, s'adressa au général pour lui demander son avis sur le désarmement, comme peu de temps avant, un journal allemand lui avait demandé son opinion sur le même sujet, alors à l'ordre du jour, et sur l'alliance russe.

Le hasard s'en mêlait et il semblait que le projet dût se réaliser assez rapidement, quand la chute du ministère Crispi dont il y avait à combattre la politique, amena l'ajournement de cette réalisation.

Cependant il était venu quelques lettres d'Italie. Le même journal italien renouvela ses demandes sur d'autres questions, et finalement le général fut invité à faire le voyage désiré.

Malheureusement, l'invitation, qui venait à son heure, suivant les prévisions du plan adopté, arriva alors que la compagne du général venait d'être descendue dans la tombe, où il devait si tôt aller la rejoindre.

A propos de ce voyage à entreprendre, j'eus occasion de voir avec quel soin et quelle prévoyance presque méticuleuse, le général, en véritable homme de guerre qu'il était, concevait une entreprise, ne voulant rien laisser au hasard.

Dans l'une de ces lettres, il dit qu'il la faut concevoir « comme un plan stratégique. » Et si, dans l'action, il était des plus téméraires, dans la conception, il était des plus prudents.

Madame de Bonnemains avait assisté à une partie de ces entretiens.

Un jour, tandis que le général était occupé avec son secrétaire, elle me prit le bras, m'emmena dans le jardin, et me dit :

— Croyez bien que je n'ai jamais poussé le général à faire quoi que ce soit, et que je n'ai pas davantage rien empêché. Je ne dois donc pas être un obstacle à vos projets; je ne dois pas compter. Tout ce qu'il faudra faire pour son honneur ou pour son succès, je le ferai. Partout où il faudra aller, j'irai. Je lui ai donné ma vie, il peut la mener partout où il lui plaira, et en faire ce qu'il voudra.

» Je serais heureuse si je puis être utile; je serais désolée que, à cause de moi, on n'eût pas fait tout ce qui peut être nécessaire. »

Elle raconta sans doute cet entretien au général, car, en me reconduisant deux ou trois jours après, elle me répéta devant lui : « Comme je vous l'ai dit, que je ne sois jamais un obstacle. »

Déjà madame de Bonnemains était atteinte du mal auquel elle devait succomber au bout de quelques mois. Pour n'être pas un obstacle, elle déployait une énergie peu ordinaire. Déjà, lors du départ précipité de Bruxelles pour Londres, à la suite du manifeste passablement ridicule et fort inutile qu'il avait plu au Comité d'y aller rédiger, elle en avait fait preuve. A ce moment elle était retenue au lit par une pleurésie. Elle avait dû se faire transporter tremblante de fièvre, sur le bateau qui emmenait le général d'Ostende à

Douvres, et subir les fatigues d'un voyage et d'une traversée qui n'étaient pas faites pour activer sa guérison.

Comme toutes les femmes, elle avait la généreuse imprudence, pour ne pas alarmer celui pour lequel elle avait une affection si dévouée, de lui cacher autant qu'il était possible la vérité sur son état, feignant l'indifférence et imaginant d'ingénieux prétextes pour expliquer sa toux.

Aussi le général, dont la confiance en ceux qu'il aimait était si grande, trompé par la malade, ne se doutait pas du danger qui la menaçait et qui alors pouvait peut-être encore être conjuré. Et la pauvre femme ne se doutait pas que ses généreux mensonges entraîneraient la perte de celui qu'elle craignait d'alarmer.

LE RETOUR

Après qu'il fut entendu que le voyage en Italie s'effectuerait dès qu'on y serait préparé et que l'occasion apparaîtrait comme favorable, je fis remarquer au général que son départ de Paris pour Bruxelles, exploité autant par ses prétendus amis que par ses adversaires, et dont le souvenir venait d'être ravivé par les *Coulisses*, avait causé une pénible impression à tous ceux dont il possédait les sympathies; qu'il lui avait enlevé quelque chose de son prestige de soldat; et que pour regagner celui-ci, rendre courage et espoir à ses amis inconnus qui lui restaient dans le peuple, il fallait réparer ce fait par un autre.

Dans mes lettres, j'avais fait allusion à cette idée, et il m'avait répondu qu'il n'aimait pas les énigmes, et voulait que je lui dise toute ma pensée, ce que je m'étais bien gardé de faire par correspondance, si sûre que fût celle-ci.

Il était de mon avis. Aussi demanda-t-il quel était le fait dont je voulais parler.

— Il a été convenu, lui répondis-je, que vous rentreriez en France demander la révision de votre procès, à l'heure propice, encore lointaine. Je crois qu'il faudra le faire plutôt en d'autres conditions, afin qu'on sache bien qu'étant venu, vous pourrez revenir, et que si vous êtes parti étant simplement menacé, vous avez eu l'audace de rentrer étant proscrit.

Déjà, il avait réfléchi à ce sujet, et il se trouvait que ses réflexions avaient eu la même conclusion. Il approuvait donc ce préambule. Il restait à savoir comment pourrait s'effectuer ce retour.

Je m'en étais préoccupé. J'exposai donc le projet.

Pour qu'il fût exécutable, il fallait que le général ne fût plus à Jersey, où la surveillance était trop facile, l'entreprise trop dangereuse, à raison de la traversée et des conditions de débarquement.

Il fallait qu'il fût en Belgique et qu'il pût dérouter la surveillance par des allées et venues ayant pour but aussi apparent qu'effectif l'étude des fortifications de la Meuse et du champ de bataille de Jemmapes.

Un jour donné, au lieu de revenir à Bruxelles, il passait la frontière française, ayant à choisir sur deux points au moins, où il avait à chacun un guide sûr. Il venait rapidement près de Paris, aux environs duquel était une propriété dans laquelle il trouvait un refuge.

Cette propriété, cachée dans un bois à proximité d'un fort, qui la place sous une sorte de protection militaire, n'avait rien à craindre, par sa situation et sa topographie, des indiscrétions. Personne, en dehors du propriétaire, intimement connu du général, et auquel m'unissaient des liens de parenté, n'aurait su ni même soupçonné la présence de cet hôte.

J'avais caché pendant six mois, étant moi-même sous le coup de la proscription, Jules Vallès, condamné à mort, et lui avais fourni le moyen de passer en Belgique. Je répondais bien de faire rentrer et de cacher de même le général.

On devine assez quelle raison me fait m'abstenir de donner des renseignements plus précis. Je puis révéler les projets du général et les miens, dont je prends toute la responsabilité. Je n'ai pas le droit d'indiquer en aucune façon les concours sur lesquels nous pouvions compter.

En outre, l'ère des révolutions n'est pas fermée ; et si ces révélations peuvent inspirer des insurgés ou des révolutionnaires, je ne veux pas qu'elles puissent servir à faire deviner leur retraite ou leurs moyens de salut.

Mais le général rentré, caché, qu'allait-il faire ?

Il existait quelque chose qui n'était pas un comité ni précisément une société secrète : une organisation bizarre, ni légale, ni illégale, ayant des éléments à Paris et dans quelques villes de province, et sur laquelle on comprendra encore que je ne donne pas d'autres renseignements.

Il est pourtant une remarque que je ferai à ce propos. Quoique cette organisation comptât plusieurs centaines de membres à Paris et jusqu'à deux cents dans une grande ville de province, son existence est restée inconnue.

Les hommes les plus influents, les plus sûrs, les plus éprouvés, y appartenant, devaient être convoqués, au nombre d'une quarantaine environ, dans Paris et dans un local où, à raison de la profession du locataire, cette affluence, d'ailleurs habituelle, ne pouvait être remarquée. Qu'on cherche quelle est cette profession, je n'ai pas à le dire.

J'avais l'intention de convoquer une personne étrangère, appartenant au journalisme, comptant sur son humeur chevaleresque autant que sur sa sincérité émouvante pour fournir l'attestation d'un témoin oculaire ; et cette personne, qu'elle me pardonne de la désigner, puisqu'elle ignorait tout et qu'elle sera sans doute surprise d'apprendre à quelle aventure elle devait être mêlée, c'est une femme : c'est madame Séverine.

Ces délégués étant réunis, le général, amené dans une voiture particulière, devait apparaître, dire brièvement aux assistants pourquoi il était parti de Paris, en déclarant qu'il reviendrait d'une manière définitive le jour où il croirait devoir et pouvoir le faire, et qu'il s'était fixé.

Il devait, en outre, en quelques mots, affirmer sa foi patriotique, républicaine et socialiste, inviter les auditeurs à répéter bien haut ce qu'il avait dit, et exhorter tous ses amis à avoir patience, espoir et courage.

Le général repartait dans la voiture qui l'avait amené, et rentrait dans son refuge, tandis que les assistants retenus ne reprenaient leur liberté qu'après le temps nécessaire à cette retraite.

Aussitôt il était envoyé à tous les journaux un procès-verbal de la séance, dont la véracité était attestée par tous les assistants. Ceux-ci ne pouvaient être poursuivis, puisqu'ils auraient ignoré dans quel but ils étaient convoqués. Un seul pouvait l'être pour recel d'individu prévenu de crime. C'était moi ; je le savais ; et le danger était bien mince. Quand on a passé par la Commune on ne s'émeut pas pour si peu. J'en ai fait et j'en ai vu bien d'autres !

Le lendemain, la presse entière annonçait la présence du général Boulanger à Paris. La chasse à l'homme commençait. Et j'ai la vanité de prétendre y être passé maître.

16.

Quant à celui qui était allé si imprudemment rendre visite à Prangins au prince Napoléon, était commandant de corps, et qui avait fait le voyage d'Espagne et du Maroc en pleine popularité, sans qu'on sût ce qu'il était devenu, je pouvais compter sur lui. Il m'avait raconté que dans ce dernier voyage, un Français, dans un hôtel avait cru le reconnaître et avait fini par lui dire :

— Vous ressemblez singulièrement au général Boulanger au point de croire que c'est lui-même.

— Il paraît, avait répondu le général avec un calme imperturbable ; je ne l'ai jamais rencontré mais on me l'a déjà dit.

Et il avait si bien fait que le Français avait enfin avoué qu'il y avait entre eux quelques légères différences.

Un détail m'avait montré quels étaient ses procédés dans ces sortes d'entreprises. Il m'avait confié un paquet assez volumineux de papiers au moment de mon départ. Comme il me voyait ouvrir mon sac : — « Tenez-le sous le bras, me dit-il tranquillement c'est plus sûr. » C'était plus sûr en effet ; mon sac fut ouvert — et pas le paquet.

Il était certain que dès que la présence du général Boulanger à Paris aurait été annoncée, publiée, il n'y avait plus pour la presse, pour la police, pour le gouvernement, pour le pays entier, même pour une partie de l'Europe, qu'une question devenant chaque jour plus troublante, inquiétante et passionnante : le prendra-t-on? ne le prendra-t-on pas?

Ne rien faire, ne rien dire, ne rien voir, observer le mutisme et la solitude la plus absolue, sans me voir, sans communiquer avec moi, telle était la consigne qu'il fallait observer, le reste allait de soi-même.

Que fût-il arrivé? Je ne savais.

Il y avait deux hypothèses : ou bien à raison de

l'émotion produite, entretenue, excitée, irritée par la chasse à l'homme et les sottises fatales de la police et du gouvernement, un mouvement se produisait. Dans ce cas, on attendait qu'il eût pris un caractère sérieux pour apparaître, s'y mêler, et en courir les chances.

Ou bien l'émotion n'atteignait pas cette acuité; elle gardait le caractère de curiosité et se lassait même; alors, par une voie tout inverse, le général repartait pour rentrer en Belgique, où son retour n'aurait été connu que lorsqu'il aurait été opéré. Le général était excusé, réhabilité et le gouvernement était bafoué, ridiculisé, ce qui est pis encore que d'être détesté.

J'avais donné sur les voies et moyens des indications précises que je dois taire et sur lesquelles le général avait émis son avis au fur et à mesure de leur énoncé. Quand le projet eut été entièrement exposé, il n'eut pas un instant d'hésitation. Il l'acceptait et l'approuvait avec toutes ses conséquences.

Il n'y avait qu'un point qui n'avait pas été précisé: celui du costume. Il l'avait remarqué et dit : « Je ne veux pas me déguiser. Je ne veux passer la frontière qu'avec un costume que j'aie l'habitude de porter. Je tâcherai de ne pas être pris, mais si je le suis, je ne veux pas être humilié par un déguisement quelconque. Y avez-vous pensé?

— Sans doute; pour le succès comme pour vous-même, je ne vois qu'un costume qui vous convienne et que vous avez l'habitude de porter; c'est le costume militaire.

— En général! s'écria-t-il un peu étonné ; ce serait bien dangereux.

— Non; en général, ce serait trop; en colonel, c'est assez; vous l'avez été. On salue un colonel, on ne le regarde pas, et il n'a pas beaucoup à craindre la rencontre d'un supérieur.

Le général trouva l'observation très juste. L'idée

lui plut. Il n'y avait qu'une difficulté, c'est qu'il n'avait pas le costume et qu'il ne voyait pas le moyen de se le procurer.

— Et vous pensez bien, ajouta-t-il, que je ne veux rien demander à mon tailleur.

J'essayai d'indiquer des moyens de tourner la difficulté. Il en rit, en disant : « Comme on voit bien que vous n'êtes pas du métier, vous ne savez pas ce que c'est que l'ordonnance ! Des détails qui sont invisibles pour un civil sautent aux yeux d'un militaire. Mais, nous avons du temps ; j'aviserai.

Il fut question du moment. Quoiqu'il eût hâte d'agir, il lui semblait pourtant qu'il fallait laisser se dissiper le trouble causé par les scandales et les calomnies des *Coulisses*, d'une part, et de l'autre attendre que la coalition parlementaire se fût disloquée et qu'elle eût de nouveau excité le mécontentement public. Enfin il fallait que l'occasion fût favorable.

Cette opinion était trop sage pour n'être pas partagée. Il fallait donc remettre l'entreprise à quelques mois et, pendant ce temps, la bien préparer. Les circonstances indiqueraient si elle devait précéder ou suivre le voyage en Italie, et j'estimai qu'il était préférable qu'elle le suivît, s'il pouvait être heureux.

Madame de Bonnemains assistait à l'entretien. Dès qu'elle eut vu le général donner son approbation, elle en manifesta sa vive satisfaction, même de la fierté. Elle donna quelques conseils pratiques et proposa, le cas échéant, pour rendre explicables des changements d'habitudes pouvant, à ce moment, donner l'éveil, de feindre une maladie un peu grave.

La pauvre femme ne se doutait pas que la maladie viendrait d'elle-même, et que, loin de servir le projet, elle le mettrait à néant.

Le général m'invita à ne pas cesser de m'en occuper, pour être prêt à tout événement et à toute date ;

et il me demanda de garder le secret le plus absolu sur ce projet, qui n'était et ne devait être connu, jusqu'au moment de l'exécution, que de trois personnes.

J'ai gardé ce secret jusqu'à la mort de celui qui me l'avait demandé; et si j'y manque aujourd'hui, c'est pour donner la preuve que le général savait regarder le danger en face.

A mon tour, je l'invitai moins à la discrétion qu'à la méfiance.

— On entend à travers les murs et à travers les portes; aussi je vous conseille, quand vous en parlerez tous deux, dis-je en m'adressant au général et à sa compagne, de ne pas prononcer de noms. Appelez cela *l'affaire du Nord*. Personne ne comprendra et nous nous comprendrons. »

C'est là l'expression qui est employée dans la correspondance pour désigner ce projet, en attestant de son existence et du désir de l'exécuter.

La venue en Belgique eut cette exécution pour motif, quoiqu'il ne s'agît pas, comme on l'a dit, de profiter de la journée du 1ᵉʳ mai, mais seulement de prendre des dispositions.

LE PROGRAMME

Le projet d'un retour en France, qui aurait été certainement mis à exécution sans le drame de la rue Montoyer et du cimetière d'Ixelles, avait pour but, on le comprend assez, de déterminer un mouvement d'opinion, entraînant non pas une guerre civile, mais une succession d'événements qui forment une révolution et amènent la substitution d'un régime à un autre.

Quel était le régime que le général Boulanger eût

tenté de faire prévaloir si l'exécution des projets plus haut indiqués avaient provoqué de nouveau un mouvement d'opinion semblable à celui qui se produisit de 1886 à 1888? C'est ce qu'il n'est pas inutile de faire connaître.

J'ai assez dit déjà, en le prouvant par des passages de ses lettres, que le général Boulanger ne voulait pas la dictature et n'avait pas pour idéal un régime césarien. Il n'avait pas les ambitions ou plutôt les vanités civiles.

La connaissance de civils et de militaires a pu me convaincre que, contrairement au préjugé soigneusement entretenu par les politiciens, les seconds ont beaucoup moins que les premiers des prétentions dictatoriales et le goût des titres.

En effet, j'ai toujours vu, dans les tragiques événements auxquels j'ai été mêlé, que ce sont les civils, les avocats investis d'un pouvoir quelconque ou l'ayant usurpé, qui parlent le plus facilement de « faire fusiller » les gens et d'établir l'état de siège.

M. Naquet, exhortant un ministre de la guerre qui s'y refusait à un coup d'État, n'est pas une anomalie. C'est, au contraire, un exemple confirmant la règle ordinaire.

Aussi le général Boulanger avait-il souscrit bien volontiers et sans arrière-pensée, dans le banquet du café Riche, à la suppression de la présidence de la République demandée par Henri Rochefort, parce qu'il n'y prétendait pas.

On a vu que, dans son entrevue avec le comte de Paris, la seule présidence dont il ait été parlé était celle de la Chambre, à supposer que la liste d'opposition eût la majorité, parce que le général Boulanger croyait que cette présidence serait une garantie pour la conservation de la forme républicaine et le respect des promesses faites aux électeurs.

Je puis dire même que le général, s'il tenait à la popularité et à l'autorité morale qu'elle peut donner, n'enviait pas le pouvoir comme l'entendent nos politiciens. Le seul auquel il prétendait était celui de ministre de la guerre, parce qu'il savait, je l'ai dit, ce qu'il devait et pouvait faire dans ce département.

Ayant, comme ministre, éprouvé les inconvénients du parlementarisme, il avait cru tout d'abord que, pour les pallier, il suffirait d'une modification constitutionnelle du régime, rendant la responsabilité ministérielle effective et individuelle, au lieu d'être fictive et collective, et isolant les ministres du Parlement afin qu'ils n'eussent pas à s'occuper de ses intrigues ni à s'assurer les votes d'une majorité par des complaisances souvent contraires à l'intérêt public.

C'est là l'idée qui est sommairement exposée dans le dernier chapitre de l'*Invasion allemande*. Et c'est parce que, sur la foi des arguments des radicaux, il avait cru à l'efficacité et à la possibilité de cette modification, qu'il avait accepté pour programme la Révision, qui n'était et n'est qu'un mot avec lequel l'étatmajor radical avait un moment tenté, avec peu de succès d'ailleurs, de provoquer une agitation électorale.

Les événements, bien plus que mes observations, lui avaient démontré non seulement l'inanité, mais encore l'hypocrisie et la duplicité de ce mot servant de masque à toutes les espérances, aussi bien de restauration monarchique que de féodalisme parlementaire ou de dictature ministérielle, et favorisant par cela même les plus inavouables connivences.

Enfin, l'attachement que témoignaient pour ce prétendu programme la plupart des parlementaires dits boulangistes, et surtout les moins fidèles à sa fortune et les plus disposés aux compromissions, l'avait, plus que tous les raisonnements du monde, édifié sur la valeur de ce vocable : révisionniste, n'affirmant ni principe, ni idée, ni réforme politique ou sociale. Il s'était convaincu qu'il n'y avait là qu'une équivoque charlatanesque prêtant à toutes sortes de marchandages électoraux.

Pourtant le général Boulanger croyait qu'il était nécessaire de changer la Constitution ; mais il croyait aussi qu'il ne fallait plus songer à la réviser par les moyens parlementaires qu'elle a prévus.

A cet égard, son opinion était bien faite ; elle était très nette et très ferme, et il l'a exprimée de la manière la plus formelle dans des lettres adressées notamment à MM. Chiché, Le Senne et Planteau, qui lui reprochaient d'abandonner « le programme révisionniste » en lui déclarant plus ou moins comminatoirement qu'ils seraient forcés de se séparer de lui pour rester attachés à la révision légale — qui a l'avantage, en n'étant pas dangereuse, de valoir aux candidats des suffrages réactionnaires.

Le général Boulanger était trop homme de fait et d'action pour être un constitutionnaliste et pour se plaire, comme M. Naquet et quelques autres, à confectionner des Constitutions.

Celles-ci sont des règlements imaginés par des hommes de partis prétendant régir l'existence et les évolutions futures d'une société, sans se préoccuper des circonstances dans lesquelles pourront s'accomplir l'une et les autres.

Or, le général n'aimait guère les règlements et, s'il était resté ministre, il en aurait supprimé bien plus qu'il n'en aurait édicté. Il estimait même que la principale tâche d'un nouveau gouvernement serait d'abolir beaucoup de règlements.

Mais s'il avait autant de dédain pour le constitutionnalisme que de mépris pour le parlementarisme, en revanche il avait le plus grand souci du résultat que devait amener un changement de régime.

Plusieurs routes peuvent conduire à un même but. Le choix des routes est affaire de goût et de circonstance ; mais ce qui importe, c'est qu'on atteigne le but. Aussi le général Boulanger restait-il assez indifférent sur le premier point et ne s'intéressait-il qu'au second. Dans nos longues conversations, s'est-il assez peu préoccupé de ce que devait être une Constitution, n'ayant que fort peu de goût pour ce genre de chinoiseries, et, si je l'avais ennuyé de dissertations sur ce sujet, je n'aurais pas dû m'étonner qu'il me répondît un beau jour :

— Dites-moi donc, est-ce qu'une Constitution est une chose vraiment nécessaire ?

GOUVERNEMENT DIRECT ET DÉCENTRALISATION

Le régime républicain que concevait le général Boulanger, et qui devait être le résultat du mouvement d'opinion à provoquer, était celui dans lequel le peuple exercerait directement le pouvoir, sans intermédiaire, en choisissant et nommant ses magistrats et fonctionnaires parmi les hommes ayant fait preuve de compétence pour la magistrature ou la fonction à remplir, et en se prononçant souverainement sur les décisions législatives, aussi bien d'ordre organique que d'ordre municipal.

Avec ce régime il n'y avait plus à légiférer sur qu'on appelle plus ou moins justement les questions sociales ; c'était au peuple possédant le pouvoir à opérer lui-même les réformes nécessaires à l'amélioration de son sort sans attendre que les législateurs aient pu se faire une opinion ou se mettre d'accord entre eux.

L'irritante question religieuse se trouvait résolue

par la liberté et, comme la question sociale elle-même, par la pratique du droit d'association.

Cette conception de l'exercice direct du pouvoir populaire entraînait fatalement, comme conséquence et comme moyen, une décentralisation profonde — ou, ce qui revient au même, la constitution d'une sorte autonomie locale dont le particularisme devait être tempéré ou atténué par une division régionale substituée au morcellement départemental et par l'application des principes du système fédératif.

A cet égard, le général Boulanger était un admirateur des institutions républicaines des Etats-Unis et il croyait que nous ne pouvions faire mieux que de nous en inspirer et de les adopter.

Ce qui est aujourd'hui le Parlement, omnipotent dans son impuissance, perdait ainsi une partie de son pouvoir restitué au peuple, et il n'était plus qu'une sorte de Conseil d'Etat préparant des textes de lois, qui ne pouvaient avoir de valeur et de légitimité qu'après avoir été soumis au *referendum*, c'est-à-dire après avoir reçu la consécration du suffrage universel. On comprend que l'idée n'était pas pour plaire aux parlementaires.

Le système représentatif n'était pas ainsi complètement aboli ; il était modifié et transporté de l'Etat centralisateur aux régions représentant ce que sont les Etats dans la République américaine. Les Parlements se trouvaient ainsi plus en contact constant avec les électeurs et placés sous leur contrôle direct.

Le général, tout autant que moi-même, comptait que ce régime donnerait plus d'influence aux populations rurales dans l'administration de la chose publique et qu'il aurait pour résultat de retenir ou de ramener dans les localités agricoles tout ce qui les abandonne pour venir dans les autres grands centres industriels, en y accroissant le paupérisme.

Enfin il supposait que rien ne pouvait plus que ce régime amener la disparition des partis et la fin de leurs divisions, car une fois le peuple investi de l'entière souveraineté et de l'exercice direct du pouvoir, il devenait impossible de restaurer aucun des régimes déchus.

Quel rôle se réservait le général Boulanger dans un régime de cette nature? Est-il besoin de le demander et de le dire?

Il se réservait, à la condition bien entendu d'être accepté par la nation, le rôle de ministre de la guerre et de membre du gouvernement chargé de présider à l'établissement de ce régime républicain et démocratique, comptant bien, avec l'autorité morale qu'il pourrait tenir de sa popularité, contraindre ses collègues à opérer les réformes nécessaires et promises si, par hasard, ils avaient hésité à le faire.

Si par hasard, il n'avait rien été, il n'en aurait pas éprouvé de trop amers regrets pourvu qu'il ne fût pas proscrit et qu'il redevînt pour le peuple « le général Boulanger » qu'il avait été à la gare de Lyon et au 27 janvier, car il avait plus l'amour de la popularité que l'ambition du pouvoir.

Comment pouvait s'établir ce régime et ce gouvernement?

Appliquant à cet ordre de faits son esprit et son tempérament d'homme de guerre, croyant que les meilleurs plans se font sur le champ de bataille, le général se préoccupait plus de l'objectif, du but à atteindre que les procédés circonstanciels par lesquels on l'atteindrait, quoiqu'il essayât de prévoir d'une manière générale quels pouvaient être ces procédés.

Ceux-ci étaient de deux ordres : les uns révolutionnaires, les autres plus ou moins légaux et électoraux. Il fallait être prêt à l'une comme à l'autre éventualité et on imaginer une qui tiendrait des deux ordres à la fois et qui était la plus probable.

Pourtant, comme il avait le plus grand souci des moyens pratiques — ce qui lui inspirait tant de dédain pour le constitutionnalisme — le général avait examiné les diverses conditions dans lesquelles pourrait se produire un mouvement et dans lesquelles il pourrait remporter le succès.

L'un des moyens qui l'avaient le plus séduit et qui fut plus longuement discuté à Bruxelles était extra-légal, révolutionnaire par sa donnée et ses conséquences, sans être pourtant contraire à la légalité, qui ne l'a pas prévu.

Ce moyen est simple, d'exécution assez facile, n'exigeant presque aucune ressource financière, exposant ceux qui l'emploient à aussi peu de danger que les stériles luttes électorales, jusqu'à l'heure décisive qui seule exige la décision et l'énergie. Mais comme il peut être encore employé par des révolutionnaires intelligents, si par hasard il s'en trouve, on comprendra que je ne le désigne ni ne l'explique pas autrement.

Il avait un tort, grave, je l'avoue, c'est que, pour l'employer, il fallait des hommes convaincus, dévoués à des idées et aux intérêts patriotiques et populaires et dégagés des vanités électorales ou d'intérêt personnel.

Et c'est l'absence de tels hommes qui empêchera le moyen d'être employé pour le salut et la rénovation de notre pays, voué par le parlementarisme, son impuissance et sa corruption, au sort du Bas-Empire ou de la Pologne.

En dernier lieu, la date éventuelle de l'exécution avait été fixée au 27 janvier 1892 et aurait pu être avancée, ou retardée suivant les circonstances.

Si, au moment où le public, déjà inquiété par les

explosions des anarchistes, était si profondément troublé par les scandales du Panama, on avait brusquement appris que le général Boulanger était à Paris, invisible, insaisissable, quoiqu'étant apparu à une quarantaine d'amis, il me semble qu'il y aurait eu d'un bout à l'autre du pays une assez belle émotion, et que le ministère qui aurait été chargé alors de veiller au salut de l'ordre social et des prérogatives parlementaires, n'aurait pas dû beaucoup s'amuser.

Le pis qui aurait pu arriver, c'est que le général fût pris à ce moment, et qu'il fallût procéder à la révision du procès de la Haute-Cour, pendant que se poursuivait l'enquête sur le Panama. C'était déjà trop de l'une pour un gouvernement ; il n'aurait pu résister aux deux réunies.

LE STRATÉGISTE

Le général, en homme de guerre habitué à dresser des plans stratégiques qui ne doivent recevoir leur exécution qu'après plusieurs années, avait la patience des longues préparations, de l'attente, et n'aimait pas à être surpris par une éventualité qu'il n'avait pas prévue. C'est là, je l'ai dit ailleurs, ce qui explique son départ de Paris.

Ce n'était pas, quoiqu'il réfléchît et méditât beaucoup, un « spéculatif ». C'était un homme de fait. Les idées ne lui apparaissaient que sous la forme concrète, pratique, réalisée ou réalisable. Il raisonnait, et ne philosophait pas. Aussi parlait-il peu des choses sérieuses sur lesquelles il réfléchissait, sans paraître pourtant taciturne, parce que, tout en réfléchissant à ce qui le préoccupait, il causait et plaisantait avec la plus grande amabilité.

Il écoutait attentivement et lisait de même, n'argumentait jamais, paraissant détester la dialectique, qui est le contraire de la conception, de l'action, de la pratique. Aussi ses lettres expriment-elles une opinion sur des sujets divers, très sobrement, sans démonstration ni explication.

Dans l'alliance avec les réactionnaires, il n'avait vu qu'un fait stratégique. Etant mis par la proscription dans l'impuissance d'agir, il voyait dans cette alliance un moyen d'annuler la proscription pour lui comme pour les autres et de recommencer la partie. En outre, il avait raisonné en militaire, en se disant que deux forces doivent avoir plus d'avantages qu'une seule.

C'était à ceux qui l'entourent alors, à lui démontrer que les forces politiques n'avaient rien de commun avec les forces militaires. Rien n'aurait été plus facile, car il n'y avait pas d'homme plus abordable, écoutant avec une plus docile attention, et plus disposé à se rendre aux bonnes raisons, alors surtout que, par leur situation, leurs titres, leur réputation, ceux qui les lui donnaient lui inspiraient confiance.

Il écoutait, du reste, tout le monde, même les fous. En me racontant combien étaient venus l'entretenir de leurs projets au ministère de la guerre, il me disait : « Je les écoutais tous, parce que, même chez les fous, il peut y avoir une idée juste. »

CHAPITRE XXIII

LES LIEUTENANTS D'ALEXANDRE

La plus grande difficulté que rencontrait le plan que je viens d'indiquer n'était pas dans les mesures que pouvait prendre le gouvernement, fût-il dirigé par M. Constans. Elle était presque tout entière dans les agissements de certains députés ou meneurs boulangistes, persistant à vouloir exploiter le boulangisme pour leur compte.

A peine en eut-on fini avec les *Coulisses* et leurs scandales, qu'on fut en butte à un nouvel incident, sur lequel je passerai rapidement, mais que je dois noter pour expliquer la conduite et le caractère du général.

M. Déroulède qui, on l'a vu, était l'un des quatre chefs de l'ancien Comité, l'instigateur de la démarche tendant à poser au général le dilemne : « Paraître ou disparaître », s'était séparé de ses collègues et avait sévèrement qualifié la conduite de M. Laguerre, dont il était l'ami.

A l'heure difficile où le général était en butte aux attaques calomnieuses des anciens chefs du Comité et des royalistes, M. Déroulède, après avoir annoncé son intention de donner sa démission, était allé faire un roman en Italie. Quand il fut devenu certain que le débordement de diffamations et d'outrages n'avait pas enlevé au général Boulanger ce qu'il lui était resté de sympathies populaires, il revint et trouva le moyen de crier à la Chambre un « Vive Boulanger ! » retentissant.

N'étant pas instruit des projets du général qu'il supposait n'être occupé que du soin de vivre tranquille dans une agréable retraite, M. Déroulède comptait devenir facilement le chef réel du boulangisme, n'ayant plus de rivaux ni de concurrents, après la déconsidération dans laquelle étaient tombés les anciens directeurs du Comité, ses collègues et amis. Il y comptait d'autant plus qu'il s'imaginait qu'après son cri de : Vive Boulanger! dont les boulangistes avaient admiré le facile courage, le général ne pourrait refuser d'abdiquer entre ses mains.

Le général ne s'était pas trompé sur ces sentiments ni sur cette tactique sur lesquels il s'expliqua ultérieurement dans dix lettres au moins. Mais quelle que fût son opinion intime, il ne voulait pas paraître témoigner d'une ingratitude qu'on n'aurait pas comprise.

Vers le mois de décembre, M. Déroulède alla rendre visite au général pour lui demander d'être autorisé à prendre la direction des députés boulangistes, c'est-à-dire en réalité de la politique du parti. Le général lui répondit qu'il avait des projets qu'il ne pouvait lui faire connaître et qui n'avaient rien à faire avec le Parlement, ajoutant qu'après avoir rendu leur liberté aux députés, il lui laissait carte blanche pour les diriger s'ils acceptaient sa direction, mais qu'il entendait ne pas intervenir et ne pas abdiquer.

A son retour, M. Déroulède fit paraître une information annonçant qu'il « avait rendu confiance » au général Boulanger, et qu'il avait été chargé par lui d'exercer la direction en question.

On a vu que le général n'avait pas perdu confiance, qu'il en avait au contraire plus que jamais, autant que de patience.

Il protesta dans une lettre à l'*Éclair*.

De leur côté, plusieurs députés boulangistes, qui ne tenaient nullement à être soumis à la direction du chef de la Ligue, écrivirent au général en donnant toutes sortes de bonnes raisons pour résister ou échapper à cette dépendance.

Quoique très mécontent et indisposé contre M. Déroulède, tant à cause de ses agissements qu'à cause de la publication d'une brochure intitulée le *Désarmement* et concluant à la guerre, qu'il blâmait vivement, le général voulait qu'on arrangeât les choses, et que l'on conciliât tout.

Il m'invita à voir M. Déroulède dans ce but, ce que je fis, en me conformant au désir et à la pensée du général. L'entrevue eut lieu à l'hôtel Saint-James. J'avais entrevu la silhouette de M. Déroulède en diverses occasions; mais je le voyais véritablement et lui parlais pour la première fois. Je croyais d'après l'opinion courante à laquelle il ne faut d'ailleurs jamais croire et d'après l'apparence de ses actes qu'il était ce qu'on appelle « un emballé » agissant trop dans la spontanéité de son sentiment. Il s'en défendit en m'apprenant que ses prétendus » emballements » étaient raisonnés, prémédités, calculés, à la manière des intonations ou des gestes d'un acteur qui a étudié « ses effets ». Et il me le prouva.

Après cette démonstration, il me déclara que le général avait plus besoin de lui que lui n'avait besoin du général, ce qui l'autorisait à dicter ses conditions. Et comme j'allais partir pour Jersey il me chargea de les poser en son nom au général en

17.

demandant à ce dernier qu'il lui donnât la direction du parti parlementaire et extra-parlementaire et celle même du journal *La Voix du Peuple*.

Je fis scrupuleusement la commission. Malgré toute sa bonté, le général se fâcha. C'était encore son abdication qu'on lui demandait. Il s'y refusa, naturellement, et écrivit une lettre très courtoise à M. Déroulède, mais très ferme et très nette quant à ses intentions.

— Déroulède, me dit-il, est venu ici me demander de prendre la direction des boulangistes à la Chambre. Comme je n'attends rien des députés, et que je ne peux pas plus l'empêcher d'exercer son autorité sur ses collègues que la lui donner, je lui ai laissé carte blanche.

» Je ne voulais rien lui dire de nos projets, auxquels les députés sont inutiles. C'était son affaire de prendre la direction s'il le pouvait : les députés m'écrivent pour la repousser, et je trouve qu'ils ont raison.

» Que Déroulède fasse ce qu'il voudra en son nom et sous sa responsabilité, c'est son affaire, mais je ne veux que ni lui ni personne fasse rien en mon nom. Que ceux qui veulent chausser mes bottes attendent que je sois mort ! »

Pourtant, après avoir parlé avec cette netteté, il en revint à son désir de tout concilier, sans pourtant rien céder, envisageant sans regret une nouvelle rupture, mais ne voulant pas la provoquer.

PATRIOTISME ET CAPORALISME

Ayant échoué dans cette démarche, dont j'omets ou abrège tous les incidents, M. Déroulède tenta de se former un parti uniquement patriote — il serait mieux de dire chauvin ou caporaliste — et de se faire acclamer comme son chef dans une représentation du *Régiment* donnée au théâtre de l'Ambigu-Comique, et pour laquelle la salle avait été en grande partie louée par les adhérents. La tentative n'eut pas le succès attendu :

Un peu plus tard, le chef de la Ligue provoquait les incidents qui amenèrent le départ de l'impératrice Frédéric. Mais cette aventure ne lui donna pas la direction tant désirée et ne fit qu'irriter davantage le général par les commentaires désobligeants auxquels donna lieu la coïncidence de son voyage à Bruxelles avec cette équipée qu'il blâmait.

Il ne faut accorder aux choses et aux personnes que l'importance qu'elles méritent. Je n'aurais pas parlé de cette sorte de querelle d'investiture, dont il pourra se trouver des traces dans la correspondance, si je n'avais voulu montrer que, jusqu'au dernier moment, le boulangisme n'a été pour les politiques — si peu qu'ils le soient — que la dispute d'un héritage ruiné par ceux-là mêmes qui le convoitaient.

Comme il aurait été autrement plus simple et plus habile de faire tranquillement son devoir, de défendre une cause sans autre préoccupation en se disant : « Fais ce que dois, advienne que pourra ! » Il serait advenu que ceux qui sont aujourd'hui dédaignés, ridiculisés ou méprisés, auraient la popularité, l'influence, et pourraient jouer dans leur pays le grand rôle auquel ils prétendaient sans en avoir l'intelligence, les qualités et les vertus.

AUTRES SOTTISES

Quoiqu'il songeât à la réalisation des projets indiqués, car, dans une lettre du 8 décembre, il me demande de penser à « l'affaire du Nord », le général entendait ne rien brusquer et ne rien faire au hasard.

J'aurais voulu qu'il quittât Jersey, où il était, lui disais-je, « prisonnier de la mer », et parce que les prétendus amis intéressés à ce qu'on le crût découragé, indifférent, le représentaient trop comme un prétendant, d'abord, et ensuite comme un prétendant fainéant. Il résista énergiquement ; mais quelques semaines après, ce fut lui qui m'annonça son intention de quitter l'île et de venir sur le continent.

Mais comme si l'on eût deviné nos intentions ignorées pourtant de tout le monde, il n'était pas de semaine pour ainsi dire, même pas de jour que l'un des membres de l'ancien Comité ne prît une initiative semblant avoir pour but de contrecarrer nos projets et de les faire échouer.

C'est ainsi que dès la rentrée, M. Laur avait fait annoncer son intention de demander la révision du procès de la Haute Cour, comme si elle se pouvait faire en l'absence des condamnés. Le général avait écrit à M. Laur pour le sommer de renoncer à sa proposition, qu'il « considérerait comme une trahison ». M. Laur s'était incliné, mais il avait fait reprendre par M. Goussot sa proposition, heureusement écartée par le dédain de la Chambre.

Dès que le général fut à Bruxelles, le même M. Laur organisait un meeting soi-disant boulangiste pour provoquer à l'annexion de la Belgique.

C'était ainsi tout le temps. Tantôt les actes n'étaient

que ce qu'on appelle « des gaffes », propres à ridiculiser leurs auteurs et leur parti ; tantôt c'étaient des sottises plus graves et plus compromettantes, tendant toujours à exploiter ce qu'il restait de popularité au général, à lui imposer une politique, à lui donner des maires du palais, et à le faire passer pour un imbécile, timoré et brouillon.

Ah ! nous ont-ils donné assez de mal, tous ces prétendus boulangistes, tous ces agitateurs et politiqueurs à l'amitié de crocodiles ! Et comme il les connaissait, celui qu'ils croyaient encore tromper par leurs secrètes protestations « d'inaltérable dévouement » !

Dans une lettre du 5 janvier 1891, à propos des députés et autres politiciens qui, dit-il, aiment bien mieux me voir rester en exil, il ajoute avec sa bonne humeur habituelle : « Vous oubliez de me donner le nom du seul qui voudrait mon retour, et j'ai beau chercher, je ne trouve pas cet oiseau rare. »

CHAPITRE XXIV

RETOUR A BRUXELLES

— Le projet de voyage en Italie avait été, non pas abandonné, mais retardé à la suite de la chute de M. Crispi, dont se félicitait le général, non pour lui-même, mais pour notre pays, en disant : « La France avant tout. » Il fut repris à la suite de lettres venant d'Italie, et de l'accueil fait aux communications du général au *Corriero di Napoli*, qui les demandait.

Mais le général ne voulait agir qu'à coup sûr. La difficulté pour ce charmeur de foules n'était pas de se faire écouter du populaire italien, c'était de n'être pas expulsé avant d'avoir accompli sa tâche étrange, qui eût ressemblé, avec d'autres formes, à la visite de notre escadre à Cronstadt.

Provoquer les sympathies, l'enthousiasme, les mouvements d'opinion à force d'accolades et à coups de bouquets de fleurs, c'était son affaire. Il fallait mener cette campagne en quelques semaines, en quelques jours, comme s'était faite la conquête garibaldienne de la Sicile ; et, pour qu'elle eût cette rapidité, il la fallait mûrement préparer de loin.

Il fut donc décidé que le général abandonnait Jersey et venait s'installer en Belgique, qui serait son centre d'opérations, à proximité de la France, et tout porté sur le théâtre des événements, s'il en survenait.

Le bail du chalet expirait, et ne fut pas renouvelé.

Madame de Bonnemains, accompagnée de la femme du cuisinier, vint à Paris pour faire envoyer une partie de son mobilier à Bruxelles. Dans la traversée, elle fut prise de froid et, en arrivant à Paris, atteinte d'une pleurésie qui l'empêcha de retourner à Jersey.

Elle renvoya la femme du cuisinier, en l'invitant à dire au général qu'elle avait une indisposition sans gravité, mais la contraignant à garder la chambre quelques jours. Quand le général vit descendre du bateau la domestique seule, il eut un vif mouvement de colère, dont il s'excusa du reste un peu après. Il crut à un malheur qu'on lui voulait cacher, et passa une journée dans une inquiétude mortelle.

Une lettre de la malade lui prouva qu'elle était vivante. Mais il lui paraissait certain qu'elle était dans un état grave, qu'on s'efforçait de lui dissimuler.

Il partit aussitôt pour l'Angleterre, afin d'aller prendre à Douvres le bateau pour Ostende, et venir à Bruxelles ; et en même temps, il adressa à madame de Bonnemains des dépêches *en clair*, dans lesquelles il lui disait ses inquiétudes, son arrivée à Bruxelles, en lui annonçant que, si elle ne pouvait venir le retrouver, c'est que son pressentiment ne le trompait pas, et qu'il allait venir la trouver à Paris.

On peut deviner quelle fut l'anxiété désespérée de la malade. Elle connaissait l'homme, ses résolutions, sa témérité. C'est pour elle qu'il avait fait déjà une fois le voyage de Clermont à Paris, dont le conseil d'enquête avait pris prétexte pour l'enlever à l'armée.

Cette fois, il se livrait d'autant plus sûrement, que le gouvernement était informé par ses dépêches. La malheureuse femme sentait quelle redoutable responsabilité pesait sur elle, qu'on avait accusée, à tort d'ailleurs, d'avoir provoqué le départ de Paris, et qui allait être la cause de son retour dans de telles conditions.

Confidente de nos projets, elle n'en était que plus affligée :

— Je ne veux pas qu'il revienne pour moi, disait-elle toute tremblante de fièvre ; je ne veux pas qu'on dise qu'il est revenu pour une femme, quand il doit revenir pour son honneur.

Une amie dévouée me fit aussitôt avertir : « Mais si elle part, c'est sa mort, m'écriai-je. S'il vient, c'est sa mort encore à elle et c'est sa fin à lui. »

FATALE ÉNERGIE

Que fallait-il faire dans une situation aussi critique ? C'était là l'important à savoir et à décider.

J'offris d'aller immédiatement à Bruxelles attendre le général à son arrivée d'Ostende : « Je lui dirai la vérité tout entière, pour qu'il me croie ; je lui démontrerai que forcer la malade à venir, c'est la tuer ; que venir la trouver, c'est se faire prendre, et lui porter un coup auquel, dans son état, elle ne résistera pas, et que c'est la tuer encore, en tuant du même coup tout espoir pour l'avenir. Pourvu que je gagne quelques jours, après lesquels la malade, un peu rétablie, hors de danger, pourra faire le voyage, tout est sauvé. »

Il fut convenu que j'attendrais au lendemain pour partir. Madame de Bonnemains, aussitôt avisée de mes intentions, se tranquillisa quelque peu. Le lendemain, conduit par son amie, j'allai la voir à l'hôtel Continental, et la trouvai couchée, dans un état de faiblesse et de fièvre qui semblait rendre toute intention de voyage impossible.

Toujours souriante, elle me remercia, demandant qu'on lui pardonnât la peine qu'elle donnait à ses amis, et se montra rassurée étant certaine que le général m'écouterait. C'était, s'il m'en souvient bien, un jeudi. Pourtant, elle préférait partir s'il était possible. « Si je ne le puis, dit-elle, vous partirez ce soir. »

Je la suppliai de ne pas commettre une imprudence qui pouvait avoir de graves conséquences. Elle s'efforça de me rassurer, en disant que, confiante dans mon intervention près du général pour empêcher un coup de tête, elle ne ferait le voyage qu'avec toutes les précautions nécessaires, et si elle s'en sentait la force ; et elle me demanda, dans le cas où elle partirait, de venir les retrouver le lendemain à Bruxelles.

Une dépêche vint m'avertir que, contrairement à toute probabilité, madame de Bonnemains était partie par l'express de six heures pour arriver à minuit à Bruxelles, où le général l'attendait à la gare. Pour qu'elle eût fait ce voyage dans l'état où je l'avais vue, quoiqu'elle prétendît que ce n'était qu'une course un peu longue en voiture, il fallait une rare énergie.

Le surlendemain, j'allai à mon tour à Bruxelles, à l'hôtel de Bellevue, sur la place Royale, où le proscrit et sa compagne étaient descendus et s'étaient fait inscrire sous un nom d'emprunt.

Je demandai naturellement des nouvelles de madame de Bonnemains, et le général me répondit qu'elle allait beaucoup mieux. Et, en effet, elle vint déjeuner à table avec nous, ou plutôt feignit de déjeuner. Elle était pâle, très amaigrie, toujours souriante, paraissant très confiante en sa guérison.

La journée se passa tout entière dans la chambre, en causerie intime, mêlée d'observations sur l'exécution de nos projets.

Il se trouvait que ces incidents se passaient lors du voyage de l'impératrice Augusta à Paris, des manifestations qu'il entraîna, et dans lesquelles M. Déroulède joua son rôle accoutumé.

La malveillance ne manqua pas de voir dans cette venue du général à Bruxelles l'intention de profiter des troubles et des conflits que pouvaient provoquer les excitations chauvines du chef de la Ligue, qu'on supposait être inspirées par le général Boulanger, quoiqu'il les blâmât énergiquement. On voit pourtant combien l'intention ou le désir de profiter d'agitations pouvant entraîner des malheurs pour la patrie étaien loin de sa pensée.

Le bail de la villa Saint-Brelade finissant en fin avril, c'était à ce moment, c'est-à-dire un mois après que le général devait venir s'installer définitivement à Bruxelles.

Je lui fis remarquer que cette installation, décidée depuis plusieurs mois, aurait le malheur de coïncider avec la journée du 1er mai, et de donner lieu à de nouveaux et fâcheux commentaires. J'opinai donc pour que, tant à raison de cette coïncidence involontaire de date, comme à raison de la santé de madame de Bonnemains, on demeurât à Bruxelles, en donnant les ordres nécessaires pour le transport du peu de meubles et d'objets déjà encaissés qui se trouvaient à Jersey.

Ce fut madame de Bonnemains qui fut d'un avis différent, parce qu'elle avait à Saint-Brelade des bibelots et objets divers, mêlés aux curiosités appartenant au propriétaire, que le général lui-même ne pourrait distinguer, et pour l'enlèvement desquels sa présence était indispensable. Elle se sentait mieux, elle ne tarderait pas à être complètement rétablie, à l'en croire, et elle se promettait bien de n'affronter la double traversée qu'étant guérie.

Quant au général, il prenait note de la coïncidence de dates, et s'arrangerait pour s'arrêter à Londres et ne revenir à Bruxelles qu'après la journée du 1er mai passée.

Comme dit un héros de Musset : « Que voulez-vous répondre à des raisons pareilles ? »

J'ai eu le malheur de perdre deux femmes aimées, emportées par cet inexorable mal, auquel devait succomber la compagne dévouée de celui pour qui j'avais une si vive amitié. Cette douloureuse expérience m'a mis en garde contre certains symptômes.

Déjà, à Jersey, ils m'avaient inquiété, et mes relations étant surtout parmi les médecins, j'en avais parlé à l'un d'eux, dont j'ai partagé les études et qui est de ceux qu'on peut appeler des « guérisseurs ». Il offrit d'aller à Jersey. Mais il était préférable, suivant lui, d'être fixé avant, et pour l'être, il désirait qu'on recueillît des crachats de la malade, dont l'examen rendrait le pronostic certain.

J'en avais parlé au général qui, trompé par la malade, et comprenant les soupçons de mon ami et de moi-même, avait répondu, en invoquant l'autorité du médecin traitant, qu'il n'y avait pas de phtisie. Je n'en restai pas moins inquiet ; et l'état dans lequel je voyais madame de Bonnemains, dont je devinais les efforts pour ne pas alarmer le général, n'était pas pour calmer ces inquiétudes. Si cet état s'aggravait, le général, torturé par des angoisses que j'ai connues en un moment terrible, dans la défaite de l'insurrection communaliste, ne penserait plus qu'à tenter de sauver sa chère compagne. Et si un dénouement fatal survenait, qu'arriverait-il ?

Quand la malade fut rétablie, ou prétendit l'être, le général fit demander qu'on lui télégraphiât d'Ostende l'état de la mer, qui, à cette époque est généralement mauvaise; et, impatient d'attendre une accalmie, il repartit avec madame de Bonnemains pour Jersey par un temps épouvantable, tel qu'il dut prendre le lit tout un jour, en arrivant.

M. PORTALIS ET LA « COCARDE »

A peine le général était-il de retour à Jersey qu'il se produisit un de ces incidents malheureusement si fréquents dans le monde se qualifiant « boulangiste. »

La *Cocarde*, dirigée par MM. Ducret et Castelin, publia une lettre du général Boulanger, sans autre intérêt qu'une injure à l'adresse de M. Portalis, directeur du *XIX° Siècle*. Ce dernier avait entrepris contre le *Petit Journal* une campagne dans laquelle la politique n'avait rien à voir. Les directeurs de la *Cocarde* avaient pris parti pour M. Poidatz, financier du *Petit Journal*, et trouvaient de bonne guerre de se servir contre leur adversaire commun d'un passage de lettre, certainement confidentielle et répondant visiblement et d'une manière négative à l'offre d'une démarche. Et pour rendre cette publication plus tapageuse ses auteurs avaient imprimé ladite lettre en caractères d'affiches, tenant toute une page du journal, faisant croire à un manifeste du proscrit.

Dès que le général apprit cette nouvelle incartade et l'abus qui était fait de son nom, il m'écrivit le 7 avril 1891 :

« Oui, mon cher ami, je suis furieux, outré, indigné autant qu'on peut l'être. Certes, je n'ai pas une bien profonde estime pour M. Portalis. Mais, sans prendre parti, je devais, en honnête homme, dire la vérité, et protester contre ces procédés de banditisme. C'est ce que j'ai fait. »

En effet, une lettre écrite le lendemain, destinée à la publicité, et qu'il est sans doute inutile de reproduire ici, protestait contre la publication de la *Cocarde*.

Je n'ai pas à cacher que, prévoyant quelles polémiques allait provoquer cette publication, donnant comme cible aux outrages le général qui n'y était pour rien, et afin d'y couper court, je lui avais demandé d'être autorisé à publier sa protestation. Et il m'avait donné cette autorisation « sans hésiter un instant », disait-il, et en termes trop cruels à l'égard des auteurs de l'incident, pour que je les reproduise sans y être contraint.

La conduite du général, en cette circonstance, était d'autant plus caractéristique, qu'il avait peu de sympathie pour M. Portalis qui avait rompu avec lui et dont il attribuait la rancune à d'autres motifs que les véritables.

Alors que le général Boulanger était ministre de la guerre, le *XIXᵉ Siècle* et son directeur lui étaient des plus favorables, et ils l'étaient restés après la chute ministérielle comme le prouva l'article *Vive Boulanger!* Aussi lorsque M. Dillon voulut organiser sa campagne de réclame boulangiste, entra-t-il en pourparlers pour l'achat d'une partie des actions du *XIXᵉ Siècle*. Sur ces entrefaites, M. Portalis devait être candidat dans le Loiret, et M. Dillon lui avait promis que le Comité national ne lui opposerait pas de concurrent pour qu'il pût bénéficier des suffrages boulangistes. Pourtant M. Dillon l'avait prié d'attendre deux ou trois jours avant de poser sa candidature; et, en sortant du Comité, il avait appris qu'un autre candidat, M. Dumas, protégé de M. Dillon, venait d'être accepté, après avoir montré sa profession de foi au général. C'étaient toujours là les procédés de M. Dillon.

Indigné de cette duplicité, M. Portalis avait, le lendemain, fait paraître dans le *XIX° Siècle* un article intitulé le *Divorce*, rompant avec le parti dont il devait être la veille l'allié, et qui lui avait emprunté ses formules révisionnistes.

Le général, ignorant de ces intrigues électorales, avait attribué cette brusque rupture à d'autres motifs, et on avait gardé contre le directeur du *XIX° Siècle* un vif ressentiment, qui, pourtant, ne l'empêcha pas de protester contre un procédé de polémique qu'il considérait comme déloyal, et de rétablir la vérité, comme il l'avait déjà fait dans la conversation relative à M. Clémenceau.

Le directeur du *XIX° Siècle*, qui avait été l'objet de cet acte de loyauté, n'en a pas moins continué à mettre celle-ci en suspicion dans son journal, et à considérer comme inspirés par le général ceux que celui-ci avait désavoués, sans comprendre qu'il ne faisait ainsi qu'enlever de sa valeur à une protestation dont il bénéficiait. Quant à la reconnaissance, il n'en faut pas parler, car c'est la chose inconnue en politique.

Dois-je ajouter que M. Castelin inventeur du « loyalisme » prétendait et publiait que la protestation, malgré son authenticité, n'émanait pas du général. Le loyalisme, n'est donc pas précisément la même chose que la loyauté.

FOURMIES

Le général revint enfin à Bruxelles le dimanche 3 mai, ce qui n'empêcha pas les journaux hostiles de prétendre qu'il avait songé à exploiter les troubles du 1ᵉʳ mai, qui donnèrent lieu à l'épisode sanglant de

Fourmies. Le 5, en m'annonçant son retour, il m'écrivait :

« En passant à Londres, j'ai vu Rochefort, qui m'a beaucoup entretenu de ce qu'il venait d'apprendre sur la malheureuse échauffourée de Fourmies ; il m'a dit que l'*Intransigeant* venait d'ouvrir une souscription et il m'a demandé d'y prendre part, surtout Fourmies étant du Nord, qui m'a élu deux fois.

» Je lui ai répondu que je voulais réfléchir. Je comprends bien, en effet, que, d'un côté, la chose peut être bonne, mais de l'autre elle est scabreuse. Et n'aurais-je pas l'air de me mêler au mouvement du 1er mai ? Si, pour vous, le bon l'emporte, vous pouvez envoyer de ma part un billet de 100 fr. à l'*Intransigeant*.

» Je ne puis pas vous parler de la si malheureuse fusillade de Fourmies. Je ne connaîtrai que tantôt le compte rendu de la séance de la Chambre d'hier, et je n'ai sous les yeux que des versions contradictoires.

» Mais je tiens à vous dire dès aujourd'hui que, si l'on a fait feu sans avoir au préalable fait les trois sommations légales, si l'on a tué des femmes et des enfants, c'est une monstruosité. »

L'officier qui commandait là a eu du bonheur, on le voit, que le général Boulanger ne fût pas ministre de la guerre. Mais s'il l'avait été, il n'y aurait pas eu de fusillade.

INTRIGUES INUTILES

La venue du général Boulanger en Belgique avait donné lieu à des informations erronées et aux commentaires habituels, en général malveillants. Mais ses amis obscurs comprenaient d'instinct que, s'il se déplaçait, c'était dans quelque but inconnu, avec l'intention d'agir d'une manière quelconque.

En même temps, ceux qui aspiraient à la direction ou à l'accaparement du boulangisme, redoublaient de manœuvres, pour faire croire à leur influence, et s'imposer au général, qu'ils s'imaginaient être préoccupé de leurs combinaisons électorales, et qui paraissait sur le point, si ce n'était déjà fait, de leur échapper, même de les désavouer.

Le procédé le plus commun consistait à former des comités, comprenant trois personnes, il en est même qui n'avaient pour unique membre que le président, et des fédérations de ces comités qui adressaient au général des ordres du jour dans lesquels l'attestation « d'inaltérable dévouement » se joignait à quelque injonction. Et les meneurs suivant une tradition constante depuis la proscription s'efforçaient, autant pour s'assurer l'appui de l'*Intransigeant* que pour peser sur les déterminations du général, de gagner à leur cause Henri Rochefort qui restait assez indifférent à toutes ces manœuvres.

Si impersonnels que soient mon témoignage et mon récit, je dois bien avouer que j'étais la cause plus ou moins directe et l'objet des ressentiments de leurs auteurs, qui, me jugeant par eux-mêmes, m'attribuaient des intentions, des sentiments et des vues dont j'ai le dédain ou le mépris. Ils croyaient à un genre d'influence que je n'ai jamais tenté d'avoir.

Je ne m'étais assigné qu'un but : donner au général une expérience acquise en trente ans de luttes politiques; le mettre en garde contre les pièges et les embûches; l'aider à se réhabiliter des fautes commises devant la démocratie française et à rendre service à la cause des réformes sociales et à notre patrie.

C'est ce but seul que j'ai poursuivi, sans m'occuper d'intrigues et de manœuvres, qui ne méritent même pas que je leur accorde une autre mention.

Ceux d'ailleurs, qui s'imaginent qu'on pouvait

exercer sur le général l'influence qu'ils me supposaient se trompent étrangement. C'était un homme à qui l'on ne faisait ni penser, ni faire ce qu'on voulait.

On pouvait certes le tromper, abuser de sa confiance, qui était très grande lorsqu'il l'avait accordée à quelqu'un. Mais quand on l'avait trompé une fois, c'était fini pour jamais.

J'avais acquis sa confiance, en lui prédisant presque jour par jour les conséquences fatales des fautes commises; et si l'accord a été si complet entre nous, c'est que, le connaissant bien, je comptais sur sa sincérité, sur sa résolution, sur toutes ses qualités et sur son intelligence positive, ne lui reprochant que son excès de bonté et de désir de conciliation; c'est que j'essayais de penser comme lui, tout en pensant comme moi, raisonnant en homme d'action et de fait, lui donnant des raisons, lui démontrant les conséquences des actes à accomplir, et le laissant réfléchir et décider.

Il avait été un moment un jouet aux mains de politiciens dans la capacité, les convictions et l'amitié desquels il avait foi. Mais, dupé et trahi, dans la dure épreuve qu'il subissait, il s'était retrouvé; il était redevenu l'officier qu'ont connu les élèves de Saint-Cyr, le général du ministère de la guerre, le représentant de la France près de la République américaine. Et ce qu'il était redevenu, il le fût désormais resté toujours.

CHAPITRE XXV

L'AGONIE

Dès le retour à Bruxelles, l'état de madame de Bonnemains s'était aggravé, quoi qu'elle fît pour le dissimuler, prétextant la fatigue qu'elle se donnait pour hâter l'installation, et feignant une gaieté indifférente, pour donner le change à ceux qui l'entouraient.

Le général soupçonnait d'autant moins cette gravité, que le médecin ne l'en informait pas et ne procédait pas à un traitement énergique et révélateur.

Dès que l'installation de la rue Montoyer fut achevée, le général m'invita à venir passer quelques jours.

J'arrivai le matin et demandai des nouvelles. La malade était très fatiguée, au point qu'elle désirait rester couchée. « Nous irons la voir tout à l'heure, dit le général. » Et nous nous mîmes à causer, en nous promenant à travers son cabinet de travail, situé au rez-de-chaussée.

Vers dix heures et demie, nous montâmes au premier, dans la chambre de madame de Bonnemains, tendue en bleu. Elle était couchée dans un grand lit, visage amaigri, décoloré, éclairé par un sourire mélancolique et affectueux, plus navrant que des larmes. Après m'avoir serré les mains, elle laissa retomber les siennes, longues, effilées, ivoirines, sur la lingerie qui l'entourait et qui s'y perdaient comme des pétales de fleur pâle sur un linceul.

Elle me força à dire que je la trouvais mieux que je ne pensais la voir, et profita de cette complaisante déclaration pour prouver au général qu'il n'avait pas à s'inquiéter.

Et pourtant il ne semblait pas avoir d'inquiétude. Enjoué, prévenant, avec une bonté presque enfantine et affectant une gaieté de grand frère près d'une petite sœur malade, il était le premier à dire que le beau temps allait lui rendre des forces et chasser le mal.

J'avais naturellement manifesté la même confiance. Mais quand nous fûmes sortis de cette chambre, je me dis intérieurement qu'il est de douloureuses vérités qu'il faut avoir le courage de dire, me reprochant de ne l'avoir pas encore eu, et que, si pénible que fût cette tâche, il fallait l'accomplir, autant pour que tout fût tenté, que pour prévenir une surprise pouvant avoir une conséquence fatale.

A peine redescendu dans le cabinet de travail, le général me demanda :

— Eh bien ! comment la trouvez-vous ?

Avec quelque précaution, mais en lui disant que j'avais perdu deux femmes emportées l'une et l'autre par la phtisie, je lui avouai que je retrouvais là les mêmes symptômes et qu'il fallait bien qu'il le sache pour tenter le salut.

— Je le sais depuis hier, répondit-il ; le médecin me l'a dit.

Et, me prenant les mains, il se prit à pleurer.

De cette femme atteinte d'un mal incurable, se sachant perdue, souriant dans sa pâleur de cire, ou de cet homme de fer, impénétrable, toujours impassible, je ne sais vraiment quel était le plus poignant.

Il m'expliqua qu'à l'hôtel où il n'avait que deux chambres contiguës, le médecin n'avait rien voulu dire, dans la crainte que la malade n'entendît, et qu'il ne lui avait fait l'aveu que la veille, là, dans ce cabinet, où rien ne pouvait être entendu.

Tout espoir, pourtant n'était pas perdu, à en croire le médecin. La maladie pouvait être enrayée, si par une alimentation soutenue, on pouvait rendre la vitalité à l'organisme. Aussi le général, tout en connaissant maintenant la gravité du mal, s'attachait-il à cet espoir, qui lui rendait de sa gaîté.

Je vis bien quelle était l'intensité de cet espoir à un trait. Le temps étant pluvieux, nous étions restés à bavarder toute l'après-midi dans son cabinet. A un moment, il s'interrompit pour me demander brusquement :

— Quel âge avez-vous, Denis ?
— Cinquante ans.
— Moi, j'en ai cinquante-trois, reprit-il en se redressant, et accompagnant ses paroles d'un geste de fière virilité ; et je me sens aussi jeune qu'à vingt ans.

Trois mois après, de cette nature vigoureuse, énergique, pleine encore de toutes les sèves, il ne restait rien qu'un cadavre.

LA FUTURE GUERRE

Il n'y avait plus à parler de nos projets ; il fallait attendre qu'un mieux se produisît dans l'état de la malade pour y penser.

De tous ceux qui avaient tenté d'accaparer le mouvement boulangiste, les uns avaient trahi et étaient tombés dans le mépris, les autres étaient désavoués ou impuissants, et nous n'avions pas à nous en occuper. Ce que pouvaient faire le gouvernement et les parlementaires de toute catégorie, ne nous inquiétait guère. Nous pouvions donc reprendre nos causeries d'autrefois, au temps de la popularité et du triomphe.

La chose qui le préoccupait le plus, c'était la guerre dont les récents incidents du voyage de l'impératrice Frédéric semblaient rapprocher l'éventualité.

« Comme je l'ai dit étant ministre, répétait-il, il faut être fou pour la vouloir. Il n'est que ceux qui ne savent pas ce que c'est qui la puissent désirer. Aussi je trouve coupables ceux qui, comme Déroulède, dans sa brochure du *Désarmement*, y provoquent. »

Puis passant à des observations plaisantes :

— J'ai toujours vu que ceux qui poussent à la guerre sont ceux qui n'iront pas. Quand j'entendais et quand j'entends encore des chauvins manifester des sentiments belliqueux, je leur demande simplement : « Dans quel corps êtes-vous ? » Je suis sûr qu'ils vont me répondre : « Dans les services auxiliaires ou dans les vétérans, à moins que ce soit dans rien du tout. » Ça n'a jamais raté. »

Revenant à des appréciations plus graves et répondant à des questions que je lui posais :

— Savez-vous ce que je crois ? c'est que l'une des armées se débandera et que l'autre mourra de faim.

« De trop grandes forces sont autant un embarras qu'un avantage. C'est très bien de mettre un million d'hommes sous les armes. Mais quel est le général qui pourra conduire une pareille masse, la faire évoluer, la tenir dans sa main pour que, lorsqu'elle sera victorieuse à droite, elle ne soit pas battue à gauche ?

Napoléon Iᵉʳ lui-même, qui fut le plus grand des hommes de guerre, n'y parviendrait pas.

» Ce n'est pas le tout de conduire des hommes au combat; il faut les nourrir. Il faut que tout ce qui marche en avant ait sa subsistance assurée, ce que l'intendance, si bien organisée qu'elle soit, ne peut lui donner.

» Une armée vit sur le terrain où elle opère. C'est difficile, mais possible pour trente, quarante mille hommes; mais quand c'est par centaines de mille qu'une armée avance, le pays est ravagé comme si des nuages de sauterelles avaient passé; et il ne reste rien pour ceux qui surviennent en masse compacte.

» Si j'y étais, il faudrait bien que j'essaie de m'en tirer. Je prendrais mes dispositions; mais, allez, c'est une tâche bien redoutable, et après laquelle il ne faut pas courir de gaieté de cœur. »

LES ARMÉES ONT UNE AME

Je lui parlai de ce qu'il espérait lors de l'incident de Pagny.

— A ce moment, reprit-il, je crois que nous aurions eu la victoire. On ne sait jamais, mais je le crois. Nous avions pour nous la force morale, qui, à la guerre comme partout, est peut-être la plus grande, quand on sait l'employer. L'armée avait confiance : elle croyait devoir être victorieuse; c'est déjà une raison pour l'être. Il y avait de l'enthousiasme, j'aurais marché toujours en avant.

» Nous étions seuls à avoir le fusil Lebel et la mélinite. Sans parler des ravages eux-mêmes, les effets de cette arme et de cet engin auraient certainement démoralisé l'ennemi.

» Voyez-vous, ajouta-t-il, les armées ont une âme; leur âme, c'est un certain nombre d'hommes qui ont l'enthousiasme, et qui leur font faire des prodiges.

» Quand ceux-là ont disparu ou sont découragés, on n'a plus rien que des bandes qu'il est inutile de mener. »

A ce propos, il me conta que, je ne sais plus où, un régiment abrité derrière des talus attendait le signal d'une fusée pour se mettre en marche. Les officiers étaient réunis en tête ; on entendait la fusillade crépiter, et l'on craignait que le signal eût été donné sans être aperçu.

Un tambour grimpa sur le talus pour voir ce qui se passait au loin. Son corps sans tête roula aussitôt jusqu'au pied des officiers. Un boulet l'avait décapité.

— C'était un affreux spectacle, dit le général. Si l'on avait laissé aux hommes le temps de le voir, c'était fini ; on n'en pouvait plus rien faire. On donna l'ordre de la marche ; et, sous les balles, les hommes se conduisirent mieux qu'ils ne l'auraient fait étant abrités, hors du danger, mais démoralisés par la vue du cadavre sans tête.

A CHAMPIGNY

« Quand je pris le commandement du régiment avec lequel je devais aller à Champigny, poursuivit-il, je voulus connaître tous les hommes de mon régiment, et j'y parvins à peu près. Après la retraite, quand on fit l'appel, j'écoutais attentivement. Quand on répondait : mort, blessé, disparu, je m'y attendais. Comme a dit Bugeaud, ce sont toujours les mêmes qui se font tuer.

» J'avais perdu trois cents hommes. Ceux-là je les aurais pleurés. Avec eux, j'avais perdu ma vraie force. Le reste faisait nombre ; j'aurais pu les ramener au combat et les faire hacher bien inutilement. A quoi bon ? Ils n'auraient rien fait. Ce n'est pas trois cents hommes que j'avais perdus, c'était mon régiment. »

A ce propos, il en vint à dire que la première préoccupation d'un chef de corps était de sauvegarder la vie de ses hommes, non seulement parce qu'ils sont des forces, mais encore parce que cette sauvegarde accroît leur confiance :

« On n'apprend pas assez aux hommes comment ils peuvent diminuer au moins les risques qu'ils courent. Les armes nouvelles exigent de nouvelles formes de combat. Si j'étais resté ministre de la guerre, j'aurais fait étudier des marches obliques et en lignes brisées, afin que dans la plus grande mesure possible le soldat, tout en avançant, ne restât pas exposé au tir de l'ennemi, comme il y est en suivant une ligne droite.

» J'avais, d'ailleurs, bien d'autres choses à faire encore, car tout est à faire pour donner à l'armée, telle que l'a constituée l'organisation nouvelle et qui reste soumise aux anciennes formes, toute sa force et toute sa valeur. »

Quand le général Boulanger fut mis à la retraite, M. Reinach, et, à sa suite, des journalistes officieux, prétendirent qu'il n'était qu'un officier brouillon et incapable, n'entendant rien à la direction militaire. Déjà le général Yung, qui fut son collaborateur au ministère de la guerre, a fait justice de ces appréciations d'adversaires et d'amateurs.

On voit par ce qui précède ce qu'il en faut penser, et l'on voit aussi que, si les ministres civils peuvent satisfaire les politiciens et les financiers, leur habilété parlementaire ne saurait tenir lieu des observations et de l'expérience de ceux qui ont fait manœuvrer des corps d'armée autrement que sur le papier.

LE DÉMOCRATE ET LE CAPITAINE

Ce qui, certainement, caractérisait le général Boulanger comme homme de guerre, c'était sa foi dans la force morale. Il estimait que cette force était d'autant plus grande, que la dignité du soldat était plus relevée, plus respectée, qu'il était plus instruit, et qu'il pouvait avoir par cela même plus d'initiative, qu'il était plus préservé contre les dangers. En faisant œuvre d'humanité et de démocratisme à cet égard, il faisait en même temps œuvre de capitaine.

Il le disait d'ailleurs : « Si je ne m'étais pas préoccupé des soldats parce que ce sont des hommes, j'aurais dû le faire parce que ce sont des forces. »

De même qu'il comptait sur la force morale des siens, qu'il voulait développer, entretenir, il comptait sur la démoralisation de l'ennemi, qu'il se préoccupait de déterminer par la rapidité de la marche, la brusquerie du choc, l'énergique poussée, la ruse et la mise en scène guerrière, et aussi par l'emploi de moyens destructifs inattendus.

Chez cet homme si bon, si affectueux, si aimable, même sentimental, il y avait, par une étrange contradiction tout à la fois du philosophe pratique et du guerrier sauvage, calédonien ou armoricain; comme si, par un fait d'atavisme, il avait hérité de l'ancestral génie des Gaëls.

La France avait en lui un Skobeleff. Elle peut avoir des soldats nombreux et braves, des officiers et des généraux capables. Mais le chef qui pouvait électriser l'armée, l'enflammer d'enthousiasme, lui donner la force militaire à laquelle il croyait, à laquelle il était peut-être seul à croire, elle ne l'a plus.

Les politiciens l'ont perdu, les parlementaires l'ont proscrit sans qu'il ait pu donner sa mesure, et donner sa revanche à notre patrie.

JUSTICE DE CADI

Ce n'est pas seulement sur la guerre qu'il avait des idées, c'était encore sur l'instruction et l'éducation, et aussi sur la justice.

Il avait été, on le sait, instructeur à Saint-Cyr. « C'est une manière comme une autre, disait-il, d'être instituteur. »

Ayant à cet égard des opinions basées sur ses observations personnelles et sur la pratique, il voulait, s'il était resté au ministère de la guerre, établir dans l'armée une sorte d'école mutuelle. « Avec de la patience, disait-il, on peut tout apprendre aux hommes ; et ce qui importe, c'est qu'ils comprennent pourquoi on le leur apprend. »

Quand il parlait de la justice, il était intarissable. Il avait vécu longtemps parmi les Arabes, et l'amour du juste, qu'il avait d'instinct, s'en était accru. Il eût été un cadi parfait, et c'est à ce souci du juste qu'il faut attribuer sa rage de conciliation et sa recherche des solutions moyennes, qui se manifeste dans sa correspondance.

J'ai déjà donné des exemples de sa loyauté envers des adversaires, qui n'était que la manifestation de son sentiment de justice. J'en pourrais citer d'autres, et un, notamment, où il me reprochait à moi-même d'avoir paru me moquer, dans une polémique, de la profession d'un adversaire qu'il traitait si durement dans ses lettres, alors que j'avais fait trente-six métiers, ajoutant, d'ailleurs, que l'homme honore quand il est honorable le métier qu'il exerce.

Soit que, à raison de l'intimité établie, il se révélât plus entièrement, soit que, comme il le dit dans ses lettres, l'épreuve l'eût mûri, chaque fois que, depuis un an, je le revoyais, je le trouvais moralement grandi, toujours plus élevé dans ses opinions et ses vues, devenant ce que j'appelle un homme d'Etat, qui n'a plus rien à apprendre.

LE VŒU DE LA MOURANTE

Nous allions après déjeuner tenir compagnie à madame de Bonnemains devant laquelle le général affectait une aimable insouciance, dont je ne sais si elle était dupe. Elle se savait perdue et voulait paraître confiante dans sa guérison.

Un moment, j'étais resté seul près d'elle, tandis que le général était mandé par un visiteur. Eprouvant le besoin d'exprimer ses regrets, non pour la vie qui allait l'abandonner, mais pour celui à qui elle l'avait vouée, sans pourtant avouer le pressentiment de sa fin :

— Le général, dit-elle en laissant tomber le sourire qu'elle gardait devant lui, est le meilleur, le plus loyal, le plus généreux, le plus juste des hommes. C'est pour cela que je l'ai tant aimé. Et c'est cet homme-là qui a été tant insulté, tant calomnié, et par quelles calomnies !...

Elle n'acheva pas sa pensée par pudeur. Elle songeait certainement aux ignominies dont son affection et son dévouement avaient été le prétexte.

Elle reprit, après un moment de silence, en me prenant la main dans ses mains frêles, alanguies et moites de fièvre :

— Vous êtes son véritable ami. Aimez-le et défendez-le... Je vous en serai bien reconnaissante.

Elle n'avait pas osé dire : « Quand je n'y serai plus. » Mais à l'accent, je n'avais que trop deviné les paroles qu'elle ne prononçait pas.

En remplissant mon devoir envers l'ami, j'accomplis le vœu de la morte.

CONSULTATION D'AMI

Bruxelles est un faubourg de Paris ; j'entends seulement par la proximité. Il était donc convenu que je viendrais souvent.

A mon retour, je vis M. Paulin Méry, l'un des rares députés à la fois désintéressés et fidèles, et qui, médecin donnant des consultations gratuites dans le treizième arrondissement, peuplé de pauvres gens, a eu de trop fréquentes occasions de traiter la phtisie. Je lui fis part de mes inquiétudes, je pourrais dire de mes angoisses :

— Je connais le général, lui dis-je. Si madame de Bonnemains meurt sans qu'il ait eu le temps de s'habituer à l'idée cruelle de sa mort, il se tuera, et s'il ne se tue pas, ce sera peut-être pire, parce qu'il pourra tomber dans un découragement désespéré, léthargique, dont il est impossible de prévoir les conséquences.

— Il faudrait voir la malade et l'ausculter, répondit M. Paulin Méry, que j'avais renseigné de mon mieux, et administrer de la créosote sous une forme active et assimilable.

Nous convînmes que je retournerais à Bruxelles, et que, le dimanche matin, M. Paulin Méry viendrait m'y rejoindre, le général étant prévenu. Il était tout naturel qu'il vînt, étant un ami politique, et que, en sa qualité de médecin, il vît la malade, ne serait-ce que pour la réconforter.

Ce programme fut suivi. Mais le général craignait qu'on alarmât la malade en lui demandant de l'ausculter.

— Mais je ne le lui demanderai pas, répliqua M. Paulin Méry, c'est elle qui me le demandera. C'est là, mon général, l'art du médecin, qui doit tenir compte autant de l'effet moral que de la maladie.

Ce mot-là avait eu raison des hésitations du général et de ses doutes sur la science du député pensant en médecin ce qu'il pensait, lui, en homme de guerre.

Ce fut, en effet, madame de Bonnemains qui demanda à être auscultée. Le général assistait, causant avec moi d'un air de parfaite indifférence, sans qu'il fût possible de deviner son anxiété.

M. Paulin Méry fut très rassurant. Mais, en redescendant, pendant le court instant où nous étions seuls, il ne put s'empêcher de me dire tout bas à l'oreille : « C'est effroyable ! »

La journée était pluvieuse. Le général s'excusa de ne pouvoir faire les honneurs de la ville à son hôte. On garda la chambre, et toute l'après-midi se passa à bavarder.

Pour M. Paulin Méry, le général rappela une foule d'épisodes de son voyage en Amérique, ses observations sur les mœurs et les institutions américaines. Il se moqua des parlementaires et du chauvinisme, et parla de l'ancien Comité et de ses principaux membres avec une plaisanterie plus gaiement sceptique qu'amère.

Que d'histoires amusantes il conta, depuis celle de

M. Naquet, se proposant, après la victoire électorale, d'être ambassadeur de la France près du Vatican, jusqu'à celle d'un député dévoué et généreux qui, sitôt après son élection descendant de train, en costume de voyage accourt chez le général pour restituer les 8,000 fr., qui lui ont été avancés et qui les ayant tirés d'une poche les dépose d'une main sur la table, mais s'empresse de les reprendre de l'autre main et de les remettre dans l'autre poche sous le prétexte d'acquitter un autre genre de frais. Mais il pouvait affirmer avoir rendu l'argent de son élection.

DERNIER ESPOIR

Après dîner, on se concerta sur ce qu'il y avait à faire pour la malade. M. Paulin Méry fit entendre avec ménagement que le cas était sérieux, exigeant des soins particuliers. Il donna des prescriptions générales et finit par indiquer la nécessité de la créosote.

Le général présenta les objections du médecin de Bruxelles, justes d'ailleurs, quant à la forme sous laquelle elle pouvait être administrée. Il la fallait employer suivant une certaine formule. Le général demandait si on pouvait trouver la préparation à Bruxelles. Nous nous regardions, M. Paulin Méry et moi. Enfin, comme j'allais parler, ce dernier dit :

— Mon général, nous en avons apporté.

Quoiqu'il eut compris notre pensée, il feignit de n'en être pas ému et se borna à nous serrer fortement la main.

Le soir, en reconduisant M. Paulin Méry à la gare, celui-ci m'expliqua quel était l'état de la malade, plus grave par les altérations générales de l'organisme que par celles des poumons, peut-être guérissables.

« N'y aurait-il qu'une chance sur dix de la sauver, conclut-il, il faut tout tenter. »

À ce moment il était expérimenté depuis deux mois environ à l'Hôtel-Dieu, un traitement de la phtisie du docteur Pignolle, par l'injection sous-cutanée de gayacol, qui avait donné les meilleurs résultats, non pas qu'on pût affirmer qu'il avait opéré des guérisons, mais ayant du moins enrayé la maladie. Nous nous renseignâmes avec M. Paulin Méry et, en ayant avisé le général, nous lui envoyâmes M. A..., externe chargé, à l'Hôtel-Dieu, de l'application du traitement.

Comme les contrastes doivent se retrouver à chaque page de cette étrange histoire, c'est le 1er juillet, après un dîner donné au nom du général à la *Voix du Peuple*, à douze convives restés fidèles à son amitié et auquel M. Le Senne avait cru prudent de ne pas assister, que M. A... partit pour Bruxelles, emportant avec le témoignage de notre confiance dans l'avenir pour le proscrit nos vœux pour le rétablissement de sa compagne dévouée.

En les recevant, le général écrit le 2 juillet :

« M. A... a trouvé la malade mieux qu'il ne s'y attendait ; il a grand espoir, et moi aussi par contre-coup. Elle a été bien touchée de la lettre collective que vous et vos amis lui avez écrite ; elle en a été émue jusqu'aux larmes ; cette délicate attention lui a fait le plus grand bien. »

FLEURS DE FRANCE !

Le lendemain, 3 juillet, il y revient :

« Je vous l'ai déjà dit hier, madame de Bonnemains a été émue jusqu'aux larmes de la lettre apportée par A..., et des jolis et frais œillets. La pauvre femme ! C'est peut-être la première fois qu'on lui rend justice. La phrase relative aux œillets est en surcharge dans le texte. L'homme n'avait vu que la lettre : la femme voulait remercier des fleurs. »

A partir de ce moment, le général, qui était bien de cette race de Gaule dont Michelet a dit qu'elle avait pour premier et dernier mot : « Espérance ! » se remit à espérer tout en s'en défendant tout d'abord.

Le 6 juillet il écrit :

« Je ne veux pas me leurrer d'un fol espoir ; mais il me semble que madame de Bonnemains va mieux. Nous en sommes à quatre injections ; celle d'hier a été de 40 grammes. Elle tousse moins, les sueurs sont moins abondantes ; elle est plus forte et se nourrit quelque peu. Enfin M. A... me semble satisfait... Aussi ma chère compagne qui ne croit qu'une chose, c'est que ces injections sont faites pour la faire manger, remercie-t-elle mille et mille fois. »

DERNIERS MOMENTS

M. A... devait venir reprendre son service à Paris, il fallait que quelqu'un apprît à le remplacer ; c'est le général qui s'en chargea. Aussi dit-il dans une lettre du 8 juillet :

« L'état de madame de Bonnemains continue à s'améliorer. C'est moi qui, aujourd'hui, ai fait l'injection ; j'en suis très fier, car elle a eu lieu sans douleur. Cela ne fait rien, j'avais rudement chaud [1] en enfon-

---

1. Le général, interrogé par madame Séverine sur son impression lors de son départ, à la gare du Nord, lui répondit : « J'ai eu très chaud. » Madame Séverine avait pris le mot au sens propre. On voit ce que signifiait cette expression de soldat.

çant l'aiguille. M. A... m'a complimenté, et de la sorte, je serai certain qu'après son départ, l'injection se fera tous les jours à la même heure. C'est toujours ce damné appétit qui ne vient pas. Espérons qu'il arrivera bientôt. »

Dans une lettre du 13 juillet, constatant l'amélioration, il dit :

« Je me reprends à espérer. »

Et ainsi jusqu'au 15, où il écrit :

« Vous avez dû voir M. A..., qui vous aura dit exactement l'état de la malade. Sous certains rapports (aucune nausée, aucune sueur, prenant plus de nourriture), elle est incontestablement mieux. Ce qui m'inquiète, c'est qu'elle subit en ce moment une sorte d'alcoolisme causé, m'a dit le docteur, par le grand abus qu'elle a fait (en vaporisations) de l'eau de Cologne. La tête est faible et la parole un peu embarrassée. Les deux médecins m'ont dit que ce n'était rien et qu'en supprimant l'eau de Cologne, ce que j'ai fait de suite, cela disparaîtrait bientôt. Malgré tout, je ne suis qu'à moitié rassuré. »

En recevant cette lettre, je vis à la hâte M. Paulin Méry et M. A..., revenu à Paris et qui ne comprenait rien à ce qui avait pu se passer. Le cas semblait prendre de la gravité. Tous deux offrirent de partir. On télégraphia aussitôt. Trois heures après, nous recevions cette dépêche :

« Plus rien à faire. Tout est fini. »

On peut penser quelle fut mon anxiété. Je craignais à chaque instant de recevoir une autre nouvelle plus cruelle encore. Je connaissais assez le général pour deviner que sa première pensée et son premier mouvement seraient de prendre un pistolet. Le coup qui l'atteignait devait être d'autant plus pénible qu'il s'était repris à espérer.

Dans le cours de la maladie, j'avais pu remarquer

que contrairement à ce qui arrive dans la phtisie, la malade ne se faisait pas d'illusion sur son état et sa fin prochaine, quoiqu'elle feignît d'en avoir. Des renseignements précis que m'avait donnés M. A..., il résultait que les désordres organiques ne pouvaient être attribués à la tuberculose, et qu'ils avaient, ainsi que la mort elle-même, une autre cause qu'il ne lui avait pas été donné de rechercher et dont le siège était dans la région abdominale.

Depuis j'ai appris par le docteur de Backer que celui-ci, lors du séjour à Londres, avait à divers signes acquis l'assurance de l'existence d'un ulcère cancéreux, dans la région susdite, sans qu'il lui fût permis de procéder à un examen attentif et décisif. Il avait fait part de ses soupçons au général qui ne les avait pas voulu croire, et qui, depuis, ne l'avait plus consulté. La malade, depuis deux ans, avait dû horriblement souffrir; mais elle cachait avec soin ses souffrances à celui auquel elle s'était dévouée, qu'elle ne voulait pas alarmer et qui ne devait pas lui survivre. C'est là l'héroïsme des femmes.

CHAPITRE XXVI

LE SOLDAT SE RETROUVE

On peut deviner quelle était mon inquiétude après avoir appris la fatale nouvelle, en redoutant d'en apprendre une autre. Pourtant, cette inquiétude fut un peu calmée quand deux jours après je reçus cette lettre :

« Vendredi 17.

» Mon cher ami,

» Je vous écris sous le coup de la plus poignante émotion. Je vous avoue bien sincèrement que si je croyais avoir le droit de me tuer, je serais mort hier. Mais j'estime que je commettrais une lâcheté en me dérobant à ce que je considère comme un devoir et en faisant pour ainsi dire faillite aux espérances que tant de braves gens ont mises en moi.

» Vous qui me connaissez bien, vous qui avez pu voir et comprendre tout ce que je viens de perdre, vous devez estimer que c'est là un véritable sacrifice que je fais à notre cause.

» Je perds tout et je reste debout, sans défaillance. On ne peut vraiment me demander davantage.

» Quant à celle qui m'a quitté, après avoir consacré sa vie à m'adoucir les coups du sort, sera-t-on injuste pour elle après sa mort, après avoir été si injuste pendant sa vie? Je le crois, sans l'espérer. »

Tout en étant profondément affligé, ai-je besoin de le dire, j'étais pourtant rassuré. Le soldat l'emportait sur l'homme, la fierté sur la douleur. Il ne se tuerait pas!

Mais chez ce terrible homme réfléchi, concentré, à la sentimentalité profonde et muette, il devait se produire une réaction qui apparaît dans cette lettre :

« Jeudi 23.

» Mon pauvre ami,

» Impossible de vous parler de quoi que ce soit. Je pleure comme un enfant, et voilà tout. Je ne puis rien faire, je ne puis travailler, je ne puis penser.

» Vous comprenez donc, vous, la perte que j'ai faite! Je n'aurais jamais cru que l'on pût vivre ainsi avec le cœur en morceaux!

» Ah! s'il y avait quelque part une bataille, une guerre quelconque, comme j'irais de bon cœur!

» Mais c'est là toute mon énergie. Et ce qui m'effraie et me terrifie, c'est que chaque jour ajoute à ma peine, la rend plus amère, plus impossible à supporter.

. . . .

» Au revoir, mon ami. Je vous appellerai au commencement du mois prochain. D'ici là, pensez à moi, et dites-vous que je suis bien malheureux.

» Pourrai-je supporter cette affreuse douleur? Je commence à en douter... »

LES PLEUREURS HYPOCRITES

Les obsèques de madame de Bonnemains avaient eu lieu dans l'intervalle des deux lettres.

Le général avait suivi le cercueil, droit, marchant en automate, le masque impénétrable, l'œil fixe, sans rien voir, avec l'impassible rigidité d'un soldat condamné qui se rend au champ d'exécution.

Retenu à Paris par des raisons touchant à cette triste circonstance même, je n'avais pu me rendre à Bruxelles. Des personnages remuants du boulangisme, la plupart, désavoués en diverses circonstances, avaient saisi cette occasion funèbre de se livrer à des démonstrations pouvant leur donner, près du public, le mérite de la fidélité et leur valoir la reconnaissance du général, qui ne les pouvait repousser en un pareil moment.

Plusieurs d'entre eux vinrent en corps, après l'enterrement, sans respect pour sa douleur, lui rendre visite et l'embrasser, en faisant naturellement noter le fait par un informateur pour qu'il fût publié avec leurs noms.

Quel que fut son chagrin, le pauvre général n'avait pas été dupe de cette comédie, car, dans cette même lettre du 23, il écrivait :

« Je comprends bien que dimanche votre présence pouvait être plus utile à Paris qu'ici. Mais de tous les nôtres, il n'y avait que X. et C... Ce n'était pas assez.

» Si vous aviez vu avec quel orgueil mal dissimulé X., Y. et Z. (je crois inutile de transcrire ici les noms qui se trouvent dans les journaux de l'époque), ont constaté ces vides et m'ont forcé à subir leurs embrassements !

» J'avais la tête trop perdue pour y faire attention alors ; mais depuis, je comprends ! »

Ainsi, même dans son deuil, cette victime d'une fatale destinée devait être l'objet de manœuvres hypocrites ou tristement bouffonnes qui excitaient son irritation ou son mépris.

DÉSESPOIR !

J'entrepris naturellement, non pas de le consoler, sachant qu'il est des pertes dont rien ne console, mais de lui rendre assez de courage pour qu'il pût résister à un chagrin auquel il pourrait peut-être s'habituer comme à la souffrance d'une blessure.

Par ce que je vais vous citer de ses lettres, on devinera bien quels arguments j'employais :

« Samedi, 1ᵉʳ août.

» Mon pauvre ami, je reçois votre lettre du 30, et j'y réponds de suite.

» Votre raisonnement, que vous fait me tenir votre si bonne et si délicate amitié, est faux comme un jeton. Vous me dites : « Si vous étiez ministre de la guerre, il vous faudrait bien faire face, malgré votre chagrin, à toutes les exigences de la situation. »

» Eh bien ! non ! mille fois non ! Supposez le pire ; supposez que ce fût arrivé pendant l'incident Schnœbelé, j'aurais fait mon devoir, tout mon devoir à l'égard de mon pays ; mais ce qui m'en eût donné la force, c'eût été la conviction de reprendre mon libre arbitre à courte échéance.

» Pendant huit jours, quinze jours, un mois, je n'aurais pas pensé, j'aurais essayé de ne pas penser à ma chère morte.

» Puis, le lendemain du jour où l'incident aurait été réglé et apaisé, j'aurais donné ma démission de ministre ; j'aurais attendu l'acceptation de cette démission ; et le jour même où je l'aurais reçue, je me serais tué.

» Et c'est parce que je sens que je ne puis pas agir d'une façon analogue, que chaque jour je deviens plus fou de douleur et de désespoir.

» Ne m'en veuillez pas, ne croyez pas que je sois plus faible qu'un autre ; mais ce que je souffre est réellement trop pour un homme. »

LA POSTÉRITÉ JUGERA !

Voilà le soldat et voilà l'homme ! Voilà celui que des adversaires que je n'ai plus le courage de qualifier ont proscrit comme aspirant à la dictature !

Qu'on me pardonne, et qu'il me pardonne surtout lui-même, de livrer à la publicité ces secrets de sa douleur confiés à l'amitié, les croyant confiés à une tombe.

Mais il fallait bien, pour l'honneur qui fut pendant trente ans son étoile et son idole, le montrer tel qu'il était, avec son âme de héros tragique des temps chevaleresques, superbe dans ses faiblesses mêmes.

Il fallait bien démontrer à quel point il avait été méconnu et calomnié, pour le réhabiliter et le venger, et pouvais-je le faire mieux qu'en le laissant parler lui-même, en lui faisant répéter tout haut, à tous ces pauvres gens pour lesquels il voulait encore vivre, ce qu'il avait dit tout bas à l'ami s'efforçant de lui donner ses consolations.

Le peuple, et peut-être la postérité, jugeront. J'ai assez de confiance dans leur verdict pour croire qu'il exprimera d'amers et bien inutiles regrets que cet homme et ce soldat n'ait pu accomplir sa mission dans son pays où dominaient les intrigues et la corruption, et je compte assez sur la justice de l'un et de l'autre pour crier les invectives de la malédiction contre ceux qui l'ont perdu, trahi et condamné à cette proscription qui, en tuant sa compagne, devait le tuer lui-même.

Je les laisse à leurs remords s'ils en peuvent avoir et à la justice populaire qui, parfois, se fait l'exécutrice de la justice divine.

LE SACRIFICE DE VIVRE

Avec quelle émotion je lisais ces lettres, pour y chercher les symptômes d'une détermination plus forte que le chagrin, on le devine. Le médecin qui ausculte un être inanimé pour savoir si le cœur bat encore n'a pas plus d'anxiété.

L'auteur de ces lettres discutait ; c'était bon signe. En outre, il s'occupait encore des incidents de la vie politique et de certaines de nos affaires. On pouvait donc espérer le salut après cette crise cruelle.

Mais les lettres suivantes apportaient des alternatives inquiétantes ou rassurantes.

Le 24 juillet, il m'avait écrit :

« Je ne vous réponds que deux lignes ; car je n'ai pas la force d'écrire. Le courage me manque. Au lieu de venir, il s'en va.

» Ainsi que je vous l'ai écrit hier, je vous serai signe dans les premiers jours d'août. Il me serait impossible de causer sérieusement et fructueusement en ce moment. Et encore je vous demanderai de ne pas rester longtemps. Je ne puis plus supporter que la solitude.

» Pensez donc à ce que j'ai perdu. Vous au moins, quand la mort vous a privé de celle que vous chérissiez, il vous restait vos enfants. Moi, je n'ai plus d'enfants. Je suis seul, tout seul ! »

« Et proscrit », aurait-il pu ajouter.

Et cela, pour avoir rêvé de donner la victoire à son pays, la rénovation à son peuple ! Est-il rien de plus déchirant ?

Le 5 août, l'impression est meilleure.

« Mon bien cher ami,

» Vous n'avez pu ajouter qu'un tout petit mot lundi. Ce petit mot me fait de la peine et m'inquiète. J'espère bien, et cela de tout cœur, que votre indisposition n'aura pas de suites, et que je pourrai vous voir samedi.

» Vous avez bien compris, j'en suis sûr, et vous ne m'en avez pas voulu, pourquoi je ne vous ai pas appelé de suite près de moi. Outre que je ne me trouvais pas en disposition d'esprit à pouvoir causer sérieusement avec vous, je redoutais et je redoute encore cette entrevue, qui me sera bien pénible. Car elle ravivera mes peines.

» Elle vous aimait beaucoup, en effet. Nous parlions de vous si souvent !...

» Vous me dites que je vous ai promis de vivre. Non, ce n'est pas tout à fait cela.

» Je vous ai promis de faire tout ce qui était humainement possible pour cela. Et, foi d'honnête homme, je le ferai. Mais c'est bien dur. Et jamais je n'aurai fait à notre cause de plus grand sacrifice que celui-là.

» A samedi, n'est-ce pas ? »

Il n'y a là aucune affectation, pas l'ombre d'un artifice littéraire. C'est l'expression de la douleur morale, dans ce qu'elle a de plus sobre et aussi de plus sincère.

Comme on voit bien que celui qui parle ainsi n'a ni le goût ni l'habitude d'aucune exagération, d'aucun cabotinage ; qu'il n'est ni un littérateur, ni un comédien de la politique ou de la vie, ni un rhéteur de la politique ou du sentiment, et qu'il est un homme d'action !

Plus que jamais, il rappelle dans ces lettres ce prince Guillaume le Taciturne, par qui fut fondée la République des Pays-Bas, mis à la scène par Schiller qui lui fait dire, en parlant à un artiste, peintre d'actes héroïques : « Ce que tu sais peindre, je sais le faire. »

BLESSÉ A MORT

Si notre entrevue devait lui être pénible, je craignais bien qu'elle ne le fût également pour moi. Mais elle était nécessaire, attendue et désirée.

Quand j'arrivai le samedi rue Montoyer, il ne put que m'embrasser en pleurant, et nous nous prîmes les mains, restant tous deux muets.

Enfin, je rompis le silence pour lui parler de celle qu'il avait perdue, et lui fis me raconter, comme il me l'avait promis, les incidents de la fin. C'était raviver sa peine. Mais il est des plaies qu'il faut raviver, pour les cautériser ou les cicatriser.

J'avais compté sur le souvenir même de la morte pour le faire vivre, pour l'encourager à continuer l'action aux projets de laquelle elle avait été mêlée, pour la venger, puisqu'elle avait succombé à sa proscription :

— Je pourrai rentrer, dit-il avec tristesse : mais ce sera sans elle !

Ce mot, sous diverses formes, est souvent revenu depuis. Et il ajouta, en faisant sur son cou le geste d'un couteau qui tombe :

— Mon pauvre ami, j'ai reçu un coup là. Je suis comme un bœuf assommé. Je ne peux pas me relever.

Et, en disant ces paroles, il paraissait faire l'effort comme si réellement quelque lésion organique se fût produite dans l'excès de sa cruelle émotion.

La conversation finit par prendre insensiblement un autre ton et un autre objet.

Je parlai de choses diverses, notamment des souvenirs historiques de la République batave et de la forte et laborieuse démocratie flamande, qui ont laissé tant de traces à Bruxelles, dont le square des Métiers n'a rien de comparable, à Paris.

Madame Boulanger mère et sa nièce dévouée, mademoiselle Griffith, étaient là depuis quelque temps et avaient assisté aux derniers instants de madame de Bonnemains. On déjeuna donc en famille.

Si l'on n'avait connu l'humeur gaiement enjouée du général, on n'aurait pu deviner qu'il était affecté d'une insurmontable tristesse.

Le temps étant beau, il m'offrit de me mener voir les environs.

SOUVENIRS D'ALGÉRIE

Tandis qu'il était sorti un instant pour donner des ordres, je considérai attentivement deux aquarelles de Detaille, l'une représentant un zouave, l'autre un turco chargé d'un équipement fantastique. En rentrant, il me trouva dans cette contemplation.

— Vous regardez cette aquarelle, dit-il ; c'est très exact ; cela me les rappelle bien quand j'étais sous-lieutenant.

« C'est l'un d'eux, mon brosseur, qui m'a appris l'arabe. Je lui avais défendu de ne jamais me dire un mot de français. Si je ne comprends pas, lui avais-je dit, ce sera ma faute. »

Il savait non seulement le nom de ce brosseur, mais encore de je ne sais combien de ses turcos qu'il nommait, après trente ans, comme s'il les avait quittés la veille. Il m'en raconta les histoires.

Comme il les aimait, ses turcos ! Presque comme ses enfants. Son brosseur chantait toujours et il le laissait chanter.

Un jour le turco ne chanta plus.

— Pourquoi ne chantes-tu pas ? lui demanda le sous-lieutenant qui devait être plus tard le général Boulanger.

— Parce que je suis amoureux.

Et l'autre, dans son baragouin, lui expliqua qu'il avait vu une mauricaude qui lui plaisait, qu'il voudrait l'avoir pour femme ; mais il n'avait pas assez d'argent pour payer la famille.

— Combien donc te faudrait-il ?

— Quarante sous.

— Pas plus, alors les voilà.

« Je les pris, dit le général, sur ma table de nuit où je laissais toujours ma monnaie. Le turco aurait pu me les prendre sans que je m'en aperçusse, mais l'argent de leur officier, pour ces chapardeurs, est chose sacrée.

» Il partit en dansant ; le lendemain, il chantait.

— Eh bien ! tu es content ?

— Oui, mon officier.

— Alors, moi aussi. »

Et tous ces souvenirs d'Afrique, de sa jeunesse lui

revenaient, le ramenant au passé et lui faisaient oublier un moment le présent cruel.

DEVANT LA TOMBE

Après la promenade, ayant ramené sa mère rue Montoyer, vers cinq heures, il me dit :
— Je vais au cimetière.
— J'y vais avec vous.

La fidèle mademoiselle Griffith l'accompagnait, emportant des bouquets. Arrivé devant la tombe, couverte de fleurs, de celle qu'il venait de perdre, il se découvrit et droit, le regard fixe, les yeux secs, pareil à une statue, il demeura immobile et, après un peu plus d'un quart d'heure de cette attitude, il se recouvrit et se détourna pour sortir du cimetière avec la même impénétrable impassibilité.

Hors du cimetière, on causa comme s'il n'eût pensé à rien. Et tous les jours, à la même heure, on allait rendre la même visite à cette tombe fatale, sans que rien pût trahir le secret de sa muette méditation.

Le soir, après dîner, on passa au salon prendre le café. Le hasard de la conversation l'amena à parler de l'éducation.

Il fit la critique, parfois vive, parfois plaisante, de la nôtre, qui n'était pas, selon lui, assez positive, pratique, qui ne faisait rien du peuple, et ne faisait des fils de bourgeois que des fonctionnaires.

A PROPOS DE L'ALLIANCE RUSSE

La démonstration de Cronstadt venait d'avoir lieu.

On célébrait partout l'alliance russe, et des députés boulangistes provoquaient aux manifestations russophiles et anglophobes.

Il exprima à cet égard son opinion.

La France, suivant lui, n'avait à manifester d'antipathie ou de haine pour personne. Elle devait se faire aimer de tout le monde.

Il avait été disposé à aller en Portugal combattre les Anglais, parce qu'il aurait défendu le droit. Mais, sans raison, il n'y avait pas à témoigner d'hostilité à l'Angleterre, à laquelle nous ne pouvions reprocher que de savoir défendre ses intérêts, et que nous ferions mieux de l'imiter que de manifester contre elle.

Quant à l'alliance russe elle était une nécessité, une fatalité; elle résultait des conditions et n'avait pas même besoin d'être conclue. La Russie avait plus besoin de nous que nous n'avions besoin d'elle.

Militairement, nous pouvions par une diversion redoutable lui permettre d'opérer la concentration de ses forces. Elle ne pouvait nous favoriser dans la concentration des nôtres et son concours ne pouvait être efficace que lorsque l'action serait déjà engagée pour nous.

Il rappelait que Napoléon Ier n'avait pas eu à se louer de l'alliance de la Russie. Quoique les conditions ne fussent plus les mêmes, il fallait bien songer que la Russie n'avait en vue que ses intérêts, la réalisation de ses projets sur Constantinople et sur les Indes, et que toute sa sollicitude pour nous, dont nous devions profiter sans en être dupe, tenait à ce que nous pouvions faire pour elle et non à son amitié pour nous.

Tout cela avait été exposé avec beaucoup de simplicité, de grave sérénité, avec une certaine abondance que je ne lui connaissais guère, souvent avec la bonne humeur du bon sens ; si bien que je me demandais intérieurement si cette douloureuse épreuve n'allait pas, s'il en sortait, le tremper davantage et en faire l'homme d'État qu'il fallait qu'il fût.

Le lendemain, une amie commune vint nous trouver. Elle avait amené sa couturière, une socialiste qui désirait voir le général.

Celle-ci vint rendre visite après le dîner ; le général l'accueillit comme il savait accueillir, la prit à part pour causer un moment et la reconduisit.

Quand il revint, l'amie lui demanda si la couturière devait revenir.

— Oui, répondit le général.

Et, avec le ton bien amusant d'un enfant qui ne sait s'il n'a pas commis une bévue, il ajouta :

— Ma foi, je l'ai invitée à déjeuner avec nous.

Ai-je besoin de dire qu'il eut pour l'ouvrière invitée les mêmes prévenances que pour une patricienne ?

Dès ce moment, il reprit sa gaîté plaisante sur laquelle passait parfois un nuage de mélancolie qu'un incident de conversation dissipait.

AUTOUR DE LA MÉLINITE

Tout en causant, j'avais vu sur le bureau du général le livre de M. Turpin : *Comment on a livré la mélinite*, saisi, on le sait, en France avec le plus grand soin.

J'avais demandé à l'emporter le soir dans ma chambre pour le lire et y prendre des notes. L'ayant lu, je le questionnai à ce propos.

Je crois inutile de répéter exactement le dialogue, puisque ce qui importe, c'est de connaître l'opinion de l'ancien ministre de la guerre que je résumerai le plus fidèlement, employant même le plus possible ses propres expressions.

Il avait reçu le secret de la mélinite de son prédécesseur, le général Campenon, qui avait pris avec M. Turpin des arrangements dont il ne voulut jamais se mêler.

Il avait entre les mains un explosif, il n'avait à faire qu'une chose, c'était de l'utiliser.

Les essais avaient donné des résultats extraordinairement effrayants. L'un d'eux avait eu lieu à la Malmaison, devant la commission du budget, afin de l'édifier sur la nécessité des crédits pour l'emploi de ce moyen de destruction.

Le bâtiment avait été transformé en casemates, étançonnées par d'énormes poutres croisées en travers des baies. Il y avait, paraît-il, sur la cour un perron orné d'une rampe en fer à balustres énormes.

Après une visite préalable dans le bâtiment, tout le monde se retira au loin. Deux obus furent lancés. Le premier, tombé dans la terre, fit l'effet d'une éruption de volcan sans flamme et sans lave ; le second toucha juste ; le bâtiment fut détruit.

Quand les assistants pénétrèrent dans les décombres, ils étaient terrifiés. Les poutres déchiquetées n'étaient plus que des allumettes, la rampe n'était plus que des fils de fer.

Le général comptait encore plus sur l'effet démoralisant que devait causer le spectacle de pareils ravages que sur les ravages eux-mêmes.

Mais on n'était pas parvenu à utiliser ce diable d'engin sans difficulté. Tout d'abord, le chargement en était terriblement dangereux, et il était à craindre que, pendant la campagne, des projectiles ennemis ne fissent sauter des caissons d'obus, ce qui aurait causé d'affreux désastres.

Il avait fallu rechercher les moyens d'éviter ces périls. On y était parvenu, et les études ou expériences avaient été tenues si secrètes que l'inventeur, M. Turpin, n'avait pas été admis à y assister, comme il l'a dit lui-même.

L'avantage était d'être les seuls ou les premiers à l'avoir et à s'en servir. Du moment où les autres puissances l'ont, sous une forme ou sous une autre, ce n'est plus qu'un moyen de rendre la guerre plus terrible, mais qui ne démoralisera pas les ennemis plus que nous-mêmes ou qui démoralisera tout le monde.

LES OBUS ASPHYXIANTS

J'avais remarqué que M. Turpin, dans son livre, parlait d'une expérience qui aurait été faite d'obus asphyxiants et dont l'invention aurait été repoussée par le ministre de la guerre.

Sachant que le général n'était pas homme à rien repousser, surtout après expérience concluante — et celle-là l'avait été — je lui demandai ce que cela signifiait.

— C'est une blague, répondit-il tout d'abord.

Puis, ayant réfléchi :

— Attendez donc, reprit-il ; mais les obus asphyxiants sont ceux de la mélinite même. Après des expériences faites devant des officiers d'artillerie, l'un d'eux s'avisa de penser et de dire que, en dehors des effets destructeurs par la puissance de projection, il devait fatalement s'en produire d'autres par l'énorme refoulement de l'air et l'expansion des gaz.

» On voulut en avoir le cœur net ; on fit une sorte de fortification de pierre et de terre, dans laquelle on enferma des bêtes de toutes sortes, vieux chevaux, bœufs et d'autres, une centaine. On lança un obus, et, quand on alla voir, on trouva les bêtes mortes, non blessées, asphyxiées sur une étendue de plus de cent mètres.

» On sait que les effets à la guerre en seront épouvantables. Ils le seront peut-être encore plus qu'on ne le croit. »

LE FUSIL LEBEL

La mélinite nous amena à parler du fusil Lebel dont il a, on le sait, doté l'armée française.

— L'important, dit-il, c'était la poudre sans fumée; mais il fallait un fusil pour l'employer. Il y avait déjà huit ans qu'on expérimentait et on expérimenterait peut-être encore si je n'avais pris à ce moment une décision.

« On doutait de la conservation de la poudre sans fumée. Sans rien dire à personne, je fis prendre deux tonneaux de poudre, j'en envoyais, pour y être enterré, un en Algérie, l'autre en Bretagne, l'un dans des sables brûlants, l'autre dans une terre marécageuse à des endroits que je connaissais.

» Au bout de six mois je les fis déterrer et ramener. La poudre était intacte; mon parti était pris.

» La commission d'artillerie était hostile, je le savais, au fusil, le colonel Lebel n'étant pas du corps. Je l'examinai attentivement, ce fusil. Il n'était pas parfait. Mais il n'y a rien de parfait au monde. Tel qu'il était, il était bon, bien supérieur aux armes des autres nations, et il permettait d'employer la poudre vieille. Deux avantages au lieu d'un.

» Quand on aurait celui-là on pourrait en chercher un autre plus parfait et l'attendre. Un bon tiens vaut mieux que deux tu l'auras. Je n'ai plus voulu ni commission ni personne. J'ai décidé la fabrication.

» C'est même à cette occasion que j'ai envoyé des officiers à Pitsburg chercher des machines et outils pour cette fabrication. Je les avais remarqués dans mon voyage en Amérique. Je m'en ressouvins.

» Les industriels français me demandaient neuf mois avant de livrer. Je dis à ceux que j'envoyai que je voulais que ces instruments fussent rendus dans un délai d'un mois. Je les payais peut-être plus cher, c'est possible. Mais je n'attendais pas neuf mois; car un mois juste après le départ des commissionnaires les caisses étaient débarquées en France. »

Voilà bien l'homme de fait, le ministre agissant, n'ayant rien de parlementaire, aussi réfléchi que déterminé dans ses résolutions.

CHAPITRE XVII

LE CALVAIRE

Quand, après six jours, je parlai de revenir à Paris, il voulut me retenir. Mais je n'avais pas pris de dispositions pour un plus long séjour.

— Votre présence m'a fait du bien, me dit-il en me quittant ; revenez bientôt.

C'était bien mon intention. Je l'avais vu se redresser comme une plante retrouvant la fraîcheur, et je le crus sauvé.

A peine étais-je de retour, qu'avait lieu la manifestation anglophobe à laquelle j'ai fait allusion plus haut, si contraire aux opinions du général, que j'avais exprimées ou traduites dans la *Voix du Peuple*.

Il envoya un télégramme désavouant cette manifestation, ce qui semblait indiquer que, malgré tout, il se reprenait à vivre.

Le 18 août, il m'écrivait :

« Vous me paraissez un peu découragé par les succès éphémères des…. (ici les noms des manifestants).

» Faut-il donc que ce soit moi qui vous remonte, mon cher ami, moi qui, cependant, n'ai plus d'énergie, et qui n'ai plus dans la tête et le cœur qu'une seule pensée, rejoindre celle que j'ai perdue!

» Si j'essaie de prendre sur moi, si je lutte encore, si je ne laisse pas percer ma faiblesse, c'est à la condition que mes amis — et n'êtes-vous pas le premier — ne se laisseront pas aller au découragement. Le devoir que j'ai à remplir, les obligations que m'impose notre cause et les braves cœurs qui se sont dévoués à moi m'ont donné la force de vivre. Car je veux que, si jamais je succombe à mon chagrin, on n'ait rien à me reprocher, que l'on dise que j'ai tout essayé.

» Mais encore faut-il que je puisse m'appuyer sur quelqu'un et que je sente de fortes volontés autour de moi. Revenez donc à vous et à la confiance; dites-vous que ces fantoches n'auront qu'un temps et que le pays en a déjà assez. »

Les autres lettres, quoique contenant des phrases de regret ou de douleur, continuent à se préoccuper des choses courantes. Même, celle du 22 août se termine ainsi :

« Votre lettre m'a fait grand plaisir, en me montrant que ce que j'avais pris pour du découragement n'était que de l'inquiétude. Confiance donc toujours, et nous triompherons, si je ne succombe pas à la douleur amère qui m'accable. »

Le 4 septembre, le relèvement s'accentua encore :

« J'aurais désiré vous voir ce mois-ci, mais c'est impossible. Jusqu'à la mi-octobre, j'aurai chez moi des parents ou des amis non politiques, qui me rendent le service de m'étourdir un peu, mais avec lesquels nous ne trouverions pas un moment pour causer *nous deux*.

» Il faudra donc absolument remettre votre venue à la deuxième quinzaine d'octobre. Je m'arrangerai alors pour être seul et pour pouvoir vous donner plusieurs jours exclusivement à vous.

» D'ailleurs si ce que vous dites est vrai ; si le temps peut atténuer l'affreuse douleur dont je souffre de plus en plus, je pourrai à cette époque avoir l'esprit plus libre, et nous pourrons plus utilement discuter sur ce qu'il y aurait à faire cet hiver. »

Deux jours après, l'homme qui se raidit ainsi contre son chagrin se sent faiblir. Des maladroits bien intentionnés lui ayant écrit pour l'exhorter à avoir du courage, ne font que lui causer une vive irritation, manifestée par la lettre du 16 août. Et c'est à ce moment que vient l'invitation pour un voyage politique en Italie !

La lettre du 17 devient inquiétante, moins par ses expressions mêmes que par l'état de sentiments qu'elle révèle.

« Mon bien cher ami,

» De votre lettre, reçue hier, il ressort pour moi que, tous les deux affectés par une immense douleur, nous ne la comprenons pas de la même façon.

» J'avais bien saisi déjà cette différence quand vous m'aviez conseillé de ne plus aller au cimetière. Vous, vous voulez que rien ne vous rappelle la mort de l'être aimé disparu. Moi, je ne puis vivre qu'au milieu des souvenirs, qu'au milieu des choses qu'elle a aimées, qu'elle a touchées, qui ont pour ainsi dire gardé quelque chose d'elle.

» Votre douleur est sourde. La mienne a, au contraire, besoin d'expansion. Vous vous renfermez en vous-même. Moi, au contraire, je pleure continuellement.

» Il faut prendre les gens comme ils sont, voyez-vous.

» Votre souffrance est peut-être aussi grande que

la mienne. Moi, si je ne disais pas mes peines à un ami tel que vous, mon cœur éclaterait.

» Tout ce qu'il m'est possible de faire en vue du triomphe, en vue du succès de la partie que nous jouons, je le fais.

» C'est quelquefois un grand effort pour moi ; mais je l'accomplis par devoir. Et je vous répète, j'irai dans cette voie de sacrifice.

» Vous pouvez compter absolument sur moi jusqu'au jour où je vous dirai : *C'est fini.*

« LOHENGRIN » A L'OPÉRA

» J'ai lu dans les journaux belges de ce matin le récit des scènes d'hier soir, sur la place de l'Opéra. Je ne crois pas que ce tapage fasse de mal au gouvernement, qui a beau jeu à montrer de la poigne contre un tas de peureux, et je ne crois pas que notre parti, sur le dos duquel les organes ministériels mettront ces manifestations, puisse avoir à s'en louer. »

Le 21, le général revient sur cette affaire du *Lohengrin*, en disant :

» Certes, le gouvernement a fait une colossale faute ; mais je doute que cette faute puisse faire oublier Cronstadt. Que se passera-t-il ce soir ? Je ne sais.

» Je n'ai pas grande confiance en ces milliers de peureux qui se laissent culbuter par quelques centaines d'agents de police. Si Constans a de la fermeté, toute cette agitation tournera à l'actif du gouvernement. J'en ai grand'peur. »

LA RÉSOLUTION SUPRÊME

C'est à ce moment que le général prit des dispositions significatives.

Il m'avait remis ou fait remettre à l'époque des *Coulisses*, les papiers pouvant être utiles à sa défense; et depuis, il m'envoyait les lettres ou dépêches de quelque importance et les coupures de journaux intéressantes pour nous.

En revanche, il possédait de moi une belle liasse de lettres et de notes, des lettres de Rochefort et de quelques intimes qu'il avait conservées, et, en outre, il avait, de son passage au ministère de la guerre, des épreuves sur plaques de verre de documents secrets, qui lui sont restées toujours.

Un matin, alors que le cuisinier venait d'allumer son fourneau, il alla à la cuisine avec un paquet de papiers, de plaques et un marteau, réduisit les plaques en miettes, en poussière, déchira les papiers et, peu à peu, jeta le tout au feu.

Cette opération, faite méthodiquement, avec la plus parfaite tranquillité du monde, dura deux heures. Le lendemain, elle recommença et se poursuivit de même pendant six jours.

Le sixième jour, le cuisinier lui dit que, s'il avait su, il aurait allumé le calorifère.

— Vous voilà bien, brigadier, lui dit le général en riant et en lui tapant familièrement sur l'épaule; vous y pensez quand tout est fait.

Mademoiselle Griffith écrivit à son médecin, ami du général et le mien, une longue lettre pour lui dire toutes les inquiétudes que lui causait son cousin, pour lequel elle avait la tendre et dévouée affection d'une sœur.

Il avait des insomnies ; et quand venait le sommeil, il voyait en rêve sa chère morte qui l'appelait ; il restait morne et abattu, pleurant dès qu'il croyait être seul. On craignait qu'il n'en vînt à une résolution extrême.

Pourtant je reçus une longue lettre du 25 septembre, traitant de divers sujets avec une grande liberté d'esprit apparente, mais exprimant les doutes de l'homme éprouvé.

Je lui avais parlé de réunir, avec une personne sûre qu'il connaissait bien, des fonds pour les dépenses ultérieures.

Il répond :

— Organisez donc avec elle ce que vous jugerez convenable à cet égard, bien que je ne croie pas beaucoup aux résultats. Tant mieux si je me trompe.

Je lui ai également parlé d'une campagne à entreprendre pour réveiller, fût-ce par le souci des intérêts, le sentiment national.

A cet égard, il répond :

« Si j'en juge par l'indifférence qui, d'après les journaux belges, a présidé à la quatrième de *Lohengrin*, je crains bien que vous ne rencontriez le même avachissement. Enfin, je puis me tromper et j'en serai bien heureux ! »

Mais il achève ainsi :

« Les quelques lignes qui terminent votre dernière lettre, mon cher ami, ont été un adoucissement à ma douleur. Elles m'ont ému et m'ont fait pleurer de douces larmes.

» Vous avez bien raison de dire que je ne me consolerai jamais. Mais j'irai jusqu'à ce que les forces me manquent complètement. Ce ne sera peut-être pas bien long. Mon courage et mon énergie sont partis avec elle.

» Mais puisque j'ai tant fait que de lui survivre,

je sais quel est mon devoir et je le remplirai jusqu'à ce que je ne puisse plus aller plus loin !

» Alors je vous écrirai « *C'est fini !* » Vous saurez ce que cela veut dire. Jusqu'à ce que vous ayez reçu ces mots, comptez sur moi.

» Je vous embrasse avec toute l'effusion de mon affection. Pensez à moi, bien malheureux, bien à plaindre.

» Votre ami,

» Général BOULANGER. »

On voit qu'à la douleur de la perte subie, se mêlait la désespérance inspirée par l'universel avachissement. Ce sentiment m'inquiétait encore plus que l'excès le plus violent du chagrin, car il était certain que le jour où le général croirait qu'il n'y avait plus rien à faire, il en finirait avec la vie.

Il aurait fallu être près de lui pour le réconforter, mais je ne pouvais aller le rejoindre, on a vu pourquoi. Des parents et d'autres amis l'entouraient.

Trois ou quatre jours après cette lettre, les premiers, M. et madame V..., prenaient congé de lui. Au moment de le quitter, ils lui demandèrent de leur promettre de ne pas se tuer.

— Je ne puis vous promettre cela, leur répondit-il simplement.

Madame V... prit alors ses enfants par la main et les poussa vers lui, disant : « Embrassez votre cousin et demandez-lui qu'il vous promette. »

Le général très ému, les larmes aux yeux, embrassa les enfants de toutes ses forces, — et resta muet.

Le matin du 30 septembre, mademoiselle Griffith, qui le surveillait avec une attention affectueuse et discrète, et qui savait ce que valait sa parole, s'étant trompée sur les dates et se croyant au 1er octobre, lui demanda de lui promettre de ne pas se tuer dans le mois.

— Ma chère Mathilde, lui répondit le général en souriant, je vous promets de ne pas me tuer en octobre.

Il alla dans la chambre de sa mère et l'embrassa tendrement, descendit dans son cabinet et fit expédier deux dépêches. Puis il partit pour le cimetière à une heure inaccoutumée pour lui, onze heures du matin, devant être rentré pour le déjeuner.

LA MORT.

Le 30 septembre, vers une heure, je reçus ce télégramme :

« Denis, 39, Didot, Paris.

» C'est fini. »

Je ne puis dire que je fus atterré, puisque les lettres précédentes m'avaient averti ; mais je ne croyais pas que ce dénouement pût être si brusque. La résolution seule était-elle prise ou l'acte accompli ? Il était trop tard pour prendre le train de Bruxelles. Je courus chez une amie intime et commune avec la plus cruelle anxiété et le désespoir de penser que je ne pourrais arriver à temps, s'il avait pu y avoir du temps encore.

Elle avait reçu en même temps que moi une dépêche semblable, sans signature, également comme il était convenu entre nous. Et cette amie, avec son instinct de femme, me dit : « Tout maintenant est inutile. Il est mort ! »

A trois heures, en effet, des crieurs de journaux annonçaient la fatale nouvelle et les feuilles donnaient le récit de l'événement, trop connu aujourd'hui pour que je le raconte.

Sur la tombe de la chère et fidèle compagne de son exil, le proscrit désespéré s'était tué, mourant frappé d'une balle à la tête, debout, en soldat.

Le drame dans lequel, comme dans celui de la Passion, les douleurs d'un pénible calvaire avaient succédé aux ovations triomphales, venait de s'achever dans un cimetière.

La France venait de perdre l'homme de guerre qui pouvait lui donner la revanche, le peuple venait de perdre le défenseur le plus sincère et le plus dévoué, quoique méconnu, de sa cause.

LA JUSTICE DE L'HISTOIRE

Cette fin tragique ne désarma pas les adversaires qu'il avait tant effrayés et qui insultèrent sa mort de leurs outrages ou de leurs lazzis, tant la rancune de la peur est féroce. La haine politique des parlementaires qui avaient été menacés dans leurs prétentions électorales fit oublier même devant le cadavre les services rendus à la patrie, en trente ans de vie militaire, par le soldat, la guerre épargnée par l'énergie de son attitude et l'échec moral infligé à l'Allemagne qui, à la veille de sa mort, reprit sa revanche en faisant représenter sur la scène subventionnée de l'Opéra le *Lohengrin*, dont la musique allemande jouait la marche pendant le défilé de nos soldats prisonniers à Sedan.

Les parlementaires ont prétendu qu'il rêvait la dictature. Pour condamner ou proscrire un homme, on peut invoquer tous les prétextes, même les plus faux, quand on a cyniquement déclaré qu' « en politique il n'y a pas de justice ». Mais il serait bien impossible à ceux qui ont invoqué ce prétexte d'en prouver la réalité par un seul document, tandis que je crois avoir prouvé d'une façon certaine que le général Boulanger n'eut jamais les intentions qu'on lui a prêtées gratuitement.

Ceux qui se sont si hautement félicités d'avoir sauvé contre des entreprises imaginaires, la République, qu'il n'attaquait pas et qu'il servait mieux qu'eux, n'ont eu qu'un médiocre mérite. Il leur a été facile de le vaincre, parce qu'il ne s'est pas défendu. Il ne les a pas vaincus, parce qu'il n'a pas voulu, parce qu'il avait l'aversion du césarisme et l'horreur de la guerre civile. Et son seul tort est peut-être de n'avoir pas su vouloir, quand il aurait suffi qu'il voulût pour que la France fût débarrassée du parlementarisme qui fera sa ruine et sa perte, et pour que s'ouvrît l'ère de la rénovation nationale en laquelle maintenant il ne faut peut-être pas plus espérer que sur le retour à la mère-patrie des provinces perdues.

Déjà, ses proscripteurs, les Floquet, les Reinach, les Clémenceau, les Rouvier, ont vu s'effondrer leurs ambitions dans l'un des plus grands scandales qu'on ait encore vus et qui sera certainement suivi d'autres. Quant à ceux qui, ayant été ses conseillers funestes, se firent ses calomniateurs, il faudrait se baisser trop bas pour les aller chercher dans le mépris où ils sont tombés. On peut juger ce que valaient les accusations en sachant ce que valent les accusateurs.

Le général Boulanger avait fait un rêve de réconciliation des Français et de rénovation sociale qui lui paraissait facile à réaliser, puisqu'il ne fallait pour sa réalisation qu'une commune bonne volonté et l'amour de la patrie à laquelle il voulait rendre sa suprématie glorieuse. Ce rêve ne s'accomplira pas.

Ce qui s'accomplira, c'est la décadence des peuples dévorés du mal social, corrompus par la richesse, abêtis par la politique, dominés par l'argent, n'ayant plus de foi nationale, et dont les historiens futurs raconteront les convulsions comme les historiens passés ont raconté celles du Bas-Empire.

Quelques jours avant que le général Boulanger n'exécutât sa suprême résolution, j'avais dans la *Voix du Peuple* parlé de la foi en la justice qui survit aux victoires passagères des partis, aux succès des proscripteurs souvent proscrits à leur tour et aux civilisations disparues.

En perdant le courage et l'espoir, le général Boulanger avait du moins conservé la foi en cette justice qui m'a dicté ce livre, car il l'affirmait dans ces lignes écrites quelques jours avant sa mort et par lesquelles je veux terminer :

« Vous avez bien raison de le dire, la foi en la justice subsistera. »

FIN

TABLE DES MATIÈRES

PREMIÈRE PARTIE

LE TRIOMPHE ET LA POPULARITÉ

CHAPITRE PREMIER

	Pages.
La première rencontre.	1
La carte de visite	3
Au ministère de la guerre	5
Premières attaques	8
La grève de Decazeville	11
Les grandes manœuvres	12
La revue du 14 juillet	14
Le « concessionnaire »	16
L'affaire Shnœbélé	20
Chute ministérielle	24

CHAPITRE II

Le patriotisme et la politique	28
Le portrait du Général	31
La gare de Lyon	33
Un trio	37
La nuit historique	39

CHAPITRE III

Première faute.	45
La Cocarde.	50
Courtisans du succès.	52
Syndicat électoral.	53

CHAPITRE IV

Lettre d'introduction.	57
Première entrevue.	60

CHAPITRE V

La vraie liberté.	66
Fédéralisme et annexion.	70
Le plan Bugeaud.	72
Ce qu'était l'homme.	74

CHAPITRE VI

Le comité de la rue de Sèze.	80
Querelles au sérail.	81
L'organe officiel.	87
Le conciliateur.	88
Les banquets.	90
Le banquet de Lowendhal.	93

CHAPITRE VII

Le banquet de Nevers.	95
L'élection du 27 janvier.	99
Un malentendu.	102

CHAPITRE VIII

Tapageurs et brouillons.	104
La marche parallèle.	105
Pas de guerre civile.	106

CHAPITRE IX

Le banquet de Tours	112
Candidature Delahaye	113
Tardif « meâ culpa »	115
Chute du cabinet Floquet	116
Une faute irréparable	117

CHAPITRE X

Le ministère Constans	119
MM. Clémenceau et Reinach	121
Le départ	122
Le subterfuge	123
« La fête »	125

DEUXIÈME PARTIE

LA DÉFAITE ET LES TRAHISONS

CHAPITRE XI

La haute cour	127
La caution de M. Mermeix	129
Scission dans le comité	134

CHAPITRE XII

La question d'argent	134
Illusions de proscrit	136
Un voyage à Londres	137
Un général sans armée	138
M. Naquet	141

CHAPITRE XIII

Conseils inutiles	141

TABLE DES MATIÈRES

Le petit plébiscite................................. 149
Les candidats..................................... 150
Les alliés.. 152
Complot royaliste................................. 154

CHAPITRE XIV

Les élections — L'administration de M. Dillon..... 160
Les alliances électorales......................... 163
Les résultats.................................... 166

CHAPITRE XV

Après l'échec.................................... 170
Les élections municipales......................... 177
Encore des investis............................... 183
Étranges candidats................................ 184

CHAPITRE XVI

Paraître ou disparaître........................... 186
Le reniement de M. Naquet......................... 187
Variation sur le même air......................... 195
Parti à vendre................................... 198

CHAPITRE XVII

Dissolution du comité............................. 201
Une machination avortée........................... 206

TROISIÈME PARTIE

L'EXIL

CHAPITRE XVIII

Saint-Brelade.................................... 213
Madame de Bonnemains............................. 214

La mère et le fils	215
Rêve bucolique	217
Terre de France	218
Le problème social	220
Guerre impie et guerre légitime	222
Plan de campagne	225
Nouveau Garibaldi	228
Pacte conclu	229
Le révisionnisme	231

CHAPITRE XIX

Les quémandeurs	233
Les 300,000 francs de M. Clémenceau	237
Barnum éconduit	240

CHAPITRE XX

Le plan adopté	243
Pas de comité	244
La « *Voix du Peuple* »	245
Les « Coulisses du Boulangisme »	247
Le prince et le banquier	251
Dire la vérité	253
La vraie version	255
L'épée de Marengo	258
Autres visiteurs — Entrevue de Londres	260

CHAPITRE XXI

Les séparatistes	264
M. Laguerre à Grenelle	266
Protestations confidentielles	268
Les lâcheurs et les quémandeurs	269
« Je ne connais pas cet homme »	271
Restitutions	272

CHAPITRE XXII

Les projets	274
Le voyage en Italie	275

TABLE DES MATIÈRES

Le retour. 278
Le programme. 285
Gouvernement direct et décentralisation. 289
Le stratégiste. 293

CHAPITRE XXIII

Les lieutenants d'Alexandre 295
Patriotisme et caporalisme. 298
Autres sottises. 300

CHAPITRE XXIV

Retour à Bruxelles. 302
Fatale énergie. 304
M. Portalis et la « Cocarde ». 308
Fourmies. 310
Intrigues inutiles. 311

CHAPITRE XXV

L'agonie 314
La future guerre. 316
Les armées ont une âme. 318
A Champigny. 319
Le démocrate et le capitaine. 321
Justice de Cadi 322
Le vœu de la mourante. 323
Consultation d'ami. 324
Dernier espoir. 326
Fleurs de France ! 327
Derniers moments. 328

CHAPITRE XXVI

Le soldat se retrouve. 331
Les pleureurs hypocrites 333
Désespoir ! 334
La postérité jugera. 335

TABLE DES MATIÈRES

Le sacrifice de vivre	336
Blessé à mort	338
Souvenirs d'Algérie	339
Devant la tombe	341
A propos de l'alliance russe	341
Autour de la mélinite	343
Les obus asphyxiants	345
Le fusil Lebel	346

CHAPITRE XXVII

Le calvaire	348
« Lohengrin » à l'Opéra	351
La résolution suprême	352
La mort	355
La justice de l'histoire	356

Imprimerie générale de Châtillon-sur-Seine. — PICHAT ET PÉPIN.

ALLAIS (Alphonse). — À… — … R… (Abel) — Les…
Le Parapluie de l'escouade. aînés.
BERGERAT (Émile). — Le Viol. — Le LEBLANC — (Maurice). — Une femme.
Petit Moreau. — Le Chèque. LOCKROY (Ed.). — Ahmed le Boucher. —
BONNIÈRES (Robert de). — Mémoires Une Mission en Vendée, 1793.
d'aujourd'hui (1re, 2e et 3e séries.) — Les LUCIENNE. — Dialogues des Courtisanes.
Monach. — Jeanne Avril. — Le baiser MAEL (Pierre). — Mer Sauvage. — Cha-
de Maïna. — Le petit Margemont. — rité. — Le Torpilleur 29. — Pilleur d'É-
Contes à Reine. paves. — L'Alcyone. — La Double Vue.
CAHU (Th.). — Chez les Alle- — Gaîtés de bord. — Solitude. — Honneur,
mands, potins militaires. — Par- Patrie. — Ce qu'elle voulait.
donnée. — Second Mariage. — Un cœur MAIZEROY (René). — Bébé Million. —
de Père. — Georges et Marguerite. La Belle. — Cas passionnels. — La Fête.
CAPUS (Alfred). — Qui perd gagne. — MAUPASSANT (Guy de). — Les sœurs
Faux départ. — Monsieur veut rire. Rondoli. — Monsieur Parent. — Le
CARETTE (Mme A.) — Souvenirs intimes Horla. — Pierre et Jean. — Clair de
de la Cour des Tuileries (1re, 2e et 3e sér.) Lune. — La Main gauche. — Fort
CAROL (JEAN). — L'honneur est sauf. comme la Mort. — La Vie errante. —
(Ouvr. cour. par l'Académie fran- Notre Cœur. — La Maison Tellier. —
çaise.) — Réparation. — Le Portrait. Mlle Fifi. — Une Vie. — La Paix du
CASE (Jules). — La petite Zette. — Ménage.
Une Bourgeoise. — La fille à Blanchard. MIRBEAU (Octave). — Le Calvaire. —
— Bonnet Rouge. — Ame en Peine. L'abbé Jules.
— L'Amour artificiel. — Un jeune Mé- MONTJOYEUX. — Les femmes de Paris.
nage. — Promesses. — La vie qui parle.
CATULLE MENDÈS. — Les Boudoirs OHNET (Georges). — Serge Panine.
de Verre. — Pour les Belles Personnes. (Ouvrage couronné par l'Académie
— L'envers des Feuilles. — La Prin- française.) — Le Maître de Forges.
cesse ne. — Pour dire devant le monde. — La comtesse Sarah. — Lise Fleuron.
— Nouveaux contes de jadis. — La Grande Marnière. — Les Dames
DELPIT (Albert). — Le fils de Coralie. de Croix-Mort. — Noir et Rose. — Vo-
— Le mariage d'Odette. — La Marquise. lonté. — Le Docteur Rameau. — Der-
— Le Père de Martial. — Les Amours nier Amour. — L'Ame de Pierre. —
cruelles. — Solange de Croix-St-Luc. — Dette de Haine. — Nemrod et Cie. —
Mlle de Bressier. — Thérésine. — Le lendemain des amours.
Disparu. — Passionnément. — Comme OSWALD (François). — Jeu mortel. —
dans la vie. — Toutes les deux. — Belle Le trésor des Bacquancourt. — Mam'zelle
Madame. Quinquina.
DROZ (Gustave). — Autour d'une Source. PERRET (Paul). — Sœur Sainte-Agnès.
— Babolain. — Le cahier bleu de Mlle — Les Filles Maurvoisin. — L'Amour et
Cibot. — L'enfant. — Entre nous. — Les la Guerre.
Étangs. — Monsieur, Madame et Bébé. RAMEAU (Jean). — Fantasmagories. —
— Tristesses et Sourires. — Une femme Le Satyre. — Possédée d'amour. — Simple.
gênante. — Un Paquet de lettres. — L'Amour d'Annette. — La Mascarade.
DROZ (Paul). — Lettres d'un Dragon. (Ou- — Mlle Azar. — La Rose de Grenade.
vrage couronné par l'Académie RENARD (Georges). — Un Exilé.
franç.) RZEWUSKI (Cte St.) — Alfrédine. —
FOUCHER (Paul). Le Droit de l'Amant. Le doute. — Le Justicier. — Déborah
— Monsieur Bienaimé. — Fin Papa… SARCEY. — Le mot et la chose. — Sou-
GAULOT (Paul). — Mademoiselle de venirs de Jeunesse. — Souvenir d'âge mûr.
Pontin. — Le Mariage de Jules Laver- SILVESTRE (Armand). — Les Farces
nat. — L'Illustre Casaubon. — Un Com- de mon ami Jacques. — Les Malheurs
plot sous la Terreur. (Ouv. cour. par du commandant Laripète. — Les Veil-
l'Académie française.) — La Vérité lées de Saint-Pantaléon.
sur l'expédition du Mexique, 3 vol. TASTEVIN (Alfred). — Carnet d'un sé-
(Ouv. couronné par l'Académie Fran- minariste soldat.
çaise.) — Un ami de la Reine. — Les THEURIET (André). — La Maison des
Chemises rouges. Deux Barbeaux. — Les Mauvais Mé-
HÉRISSON (Cte d'). — Journal d'un of- nages. — Sauvageonne. — Michel Ver-
ficier d'ordonnance. — Journal d'un In- neuil. — Eusèbe Lombard. — Au Pa-
terprète en Chine. — Nouveau Journal radis des Enfants.
d'un Officier d'Ordonnance. — Journal UCHARD (Mario). — Mon oncle Barbas-
de la Campagne d'Italie. — Un Drame sou. — Joconde Berthier. — Mademoi-
Royal. — Le Prince Impérial. — Les Gi- selle Blaisot. — Inès Parker. — La Ba-
rouettes Politiques, 2 vol. reuse de Perles. — L'Etoile de Jean. —
Antoinette ma Cousine.

Imprimerie Générale de Châtillon-sur-Seine — Pichat et Pepin

www.ingramcontent.com/pod-product-compliance
Lightning Source LLC
Chambersburg PA
CBHW050532170426
43201CB00011B/1394